유아사회교육

SOCIAL STUDIES FOR YOUNG CHILDREN

유아사회교육

박영미 저

동 문 사

머리말 Preface

유아사회교육의 궁극적인 목적은 유능한 민주시민 양성에 있다. 유능한 민주시민은 성인이 되어 저절로 형성되는 것이 아니라 한 개인이 출생부터 시작하여 유아기를 거쳐 끊임없는 사회적 환경과 상호작용하는 가운데 변화하고 성장해가며 이루어진다.

현대사회는 끊임없이 변화하고 있으며 그 속도 또한 점점 빨라지고 있다. 유아교사들을 지도하는 저자의 입장에서 급변하는 사회 속에 유아가 적응할 수 있도록 안내하는 교육자를 지도한다는 책임도 점점 무거워진다. 지구상의 어느 쪽에서는 자연재해로 어려움을 겪고 있지만, 다른 한편에서는 전쟁과 반목으로 지쳐가고 있으며 작은 나라 안에서조차도 빈부격차로 언제나 어려움을 겪고 있는 이웃이 늘 존재한다.

지금의 사회는 여러 가지 어려움들이 산재하지만 유아들이 살아가는 세상은 좀 더 밝고 행복해질 수 있기를 바라며 미래의 주역인 유아들이 민주시민의 자질을 길러 행복한 사회를 이끌어가기를 바란다.

이 책은 여러 가지 어려운 여건 속에서도 행복을 꿈꾸며 열심히 살아가고 있는 미래의 민주시민인 유아와 예비교사들에게 아주 작지만 소중한 소망을 담아서 유아가 민주시민으로 적응하도록 돕고자 한다. 사회적 관계 및 주변의 사회적 환경을 이해할 수 있도록 유아사회생활영역의 이론적 배경과 교수-학습 방법 등을 탐색하고, 세계화시대에 유아가 서로 다름을 인정하고 다른 문화의 다양성을 인정하고 수용할 수 있는 역량을 키울 수 있는 유아사회 및 다문화교육을 탐구할 수 있기를 바란다.

제1장에서는 유아사회교육의 기초로서 필요성, 목적, 내용을 다루었고, 제2장에서는 사회교육을 계획하기 위해 가장 먼저 고려해야 하는 국가수준의 교육과정을 표준보육과정과 누리과정에서의 사회교육내용으로 정리했다. 제3장

에서는 유아사회교육에 영향을 미치는 여러 가지 요인들을 소개하고 그 요인의 좋은 영향과 악영향까지 살펴보고자 했다. 제4장에서는 사회성 발달 내용으로 애착부터 우정까지, 제5장에서는 사회과학지식 개념교육을 위해 유아역사교육, 유아지리교육, 유아경제교육, 유아시민교육, 유아다문화교육을, 제6장에서는 가치 및 태도, 기술교육을, 제7장에서는 유아사회교수-학습 방법을, 제8장에서는 발달에 적합한 유아사회교육과정 계획하기, 제9장에서는 유아사회교육 평가를 정리했다.

유아들의 사회생활 적응을 위해 필요한 지혜를 모아야 하는 교사들에게 작은 보탬이 될 수 있기를 기대하는 마음과 달리 미흡한 부분이 많아 주저되기도 하지만 추후 보완할 수 있으리라는 핑계를 위안삼아 이 책을 발간하려 한다. 이 책을 사용하시는 분들의 관심어린 충고와 안내를 교훈삼아 더 나은 개정판을 약속드리고 싶다.

끝으로 이 책을 출간하기 위해 수고해주신 동문사 사장님과 부장님 및 직원 여러분들께도 깊은 감사를 드린다.

2021년 1월

저 자

차례 Content

Chapter 1

유아사회교육의 기초

1. 유아사회교육의 필요성 및 목적

인간은 사회적 존재로 태어나지만 어떤 사회에 맞게 교육하느냐에 따라 존재감이 달라진다. 인간이 출생 후 어떤 교육을 받느냐에 따라 그 사회에 필요한 사람으로 사회화가 이루어진다.

사회화 과정에 있어서 가정, 학교, 매스미디어, 지역사회, 국가 등은 중요한 기능을 한다. 그러나 현대사회에서 이들의 기능이 약화되고 변화되고 있어서 유아기 사회화를 위해 유아사회교육이 더욱 더 필요하다. 따라서 현대사회 유아교육의 동향에 따른 유아사회교육의 필요성을 구체적으로 알아보면 다음과 같다(김혜금 · 송영주 · 임양미 · 김현자 · 김진숙 · 박진옥, 2013).

첫째, 가정의 사회화 기능이 점점 약화되고 있다는 점이다. 예전에는 가정 내 사회화 기능이 중요하게 인식되었으나 산업화, 현대화로의 사회생활의 변화는 가정의 사회화 기능을 축소시켰다. 맞벌이 가정의 증가로 가족 구성원 간의 상호작용의 질과 양은 감소되었고, 자녀수 감소 등의 요인은 형제나 또래와의 사회적 상호작용을 할 수 있는 기회를 제한하여 어른들에 대한 공경심이나 친인척 간의 관계에 대한 중요성이 상대적으로 낮아지고 있다. 그러나 부모는 유아의 정서적 경험을 제공하고 바람직한 인간관계의 초석이 된다. 따라서 유아교육기관의 사회화에 대한 책임은 더욱더 증가하고 있다.

둘째, 유아교육기관을 이용하는 유아 수는 날로 증가함에 따라 유아교유기관에서 사회화 기능이 확장되고 있다. 유아교육기관에서 만나는 또래관계의 경험은 이해하고 존중하는 태도를 형성하는 밑받침이 되므로 유아교육기관의 사회화 역할이 중요해지고 있다.

셋째, 매스미디어의 급격한 발달은 사람들과 함께 지내는 시간보다 기계와 노는 시간이 늘어남에 따라 미디어 중독의 부작용이 늘고 있다. 사람들과 만나서 배울 수 있는 인간적인 사회 정서적 학습을 하기가 어려운 상황에서 올바른 사회화 기능이 필요하다.

넷째, 지역사회의 사회화 기능 또한 점점 약화되고 있다. 이웃과의 접촉이 줄고 있어서 이웃에게 피해를 주지 않도록 할 뿐 아니라 사생활을 보호받고자 하는 의식이 팽배해지고 있다. 유아는 이웃들의 다양한 도움을 주고받으며 사회를 배우고 성장해야 하는데 그럴 기회가 많이 줄고 있다.

다섯째, 사회가 산업화될수록 여성의 경제 활동 인구가 늘어나면서 맞벌이 부부가 늘어나고 있어서 육아를 담당할 부모가 없어 사회화에 영향을 미치고 있다.

유아사회교육은 유아가 유능하게 사회생활을 영위할 수 있도록 필요한 자질을 키워주는 교육이라고 할 수 있다. 따라서 유아사회교육의 궁극적 목적은 민주시민을 양성하는 데 있다. 결국 유능한 민주시민이 되기 위해서는 그 사회에서 필요로 하는 사회과학 지식, 기술, 태도, 가치를 형성해야 한다. 유아사회교육은 사회화를 염두에 두고 유아로 하여금 자신과 주변세계와의 관계를 알도록 하는 활동적인 경험과 가치판단을 통해 지식에 도달하도록 돕는 영역이다(김영옥, 2014).

2. 유아사회교육 목표

유아사회교육의 궁극적 목적은 민주시민을 양성하는 데 있다. 유능한 민주시민이 되기 위해서 사회과학적 개념이 되는 지식을 획득하고, 사회적 기술을 연습하고, 민주적 가치와 태도를 형성해야 한다. 이러한 목적을 달성하기 위해서 유아사회교육의 목표는 일반적으로 다음과 같은 내용을 포함한다(김영옥, 2014).

첫째, 일상생활에 필요한 개인 및 가정의 예절과 규범을 알고 실천할 수 있는 태도와 습관을 기른다(신체적 욕구 조절, 자기 물건 간수하기, 규칙적 생활 습관).

둘째, 집단생활에서 필요한 질서를 지키며 참여하고 생활하는 태도를 기른다.

셋째, 타인의 감정, 권리를 존중하고 타인의 견해를 받아들여 탈중심화와 협동심을 갖는다.

특히 탈중심화는 조망수용적 사고, 역할수행, 감정 이입 등으로 접근된다.

넷째, 도덕적 개념을 이해하고 관심을 가지며 도덕적 태도로 행동하게 한다.

다섯째, 유아 자신에 맞는 성역할 개념 및 행동을 습득한다.

여섯째, 사회구성원으로서 직업의식 이해, 직업에 대한 태도를 기른다.

일곱째, 민주국민으로서 애국심과 국가관을 기른다.

3. 유아사회교육의 내용과 범위

사회교육 내용과 범위는 상당히 광범위하다. 학자들의 관점에 따라서는 사회화를 강조하기도 하고 사회과학을 강조하기도 한다.

NCSS(전미사회교육 위원회, 2010)는 사회과에서 다루는 10가지 주제를 다음과 같이 제시하고 있다. 이는 NCSS가 1994년에 사회과 연구와 현장교사들을 위하여 방향을 제시한 내용이다.

- 문화(Culture)
- 시간(Time), 연속성(Continuity), 변화(Change)
- 민족(People), 지역(Place), 환경(Environment)
- 개인적 발달과 정체성(Individual Development and Identity)
- 개인(Individuals), 단체(Groups), 기관(Institutions)
- 힘(Power), 권력(Authority), 지배(Governmance)
- 생산(Production), 분배(Distribution), 소비(Consumption)

- 과학(Science), 기술(Technology), 사회(Society)
- 지구의 연계(Global Connection)
- 시민의 의식과 실천(Civic Ideals and Practices)

유아사회교육의 범위는 기본생활훈련과 사회·정서 발달을 포함한 사회화와 역사, 지리, 경제, 다문화 등의 사회과학의 기본개념을 포함한다. 사회화는 대소변습관지도, 식생활, 양치질, 인사예절과 같은 생활습관을 통하여 초기의 모자관계를 기초로 한 타인과의 인관관계 형성에 중점을 두는 것으로 원만한 인간관계를 중시하는 관점이다.

사회과학의 기본 개념교육은 인간, 인간과 사물과의 관계를 기초로 궁극적으로 문제해결력을 신장시킬 수 있다.

이 시기에 이루어지는 습관은 평생을 통해 지속되며 자신에 대한 긍정적 관점이나 가치, 성공감 등의 경험은 다른 사람을 인정하고 받아들이는 데 중요한 기초가 된다. 이러한 맥락에서 유아는 자신에 대한 긍정적 관점을 바탕으로 감정과 욕구를 조절하며 가족이나 다른 사람과의 상호이해, 협동과 같은 공존의 기초를 다지게 되는 것이다.

유아사회교육의 내용은 사회화(기초생활훈련과 사회 · 정서 발달)와 사회과학의 기본 개념(역사, 지리, 경제, 다문화...)을 포함한다. 사회화는 기본생활습관과 부모-자녀관계를 포함한 사회·정서적 발달을 의미한다. 즉, 전자는 대소변습관, 식생활, 양치질, 인사예절과 같은 생활습관을 통하여 초기의 모자관계를 기초로 한 타인과의 인간관계 형성에 중점을 두는 것으로 원만한 대인관계를 중시하는 관점이다. 사회과학의 기본개념은 사회적 관계나 현상에 대한 유아의 지적 능력을 향상시키는 것으로 식별력, 분석력을 길러 새로운 관계를 창조할 수 있음을 의미한다. 이 새로운 관계는 인간과 인간, 인간과 사물과의 관계를 기초로 궁극적으로 문제해결력을 신장시킬 수 있다. 기본적 문제해결력을 증진하기 위해서 개념을 이해하거나 정보를 터득해야 하므로 가치의 기준을 다루는 논리적 훈련이 필요하다.

결국, 유아사회교육은 지식, 기술, 태도가 조화되는 과정이다. 따라서 사회성 발달뿐만 아니라 사회과학개념을 통합하여 유아의 건정한 자아 발달을 기초로 바람직한 기술, 가치관 및 태도를 형성하는 것이다.

Chapter

2

국가수준 유아사회교육과정

1. 표준보육과정에서 '사회관계'영역

어린이집 표준보육과정은 어린이집의 만 0~5세 영유아들에게 국가수준에서 제공하는 보편적이고 공통적인 보육의 목표와 내용을 제시한 것이다. 어린이집 표준보육과정은 0~1세 보육과정, 2세 보육과정, 3~5세 보육과정(누리과정 포함)으로 구성되어 있다. 국가수준 어린이집 표준보육과정을 시행함으로써 영유아의 전인적 발달과 우리 문화에 적합한 내용을 일관성 있고 연계적으로 실천하여 궁극적으로 사회에서 추구하는 인간상을 구현하며, 영유아의 심신의 건강과 전인적 발달을 도와 행복을 도모하며 민주시민의 기초를 형성하는 것을 목적으로 한다. 「제3차 표준보육과정」(2013년 개정)은 심신이 건강하고 행복한 사람, 자율적이고 창의적인 사람, 자신과 타인을 존중하고 배려하는 사람, 자연과 우리 문화를 사랑하는 사람, 다양성을 인정하는 민주적인 사람을 인간상으로 추구하고 있다.

「제3차 표준보육과정」의 영역 중 '사회관계영역'은 '나를 알고 존중하기', '나와 다른 사람 감정 알고 존중하기', '더불어 생활하기'의 세 가지 내용 범주로 구성되었다. 「0~1세 보육과정」은 4수준, 「2세 보육과정」은 2수준으로 세부내용을 구분한다.

1) 0~1세 사회관계영역

(1) 성격

사회관계영역은 0~1세 영아가 자신을 다른 사람과 분리된 존재로 인식하고 스스로 긍정적 느낌을 가지며, 자신의 감정을 표현하고 다른 사람의 감정을 알며, 주 양육자와 안정된 애착관계를 형성하고, 또래에 관심을 갖고 자기가 소속된 집단이 있다는 것을 알게 됨으로써 다른 사람들과 더불어 생활하는 기초를 익히도록 하는 영역이다.

영아기에는 자신이 다른 사람들과 분리된 개별적인 존재임을 인식하고 자신의 이름이나 친숙한 물건을 구별하며 자신이 좋아하는 것을 시도해 보면서 자신에 대해 긍정적인 존중감의 기초를 갖추는 것이 중요하다. 영아기에 형성된 자아존중감은 유아기 이후 평생 동안 사회관계의 기본 요소가 되기 때문에 영아기에 긍정적인 경험을 지속적으로 해야 할 필요가 있다. 영아기 사회관계는 자기를 돌봐주는 주 양육자를 알고 복수의 양육자에게 안정된 애착을 형성하게 되며, 자기와 함께 생활하는 친숙한 사람을 인식하게 되는 과정으로 확대된다. 영아가 주변 사람들과 긍정적인 관계를 경험하고 어린이집에서 규칙적인 생활을 통해 기본적인 사회적 가치를 익힐 수 있도록 지원하는 것이 중요하다.

(2) 목표

친숙한 사람과 관계를 형성한다.

① 자신과 다른 사람을 구별된 존재로 인식한다.
② 기본 정서를 표현하고 다른 사람의 감정에 주의를 기울인다.
③ 안정적인 애착을 형성하고 또래나 교사와 함께 지낸다.

(3) 내용

0~1세 사회관계영역은 '나를 알고 존중하기', '나와 다른 사람의 감정 알기', '더불어 생활하기'의 세 가지 내용 범주로 구성되어 있다. 첫 번째 내용 범주에서는 영아가 자신을 알고 소중하게 여기는 데 필요한 내용으로 구성되었으며, 두 번째 내용 범주는 영아가 자신과 다른 사람의 감정을 알고 반응하는 데 필요한 내용으로, 마지막 내용 범주는 영아가 자신의 주변 사람들과 함께 생활하는 데 필요한 내용으로 전개된다.

① 0~1세 수준별 세부내용

<table>
<tr><th>내용범주</th><th>내용</th><th>1수준</th><th>2수준</th><th>3수준</th><th>4수준</th></tr>
<tr><td rowspan="3">나를 알고 존중하기</td><td>나를 구별하기</td><td colspan="2">거울 속의 나에게 관심을 가진다.</td><td colspan="2">거울 속의 나를 알아본다.</td></tr>
<tr><td rowspan="2">나의 것 인식하기</td><td colspan="4">자기 이름 부르는 소리에 반응한다.</td></tr>
<tr><td colspan="2"></td><td colspan="2">친숙한 자기 물건을 안다.</td></tr>
<tr><td rowspan="2">나와 다른 사람의 감정 알기</td><td>나의 감정을 나타내기</td><td colspan="4">나의 욕구와 감정을 나타낸다.</td></tr>
<tr><td>다른 사람에게 주의 기울이기</td><td colspan="2">다른 사람의 말과 표정, 몸짓에 주의를 기울인다.</td><td colspan="2">다른 사람이 나타내는 여러 가지 감정에 주의를 기울인다.</td></tr>
<tr><td rowspan="6">더불어 생활하기</td><td rowspan="2">안정적인 애착 형성하기</td><td>양육자와 시선을 맞춘다.</td><td colspan="3">양육자에게 적극적으로 관심과 욕구를 표현한다.</td></tr>
<tr><td colspan="2">주변의 친숙한 사람의 얼굴과 목소리를 인식한다.</td><td colspan="2">주변의 친숙한 사람에게 애정을 표현한다.</td></tr>
<tr><td>또래에게 관심 갖기</td><td colspan="4">다른 영아와 함께 지내는 것을 경험한다.</td></tr>
<tr><td>자신이 속한 집단 알기</td><td colspan="2">담임교사를 구별한다.</td><td colspan="2">자기 반에서 지내며 안정감을 가진다.</td></tr>
<tr><td rowspan="2">사회적 가치를 알기</td><td colspan="2"></td><td colspan="2">친숙한 물건의 자리를 안다.</td></tr>
<tr><td colspan="4">만나고 헤어지는 인사를 해본다.</td></tr>
</table>

② 교사지침

0~1세 영아의 '나를 알고 존중하기'를 위해서 교사는 영아가 자신을 인식할 수 있도록 침구나 기타 개인 소지품에 얼굴사진을 붙여주고 이름을 적어준다. 또한 자신의 얼굴을 볼 수 있도록 거울과 스스로 몸을 움직이고 있을 때 알 수 있도록 관련 물품(예: 손목에 차는 영아용 딸랑이, 방울 달린 영아용 슬리

퍼) 등을 제공해 준다. 여아에게 따뜻한 스킨십과 언어적 표현을 자주 해주고, 일대일로 얼굴을 마주 보며 상호작용을 하도록 한다. 이와 함께 영아가 친근한 대상이나 물건에 대해 애착을 보일 때 이를 존중해 준다.

'나와 다른 사람의 감정 알기'를 위해 교사는 울음이나 몸 움직임을 통해 영아가 교사와의 의사소통을 시도하고 있음을 인식하여 영아의 기본적인 욕구와 언어적·비언어적 신호를 정확하고 민감하게 지속적으로 반응함으로써 영아가 교사에 대해 신뢰감을 발달시킬 수 있도록 해야 한다. 또한 영아의 기질적 특성을 이해하고, 반응속도와 생물학적 리듬을 파악하여 영아와의 조화로운 관계를 유지한다. 놀이 시에는 넉넉한 수의 놀잇감을 준비하여 놀잇감 부족으로 인해 발생하는 문제를 사전에 예방한다.

'더불어 생활하기'를 위해 교사는 영아가 주양육자와 안정적인 애착을 형성하고, 교사와 신뢰로운 관계를 형성하는 것이 무엇보다 중요함을 알아야 한다. 그리고 영아가 새로운 상황과 환경에서 안정감을 갖고 편안하게 적응할 수 있도록 배려하며, 실내 보육한경을 가정과 같이 편안하고 안전하게 구성한다.

2) 2세 사회관계영역

(1) 성격

2세 사회관계영역은 2세 영아가 자신을 알고 소중히 여기며 자신을 존중하고, 자신과 다른 사람의 감정을 보다 명확히 인식할 수 있으며, 가족, 또래, 자신이 속한 집단의 다른 사람들과 생활해 보는 경험을 통해 기본적인 사회적 가치를 자연스럽게 익히도록 하는 영역이다.

영아기에는 자신과 다른 사람들을 구분할 수 있게 되고, 자신이 좋아하는 것이 생기고 선호에 따라 자신이 좋아하는 것을 선택하여 스스로 놀이를 하면서 자신의 고유성과 독특성을 소중하게 인식하게 된다. 자아존중감은 영아기부터 토대를 갖추어 유아기 이후 평생 사회관계의 기본 요소가 되기 때문에 영아기에 긍정적인 경험을 통하여 스스로를 소중하게 생각해야 할 필요가 있다.

영아는 자신이 느끼는 여러 가지 긍정적, 부정적 감정을 말과 행동으로 나타낼 수 있게 되며 다른 사람이 나타내는 여러 가지 감정에도 위로와 공감 등의 반응을 보일 수 있게 된다. 그뿐만 아니라 영아는 자신의 가족을 인시하고 가족에게 특별한 애정과 관심을 보이게 된다. 또한 영아는 자신과 상호작용하는 또래에 대해서도 관심을 보이고 또래가 있는 곳에서 노는 것을 즐거워한다. 영아는 점차 사회적 관계에서 다른 사람과 더불어 생활하는 경험에 익숙해지며, 이를 통해 사회적으로 필요한 여러 가지 지식과 기술을 자연스럽게 익힐 수 있다.

영아는 정리정돈, 차례 지키기, 인사하기, 약속 지키기 등의 기본적인 사회적 가치를 알고 이를 지키기 위해 무엇을 해야 하는지 등의 기본적인 내용을 알아야 한다. 따라서 사회관계영역을 통해 2세 영아가 자신의 선호에 따라 좋아하는 것을 선택해 봄으로써 자신의 고유성과 소중함을 느끼고, 자신의 감정을 말과 행동으로 적절하게 나타내도록 지원해 주며, 영아가 가족, 도래, 자신이 속한 집단의 구성원과 즐겁고 유쾌하게 상호작용할 수 있도록 격려해 주어야 한다.

(2) 목표

나를 인식하고 다른 사람과 더불어 생활하는 경험을 한다.

① 자기존중감을 형성한다.
② 자신의 감정을 알고 다른 사람의 감정에 반응을 보인다.
③ 가족을 사랑하고 또래, 교사와 즐겁게 지내며 간단한 규칙 등을 지킨다.

(3) 내용

2세 사회관계영역은 '나를 알고 존중하기', '나와 다른 사람의 감정 알기', '더불어 생활하기'의 세 가지 내용 범주로 구성되어 있다. 첫 번째 내용 범주에서는 영아가 자신을 보다 깊이 인식하고 존중하게 되는 데 필요한 내용으로 구성되었으며, 두 번째 내용 범주는 영아가 자신과 다른 사람의 감정을 인식하고 이를 적절히 표현하고 공감하는 데 필요한 내용으로, 마지막 내용 범주는 영아가 가족, 또래, 자신이 소속된 반 등 자신의 주변 사람들과 함께 생활하는 데 필요한 내용 및 질서, 예절, 약속 지키기 등 기본적인 사회적 가치를 알고 지키는 내용으로 전개된다.

① 2세 수준별 세부내용

<table>
<tr><th>내용범주</th><th>내용</th><th>1수준</th><th>2수준</th></tr>
<tr><td rowspan="3">나를 알고 존중하기</td><td>나를 구별하기</td><td colspan="2">나와 다른 사람의 모습을 구별한다.</td></tr>
<tr><td rowspan="2">좋아하는 것 해보기</td><td colspan="2">내가 좋아하는 것을 찾아본다.</td></tr>
<tr><td>좋아하는 놀이나 놀잇감을 선택해 본다.</td><td>스스로 선택한 놀이나 놀잇감을 즐긴다.</td></tr>
<tr><td rowspan="2">나와 다른 사람의 감정 알기</td><td>나의 감정을 나타내기</td><td colspan="2">여러 가지 감정을 말과 행동으로 나타낸다.</td></tr>
<tr><td>다른 사람의 감정에 반응하기</td><td colspan="2">다른 사람이 나타내는 여러 가지 감정에 반응을 보인다.</td></tr>
<tr><td rowspan="3">더불어 생활하기</td><td>내 가족 알기</td><td>내 가족에게 애정을 표현한다.</td><td>내 가족에게 다른 사람과는 구별된 특별한 감정을 갖는다.</td></tr>
<tr><td rowspan="2">또래와 관계하기</td><td>또래에게 관심을 보인다.</td><td>또래의 모습과 행동을 모방한다.</td></tr>
<tr><td>또래의 이름을 안다.</td><td>또래가 있는 곳에서 놀이를 한다.</td></tr>
</table>

내용범주	내용	1수준	2수준
	자신이 속한 집단 알기	자신이 속한 반과 교사를 안다.	자신이 속한 반의 활동에 즐겁게 참여한다.
	사회적 가치를 알기	도움을 받아 물건을 정리한다.	스스로 물건을 정리한다.
		자기 순서를 안다.	순서를 기다린다.
		바른 태도로 인사한다.	
		간단한 약속을 지킨다.	

② 교사지침

2세 영아의 '나를 알고 존중하기'를 위해서 교사는 교실 안에 영아의 얼굴 사진, 이름, 가족 사진 등을 게시해 주고, 혼자 편안히 쉬거나 놀 수 있는 독립적인 여유공간을 따로 마련해 준다. 그리고 영아가 자신의 능력을 인지할 수 있도록 하루일과 내에서 스스로 할 수 있는 일들을 시도할 수 있게 기회를 많이 제공해 준다. 이때 영아 스스로가 다양한 일들을 시도하고 경험하게 하려면 교사가 많은 인내가 필요하다는 것을 인식하고, 영아가 독립적으로 수행하는 행동에 대해 지켜보고 기다려 주어야 하며, 이를 성공적으로 수행했을 경우 긍정적으로 반응을 표현해 준다.

'나와 다른 사람의 감정 알기'를 위해 교사는 영아의 정서표현 방법에 대해 다양해짐을 이해하고 민감하게 반응해 준다. 영아가 다양한 방법으로 자주 정서를 표현할 수 있도록 영아의 정서표현을 격려하는 대화를 많이 해 준다(예, "기분이 무척 좋구나", "기분이 안 좋니?", "화가 많이 나 있구나" 등). 또한 영아가 부정적 정서를 나타낼 경우 영아의 신체적 심리적 원인을 파악하고 상황을 바꾸어 주거나 적절한 방법으로 표현할 수 있도록 일러주거나 교사가 직접 모델링을 제시해 준다.

'더불어 생활하기'를 위해 교사는 영아가 또래 친구들과 함께 놀이하고 생활하기 위해서는 지켜야 할 규칙과 약속이 있다는 것을 알고 지킬 수 있도록 일관성 있게 지도를 한다. 이를 위해 넉넉한 수의 놀잇감을 준비하고 똑같은 수의 놀잇감을 여러 개 마련하여 발생할 수 있는 분쟁 가능성을 사전에 예방하도록 하며, 놀잇감 소유분쟁이 있을 때 영아가 자신의 충동과 행동을 통제할 수 있도록 인내심을 가지고 도와주어야 한다.

2. 2019 개정 누리과정에서 '사회관계'영역

사회관계영역은 유아가 자신과 다양한 삶의 모습을 이해하고 다른 사람과 더불어 살아가기 위해 필요한 의미있는 경험과 관련된 내용이다. 교사는 유아가 자신을 소중하고 가치있는 사람으로 여기며 다른 사람과 더불어 살아가는 방법을 익히도록 돕는다. 또한 유아가 자신이 속한 사회와 주변 세계에 대해 관심을 가지고 적응해 나갈 수 있도록 지원할 수 있다.

1) 목표

자신을 존중하고 더불어 생활하는 태도를 가진다.

① 자신을 이해하고 존중한다.
② 다른 사람과 사이좋게 지낸다.
③ 우리가 사는 사회와 다양한 문화에 관심을 가진다.

2) 내용

내용범주	내용
나를 알고 존중하기	• 나를 알고 소중히 여긴다.

내용범주	내용
	• 나의 감정을 알고 상황에 맞게 표현한다. • 내가 할 수 있는 것을 스스로 한다.
더불어 생활하기	• 가족의 의미를 알고 화목하게 지낸다. • 친구와 서로 도우며 사이좋게 지낸다. • 친구와 갈등을 긍정적인 방법으로 해결한다. • 서로 다른 감정, 생각, 행동을 존중한다. • 친구와 어른께 예의바르게 행동한다. • 약속과 규칙의 필요성을 알고 지킨다.
사회에 관심 가지기	• 내가 살고있는 곳에 대해 궁금한 것을 알아본다. • 우리나라에 자부심을 가진다. • 다양한 문화에 관심을 가진다.

(1) 목표 및 내용범주 이해하기

'나를 알고 존중하기'

유아가 자신을 나타낼 수 있는 것과 자신의 감정을 알고 상황에 맞게 적절하게 표현하며, 자신이 할 수 있는 것을 스스로 해 봄으로써, 긍정적인 자아존중감과 자율성을 경험하는 내용이다.

'더불어 생활하기'

유아가 가족의 의미와 소중함을 알며, 친구와 서로 돕고 양보, 배려, 협력하며 사이좋게 지내고, 사람들마다 감정, 생각, 행동이 각기 다름을 알고 존중하여, 친구와의 갈등을 여러 가지 긍정적 방법으로 해결하는 내용이다. 또한 친구와 어른께 예의 바른 태도로 말하고 행동하며, 사회 공동체의 일원으로서 약속과 규칙의 필요성을 알고 지키는 내용이다.

'사회에 관심 가지기'

유아가 사회구성원으로서 자신이 사는 지역에 관심을 가지고 탐구하며, 우리나라의 상징, 언어, 문화를 알아 가면서 대한민국 국민으로서 긍지와 자부심을 가지는 내용이다. 그리고 다른 나라의 다양한 문화에 관심을 가지고 존중하는 경험을 담고 있다.

3) 내용이해

(1) 내용범주 : 나를 알고 존중하기

① '나를 알고 소중히 여긴다.' : 유아가 자신을 나타내는 나이, 성별, 모습 등에 대해 알고, 자신을 소중히 여기며 가치있는 존재로 느끼는 내용이다.

② '나의 감정을 알고 상황에 맞게 표현한다.' : 유아가 자신의 감정에 대해 알고 다양한 상황에서 자신의 감정을 적절하게 표현하는 내용이다.

③ '내가 할 수 있는 것을 스스로 한다.' : 유아가 자신이 할 수 있는 일을 알고 자신감을 가지며 자율적으로 실천해 가는 내용이다.

(2) 내용범주 : 더불어 생활하기

① '가족의 의미를 알고 화목하게 지낸다.' : 유아가 자신의 가족 구성원을 알고, 가족과 함께 생활하며, 가족은 서로 돕고 살아간다는 것을 경험하는 내용이다. 가족의 구성원이 다양함을 이해하고 존중하는 내용이다.

② '친구와 서로 도우며 사이좋게 지낸다.' : 유아가 친구들과 함께 놀이하는 즐거움을 느끼고 친구와 서로 도우며 배려하고 협력하며 더불어 살아가는 내용이다.

③ '친구와 갈등을 긍정적인 방법으로 해결한다.' : 유아가 친구들과 갈등

이 생겼을 때 자신의 감정과 생각을 제대로 표현하고, 배려, 양보, 타협 등을 통해 해결하는 내용이다.

④ '서로 다른 감정, 생각, 행동을 존중한다.' : 유아가 다른 사람들의 감정, 생각, 행동에 관심을 갖고 감정, 생각, 행동이 다를 수 있음을 이해하고 존중하는 내용이다.

⑤ '친구와 어른께 예의 바르게 행동한다.' : 유아가 친구와 어른께 배려, 존중, 공경하는 마음을 담아 예절을 실천하는 내용이다.

⑥ '약속과 규칙의 필요성을 알고 지킨다.' : 유아가 다른 사람들과 더불어 살아가기 위해 필요한 약속과 규칙이 있음을 이해하는 내용이다. 상황에 따라 필요한 약속과 규칙을 의논하여 정하고 지키는 내용이다.

(3) 내용범주 : 사회에 관심 가지기

① '내가 살고 있는 곳에 대해 궁금한 것을 알아본다.' : 유아가 자주 접하는 가까운 주변 지역과 이웃에 대해 관심을 가지고, 궁금한 것을 알아보며, 지역 구성원으로서 유대감과 소속감을 느끼는 내용이다.

② '우리나라에 자부심을 가진다.' : 유아가 우리나라의 전통에 친숙해지고, 우리나라의 상징, 언어, 문화 등을 경험하면서, 우리나라에 대해 자랑스러운 마음을 가지는 내용이다.

③ '다양한 문화에 관심을 가진다.' : 유아가 다른 나라의 다양한 문화와 생활양식에 대해 관심을 가지고, 문화의 다양성을 이해하며 존중하는 내용이다.

Chapter

3

사회성 발달에 영향을 미치는 요인

1. 가족

인간 형성의 기틀이 유아교육기관 입학 전에 이루어지며 이 시기가 가장 왕성하게 발달이 이루어진다는 측면에서 생각할 때 가족은 유아의 사회성 발달에 큰 영향을 미치게 된다.

가족은 유아가 태어나 최초로 접하는 사회적 집단으로 사회교육에서 다루는 가치와 기술, 태도를 가르칠 수 있는 중요한 학습 자원이다. 가족들의 생일이나 기념일, 부모들의 어린 시절에 대한 이야기 등은 유아들이 역사를 인식하는 계기가 될 수 있으며, 부모들의 직업, 가족의 생활비, 가족들의 역할 분담 등의 내용이 유아들의 경험과 관련될 때 의미 있는 경제교육의 기회가 될 것이다. 그러나 무엇보다도 가족들은 유아의 성격과 태도 발달에 중요한 영향을 미치는 자원으로 유아는 부모의 행동을 모델링하여 중요한 가치와 태도를 학습하게 된다. 또한 형제, 자매는 부모, 또래 집단과는 또 다른 차원에서의 사회적 경험을 제공한다.

(1) 부모

가족의 영향 중 부모의 양육 형태는 유아의 사회성 발달과 관련이 있다. 부모의 민주적인 양육태도는 유아에게 온화하고 따뜻한 행동의 모델이 되며, 부모가 유아의 행동에 대해 귀납적인 방법을 사용하여 설명할 때 유아의 친사회적 행동도 기대할 수 있다.

부모는 사회 학습의 중요한 인적 자원으로 유아교육기관의 활동에 적극적으로 참여시킬 수 있다. 부모의 유아교육기관 참여는 공식적 참여와 비공식적 참여로 나눌 수 있다(박찬옥 외, 2005).

① 비공식적 참여

부모들이 유아교육기관에 참여할 수 있도록 교사는 아래와 같은 방안을 제시할 수 있다. 첫째, 부모들이 언제라도 유아교육기관을 방문할 수 있도록 유아교육기관을 개방한다.

둘째, 학년 초에 가정으로 설문지를 보내 사회교육에서 유아들이 배우기를 바라는 내용에 표시를 하도록 한다. 견학이나 학급에 초청할 수 있는 사람에 대한 제안도 요청한다.

셋째, 계획된 수업의 내용을 간략하게 정리하여 가정으로 보낸다. 간단한 설명으로 유아의 활동을 부모들에게 알려 주는 것이다.

넷째, 유아들이 발표했던 이야기와 써 놓은 이야기를 이용하여 학급신문을 만든다.

다섯째, 유아들이 좋아하는 시와 노래에 대한 소책자를 가정으로 보낸다.

여섯째, 유아들이 새로운 지식이나 기술을 사용하는 등 발달의 진전을 보이는 내용을 개별 작성하여 가정으로 보낸다.

② 공식적 참여

부모 모임, 유아의 작업을 돕는 보조자, 사회교육 프로그램에 대한 의사 결정자로서 유아교육기관으로 부모를 초대할 수 있다.

첫째, 유아들이 사회교육 활동에 참여하는 동안 교사들이 찍은 슬라이드나 비디오를 학년말에 부모 모임을 개최할 때 부모들에게 보여주며 유아들의 기술과 태도, 지식의 성장을 확인시킨다.

둘째, 부모들은 유아들과 함께 작업을 할 수 있고 프로젝트를 수행할 때 보조를 할 수도 있다. 어떤 부모들은 자원인사가 될 수 있다.

셋째, 부모들은 사회교육 프로그램의 목적과 목표를 정할 때, 단원이나 주제를 결정할 때 의사 결정자가 될 수 있다.

(2) 형제

형제는 유아들이 만나는 첫 번째 또래 집단이면서 다른 인간관계와는 다른 정서적 경험을 제공한다. 유아들은 형제와의 관계를 통해서 그리고 형제에 대한 부모의 행동을 관찰하면서 사회적 가치와 태도를 배우게 된다.

유아는 형제와의 놀이 경험을 통해 기쁨을 발견하기도 하지만 동생의 출현으로 부모의 관심을 빼앗길 것에 대한 불안과 질투의 감정을 경험한다.

또한 유아는 형제와의 상호작용을 통해서 부모로부터 배울 수 없는 것을 배울 수 있다. 형제는 경쟁과 갈등의 대상이지만 때로는 친구 같은 관계를 유지하면서 부모가 금기시하는 행동과 말을 공유하는 은밀한 공감대를 형성하게 된다.

2. 또래

또래는 연령, 성 등이 동등한 지위에 있는 동년배를 의미함과 동시에 정신·신체적 발달과 행동이 유사하고 사회적으로 동일시되는 대상을 말한다(Shaffer, 1988). 또래 집단이란 유아가 가족 이외의 타인과 접촉하면서 살아가는 가운데 생성된 사회적 관계를 의미한다.

유아들은 또래 집단의 친구들에게 인정과 수용을 받기 위해 지속적으로 노력하기 때문에 역동적인 관계를 형성하게 된다. 또래 집단은 부모-자녀, 부모-교사관계와는 달리 독립적으로 대등한 관계를 맺는 사회적 관계이다. 유아들은 또래와의 사회적 관계를 통해 동조성과 상호호혜성을 발달시키게 된다. 동조성은 또래 집단의 가치나 태도에 적응하려는 경향으로 유아는 자신의 행동이 또래 집단에서 수용되는지 거부되는지에 관심을 가지며, 또래 집단의 규칙과 일치하도록 자신의 행동 기준을 설정한다. 유아들은 또래 집단에서 수용받을 수 있는 행동을 하려고 노력하게 되는데, 이러한 과정에서 사회적으로 인정받을 수 있는 긍정적인 행동과 반대로 부정적인 행동일지라도 또래 집단에서 인정받을 수 있는 행동이라면 이를 따르려고 노력한다. 수업

방해하기, 교실에서 뛰기, 우스운 말과 행동 등은 교사가 제지하는 행동들이지만 또래집단에서 수용되고 관심을 받는다면 유아는 그 행동을 자주 반복하려고 할 것이다. 또한 또래 친구들이 칭찬하고 인정해 준다면 나누기, 상호호혜성을 보이는 차례 지키기, 동정심 등 타인을 배려하는 행동들도 더 자주 시도할 것이다(구수연, 2008).

이와 같이 유아는 또래와의 관계를 통해 모방과 갈등, 화합을 반복하면서 사회적 성장을 하게 된다. 영유아의 또래관계 경험과 사회적 성장과의 관계를 살펴보면 다음과 같다.

- 유아는 또래 집단을 통해 사회적 결속을 경험하고 사회인으로서의 유능감을 발달시킨다.
- 유아는 또래 집단 활동에 참여하여 우정 만들기, 유지하기, 깨뜨리기를 학습한다.
- 자기중심적인 영유아가 또래와의 관계를 유지하기 위해 자신의 요구를 조절하고 또래의 요구를 존중해야 할 필요성을 인식한다.
- 유아는 또래에 대한 강화와 모방을 통해 폭넓은 관계를 형성한다.
- 유아는 또래와의 상호작용 유지를 위해 자신의 생각과 느낌을 적합한 방식으로 표현하는 것을 배운다.
- 유아는 또래와의 갈등을 효과적으로 해결하는 기술을 발달시키면서 사회·인지적 성장을 한다.

또한 유아들은 다양한 문화적 배경을 가지고 유아교육기관에 오기 때문에 이런 유아들의 다양함을 유아교육과정에 통합하여 사회교육을 학습할 수 있는 기회로 활용할 수 있다. 유아들은 자신의 경험들은 다른 유아들에게 이야기함으로써 경험들을 공유할 수 있으며, 유아들이 집에서 가져오는 물건, 사진, 음식 등을 또래 유아들과 공유할 수 있다. 따라서 교사는 유아가 사회교육의 학습 자원이 된다는 것을 인식하고 활용할 수 있어야 할 것이다.

3. 유아교육기관

인간의 성장과 발달은 개체와 환경과의 상호작용의 결과로 이루어진다. 현재 유아가 속한 유아교육기관의 건물과 실외 유원장이 사회 학습의 자원이 될 수 있다. 특히 교실은 유아들이 학습 활동이 통합적으로 이루어지는 생활의 장으로서 교사와의 관계, 또래와의 관계 등이 역동적으로 일어나는 사회 학습의 장이라고 할 수 있다.

유아사회교육에서 학급 환경은 사회교육을 위한 하나의 작은 공동 사회가 된다. 비록 인위적인 상황이지만 교사는 주의 깊은 계획과 준비를 통하여 사회교육 학습을 위한 하나의 세계를 창조하게 된다. 학급의 시설이 유아에게 적절하여 유아 스스로 정리정돈을 할 수 있으면, 유아들은 책임감을 발달시킬 수 있다. 집단 활동에 참여할 수 있는 학급 환경은 유아에게 협동심을 길러 준다. 개인을 위한 공간, 소집단을 위한 공간, 대집단을 위한 공간을 어떻게 구성하느냐에 따라 사회교육에 영향을 미친다.

(1) 물리적 환경

유아교육기관의 물리적 환경 구성은 인간에 대한 가치, 자유와 책임감, 민주적인 의사결정의 중요성, 협동심, 타인에 대한 존중감 등에 영향을 미칠 수 있다. 교실 환경이 반응적으로 구성되어 있을 때 유아는 또래 유아, 교사와 역동적인 상호작용을 통해 사람들과의 관계 및 역할을 배울 수 있다. 또한 반응적으로 구성된 교실 환경은 누군가에 의해 통제받는다는 느낌 없이 유아가 자신의 요구와 흥미에 따라 활동을 선택하여 참여한다(Walsh, 1980). 유아들의 자발적인 선택과 능동적인 활동 참여를 존중하는 반응적인 환경은 교실을 흥미영역으로 구성한다. 흥미영역은 유아가 스스로 활동과 자료를 선택하고, 자료 사용방법 및 목적을 유아 자신이 결정하도록 하는 것이다. 따라서 교수의 개별화가 가능하며, 유아들이 의미 있는 학습에 능동적으로 참여할 수 있다. 또한 흥미영역에서의 활동을 통하여 협력하고 서로 나누는 사회적 기술을 학습할 수 있으며, 다른 사람의 생각이나 태도 및 가치도 알 수 있게 된다.

질적으로 우수한 환경은 선정된 목표를 성취할 수 있도록 구성된 환경으로 유아의 성장 발달에 긍정적인 영향을 미칠 수 있어야 한다. 프로그램의 질적 차이를 결정하는 요소들을 조사한 연구 결과에 의하면 공간 구성 및 배열이 적절한 우수한 환경에서 교사들은 유아들에게 더 친절하고 민감하게 반응하였으며, 유아들이 스스로 선택할 수 있도록 격려하였다. 그러나 환경구성의 질이 낮은 교실에서는 유아들의 놀이 참여 및 관심이 낮았으며, 교사들이 아동에게 민감하게 반응하지도 않고, 많은 지시와 행동제지를 사용하였으며, 교사 중심의 규칙을 많이 제시하는 것을 알 수 있었다(이경영, 2000 재인용). 로저스는 놀이 공간 배치와 유아의 상호작용을 관찰한 결과, 유아가 흥미영역으로 자유롭게 이동할 수 있도록 이동 통로가 충분한 교실에서 유아들은 신체적 상호작용에 비해 언어적 상호작용을 더 많이 하였다(이경영, 2000 재인용).

유아의 사회성을 발달시킬 수 있는 좋은 환경은 유아의 흥미와 관심을 반영하는 교실로 유아들이 열정을 가지고 놀이에 몰입할 수 있도록 보호하는 교실이다. 이러한 환경에서 교사는 유아들의 활동에 불필요한 간섭을 하지 않는다. 교사는 유아들의 활동 과정을 관찰하고 있다가 또래 관계 형성 및 의사소통 기술, 사회적 시루 등 필요로 되는 부분에 개별적인 지도를 한다.

(2) 교사의 역할

유아의 사회화에 영향을 미치는 인적 자원으로 부모가 가정에서 만나는 최초의 성인이라면 교사는 가정을 떠나 사회에서 최초로 만나는 성인이다. 유아는 교사의 행동을 모방하면서 사회적 가치와 행동을 학습한다. 특히 교사가 매력적이거나 교사의 행동을 모방했을 때 긍정적인 보상이 뒤따르면 유아들의 모방은 더 활발해진다. 유아들은 친절하고 매력적인 교사를 존경하고 따르면서 강한 정서적 애착을 보인다. 또한 유아들은 교사의 관심과 사랑을 받기 위해 교사의 행동을 모방하기도 하고 자신의 옳지 못한 행동을 수정하기도 하며 친사회적 행동을 통해 교사의 칭찬을 얻으려고 노력한다.

교사는 부모를 대리하여 유아의 성장과 발달을 돕는 사람으로 유아들이 사회적인 갈등과 어려움을 극복할 수 있도록 도우며, 유아가 자신의 흥미를 발견하여 주변 환경을 탐색할 수 있도록 지원한다.

때로는 교사가 자신의 여행 경험이나 친구 관계의 어려움과 해결 방법, 물건 구입 방법 등을 유아들에게 들려줄 경우 유아들은 교사를 통해 이 부분의 경험을 확장할 수 있다. 또한 직업으로서의 기술, 지식, 정보 등도 유아의 학습을 위한 잠재적인 요인이 된다. 무엇보다도 교사의 창의성은 학급의 가장 중요한 학습 자원이 된다. 따라서 교사의 지식과 기술, 다양한 수업방식이나 수업태도, 교사의 창의성은 유아사회교육의 훌륭한 교수-학습 자원이 될 수 있다.

교육의 질은 교사의 질을 능가할 수 없다는 말에서처럼 유아사회교육을 우해서 교사는 교수-학습자로서의 역할, 공동 조사자로서의 역할, 모델로서의 역할, 도덕 및 가치 제공자로서의 역할, 평가자로서의 역할, 격려자로서의 역할, 훈육자로서의 역할 등을 성공적으로 수행해야 할 것이다. 유아의 사회학습을 지원하는 교사의 역할을 제시하면 다음과 같다(이영자 · 유효순 · 이정욱, 2001).

- 유아가 자율적으로 활동을 수행할 기회를 제공한다.
  교사가 유아를 독립적이고 자율적인 존재로 인정한다면 유아는 자신의 일을 선택하고 스스로 수행할 수 있으며, 주변 환경에 호기심을 가지고 탐색하면서 자신의 능력에 긍정적인 확신을 가지게 된다.
- 유아 스스로 활동을 계획하고 진행하며 평가하는 과정에 참여할 수 있는 기회를 준다.

유아는 자기 활동을 스스로 계획하고 수행하는 과정에서 책임감을 발달시킬 수 있다.

또한 유아는 자신이 선택한 과제를 끝까지 수행할 수 있는 기회를 제공함으로써 유아는 책임감과 자기 통제력을 가지게 될 것이다.

- 비지시적이고 긍정적인 언어적 상호작용의 기회를 제공한다.

  교사의 비시적인 상호작용은 유아가 스스로 생각할 기회를 주고 스스로 자신의 행동을 조절할 수 있도록 돕기 때문에 유아의 사고와 학습 수준을 향상시켜 준다.

- 구체적인 사물과의 상호작용 기회를 제공한다.

  유아는 주변 환경을 직접 탐색하고 조작하면서 새로운 개념을 학습한다. 사회과학적 지식이나 가치를 습득하도록 돕기 위해 교사는 유아들이 주변 환경을 직접 경험할 수 있는 기회를 제공한다.

- 유아의 사회성 발달을 촉진할 수 있는 다양한 전략들을 사용한다.

  교사는 유아의 감정에 대한 존중감 표현하기, 유아의 성격을 긍정적으로 표한하기, 충동을 조절하도록 돕기, 친사회적 성향 강화하기, 사건에 대처하도록 돕기, 기본 규칙 상기시키기 등의 방법으로 유아의 사회성 발달을 도울 수 있다.

- 상황에 따라 유아의 행동을 조정·관리할 학급 운영 기술(허용, 인내, 간섭)을 적절히 사용한다.

- 허용은 유아의 행동을 제지할 때 금지하는 데 초점을 맞추기보다는 교실에서 허용할 수 있는 행동을 언어적으로 알려주는 것을 의미한다. 예를 들어, “뛰지 마라”고 말하기보다는 “교실에서 천천히 걷자”라고 들려주는 것이다. 인내는 유아의 행동 중 집단 활동에 방해되는 행동이 있더라도 이 행동이 발달하는 과정에 따른 행동일 경우 교사가 이해해야 함을 의미한다. 유아가 수업시간에 오래 집중할 수 없는 것은 유아의 발달적 특성이다. 이때 교사는 유아의 행동을 무조건적으로 제지하기보다는 유아가 짧은 시간 집중하고 동적인 활동으로 움직이고자 하는 요구가

충족되도록 돕는다. 간섭은 유아에게 자율성을 허용하지만 유아의 행동이 다른 유아에게 방해가 되면, 위험한 놀이를 진행할 때 교사가 개입하여 지도하는 것을 뜻한다.

(3) 유아교육기관의 직원

유아교육기관에서 일하는 사람들도 사회 학습의 자원이 될 수 있다. 유아교육기관에 일하는 사람들은 유아들에게 보여줄 수 있는 특별한 기술을 가지고 있다(예, 운전기사, 주방의 조리사, 사무원 등). 유아들은 그들의 일하는 모습을 관찰함으로써 실제 세계를 학습할 수 있다.

4. 지역사회

지역사회는 일정한 범위 안에 살고 있으며 공동의 규칙이나 관습, 공동체 의식, 공통의 관심사 등을 갖는 집단으로, 사회학습을 위한 중요한 자원이 된다. 지역사회는 천연 자원, 인적 자원들을 가지고 있으며 그 지역사회의 고유한 특성을 가지고 있다. 유아들이 그 지역사회에서 학습할 수 있는 지식, 사회적 기술, 가치 및 태도를 이해하기 위해서 교사는 그 지역사회를 먼저 살펴보아야 한다. 유아교육기관 혹은 유아들이 속해 있는 지역사회를 한 번 돌아보면, 그 사회의 사회경제적·문화적인 요소들을 알게 된다. 또한 사회교육의 학습자원들은 발견하게 된다. 지역사회 환경을 활용하기 위해 교사가 알아두어야 할 부분들은 다음과 같다(이혜경, 2007).

- 지역사회 내에 존재하는 인적·물리적·역사적 자원들을 조사한다.
  지역사회에 있는 자원들을 조사하여 교육적 요소를 발견하고 검토한다. 유아교육기관 주변의 슈퍼마켓, 병원, 우체국, 경찰서, 시장, 공원, 공공기관 등의 위치를 확인하거나 홈페이지를 참고하거나, 그 지역사회의 역사적 인물이나 유아들에게 우상이 될 인물을 조사한다.

- 지역사회의 여러 자원들과 관계 맺기를 시도한다.

관계 맺기는 인사하기, 의사소통하기로부터 시작한다. 유아교육기관 주변의 기관을 방문하거나 사람들을 만날 때 친근감 있게 다가가 관계 형성을 시도한다. 유아교육기관에 친근감을 느끼는 지역사회의 사람들은 주제 진행과 관련하여 도움을 요청할 때 더 적극적으로 도움을 제공할 것이다.

- 교육적 장면과의 접촉을 끌어낸다.

유아교육기관에서 진행하는 주제들은 지역사회와 연계할 때 더 확장되고 심화될 수 있다. 주제를 진행할 대 연계 가능한 다양한 자원들을 고려해 보고, 자원들로부터 얻을 수 있는 교육적 효과에 대해서도 평가해 본다.

- 개방적인 교육기관으로서 지역사회 구성원들에게 열려 있는 공간으로 인식되도록 한다.

유아교육기관은 유아들뿐만 아니라 부모교육, 지역 주민교육, 공개수업, 방과 후 교실 개방 등 지역사회의 교육과 복지를 위해 열린 공간으로 기여해야 한다.

- 지역사회 자원과의 지속적인 협력관계를 통해 교육공동체가 더불어 사는 지역사회가 되도록 한다.

지역사회 자원과의 관계를 유지하기 위해서는 지역사회 자원들이 유아교육기관에 협력하고 교육적으로 기여하는 것에 대해 자긍심이나 성취감을 느껴야 한다. 이를 위해 유아교육기관의 교육내용과 운영을 지역사회 구성원들에게 공개함으로써 지역사회에서 유아교육기관에 대한 이해를 높여 가는 것이 중요하다.

- 새로운 연계기관을 찾아본다.

지역사회 내에서 연계를 시도하지 않았던 곳에 대한 정보를 수집하고 활동에 참여, 기여토록 함으로써 활동이 활발하게 진행될 수 있도록 한다. 새로운 기관들이 참여하면 유아들의 생활 경험이 더 확장될 수 있으며, 지역 주민들은 유아교육기관에 대한 보다 많은 이해를 하게 된다.

- 연계를 통해 얻은 경험들은 다른 교사에게 도움이 되도록 정리해 둔다. 유아들과 견학한 장소와 준비물, 유의사항, 질문목록, 유아들이 주의해서 보아야 할 점 등을 기록·정리해 두면 다음에 이와 유사한 활동을 계획하는 교사에게 도움이 될 것이다.

이와 같이 유아를 둘러싸고 있는 지역사회는 유아의 사회화에 도움을 주기 위한 풍부한 자원이다. 이러한 자원을 교사는 적극적으로 활용할 수 있어야 한다. 다시 말해서, 유아들이 부모나 대중매체를 통해 이미 알고 있는 사회적 지식들을 그들이 속해 있는 지역사회를 통해 더욱 더 다양하고 풍부하게 정보를 수집할 수 있도록 도움을 주어야 한다.

예를 들어, 우리 동네의 기관들(예: 경찰서, 소방서, 우체국, 은행, 마트, 백화점, 병원, 도서관, 동물원, 박물관, 미술관, 공원 등)에 대해 유아가 알고 있다 하더라도 지역사회의 현장에 유아들이 직접 방문함으로써 그곳에서 하는 일과 방문 시 주의해야 할 점, 우리에게 도움을 주는 분들과 그들을 위해 우리가 할 수 있는 일 등에 대한 구체적인 이해를 가질 수 있다. 따라서 교사는 유아의 다양하고 풍부한 사회적 경험을 위해 유아를 둘러싸고 있는 자원들에 대하여 사전에 미리 정보를 수집해 두고 필요할 때 효과적으로 활용할 수 있어야 할 것이다.

5. 미디어

미디어는 정보를 시·공간적으로 이동시켜 주는 매개물 또는 매체로 텔레비전, 컴퓨터, 라디오, 비디오, 신문, 잡지, 동화책 등의 전자미디어와 활자미디어를 포함한다(국가청소년위원회, 2007). 우리는 미디어 없이 생활할 수 없을 정도로 미디어를 삶의 일부로 받아들이고 있으며 유아들도 아주 이른 시기부터 미디어의 영향을 받고 있다. 미디어는 직·간접적으로 유아에게 영향을 끼치는 중요한 사회화 요인이므로 유아사회교육의 중요한 교수-학습 자원이 될 수 있다.

유아들은 미디어를 통해 감정이입과 공감, 배려심 등을 기르게 된다. 또한 직접 가보지 못한 곳을 간접적으로 여행하기도 하고, 정치·경제·문화 등을 접하게 되면서 사회적 지식으로 획득하기도 하며, 다양한 모델을 자연스럽게 접하기도 한다.

미디어는 새롭고 신비한 세상에 대해 유아들이 관심과 흥미를 가질 수 있도록 안내하기 때문에 교육적으로 적절히 활용할 수 있다는 장점을 가지고 있다. 뿐만 아니라 교사가 유아가 일상생활에서 겪게 되는 문제 상황이나 갈등과 관련된 프로그램을 적절하게 선택하여 시청하도록 했을 때 유아는 자신이 겪고 있는 어려움은 혼자만의 문제가 아니라 많은 사람들이 겪는 문제라는 것들을 인식하게 해주어 정서적으로 불안한 요인들을 제거해 주는 효과를 기대할 수 있다. 또한 유아사회교육에 미디어를 함께 활용함으로써 유아는 사회적 지식과 기술을 얻기도 하며 모델의 특성을 관찰함으로써 성역할이나 사회적 행동에 관한 지식을 학습하고 학습한 내용을 자기의 행동에 재적용시키는 과정을 통해 사회적 성숙을 도모할 수 있다.

그러나 유아의 사회교육에 미디어를 활용할 때에는 유아들이 상상적이고 가상의 내용들을 사실적인 것으로 잘못 받아들여 그대로 흉내를 내다가 다치거나 상처를 입는 경우도 종종 있기 때문에 프로그램의 선택에 주의를 기울일 필요가 있다.

교수-학습 자료로 슬라이드, 비디오와 같은 영상 자료, 필름 스트립과 슬라이드, 사진과 그림, 게시판과 전시물, 컴퓨터 등 유아들이 직접 경험할 수 없는 사회적 경험들을 대신 전달할 수 있는 교육효과가 있다.

(1) 영상 자료

영화, 비디오, TV 등의 영상 자료는 유아들이 직접 체험하거나 다른 방법으로는 배우기 어려운 사회적 개념을 학습할 수 있도록 돕는다. 영상 자료를 통하여 유아는 직접 경험하기 어려운 장소나 물건을 볼 수 있고, 경험할 수 없는 낯선 문화를 알아볼 수도 있다. 또는 견학이 어려운 장소나 과거에는 존재하였으나 현재는 존재하지 않는 것을 알아볼 때도 유용하다. 예를 들어, 교사에게 공룡에 대한 이야기를 듣고 영상 자료를 통해 공룡에 대해서 본다면 유아들은 공룡에 대해서 보다 잘 이해하게 될 것이다.

영상 자료는 유아의 흥미를 끌 수 있으며 사회적 세계에 관심을 갖도록 돕지만 유아들에게 수동적인 학습을 조정하는 단점도 있다. 즉, 유아들이 영상을 통해 보고 듣기는 하지만 지치기 쉽다. 교사는 영상 자료를 활용하여 수업을 할 때 유아들과 사전에 관련되는 이야기를 나누고, 보고 난 후에도 토의를 하는 것이 바람직하다.

영상 자료를 이용한 수업 시 고려할 점을 알아보면 다음과 같다.

- 유아들의 주의집중 시간을 고려하여 영상 자료를 선택한다.
- 유아들에게 보여주기 전에 교사가 먼저 자료를 보고, 학습 내용과 관련하여 유아들이 주의 깊게 보아야 할 부분을 확인한다.
- 목표로 하는 개념의 이해를 돕기 위한 질문거리를 계획한다.
- 영상 자료를 시청할 때의 바른 자세에 대해 유아들과 이야기를 나눈다.
- 영상 자료를 보기 전에 제목을 보고, 유아들이 시청할 내용을 예측해 보도록 한다.
- 영상 자료를 시청하는 중에 교사는 유아들이 집중할 수 있도록 질문을 하며, 주제와 관련되는 경험을 유아들이 자유롭게 이야기할 수 있는 허용적인 분위기를 제공한다.

- 영상 자료에서 소개되는 어려운 어휘의 의미를 소개해 준다.
- 영상 자료를 시청한 이후에 유아들이 본 내용을 회상하여 말할 수 있는 기회를 제공하고, 내용과 관련된 자신의 생각을 표현할 수 있도록 격려한다.
- 영상 자료의 내용을 확장할 수 있는 활동을 연계하여 계획할 수도 있다. 영상 자료와 관련된 도서나 역할극을 위한 소품을 제시할 수도 있으며, 관련되는 미술 활동이나 음악 활동을 소개할 수 있다.

(2) 필름 스트립, 슬라이드, 녹음 자료

필름 스트립과 슬라이드는 영화나 비디오와 다른 차원에서 효율적인 사회교육을 돕는다. 필름 스트립과 슬라이드 자료는 유아들이 이야기 나누기를 위해 정지시킬 수 있고, 이전 내용을 회상하기 위해 거꾸로 돌릴 수도 있다.

녹음 자료도 사회교육을 위해 유용하게 활용될 수 있는데, 시장에서 나는 소리나 거리에서 들리는 소리, 터미널에서 들리는 소리를 들려주어 유아 주변의 사회 환경에 대한 생생한 경험을 확장시킬 수 있다. 또한 조사 활동을 할 때 인터뷰 내용을 녹음하여 분석할 수 있는 시간을 갖거나, 친구들의 목소리를 녹음하여 들려주면 또래에 대해 관심을 가질 수도 있다.

(3) 사진, 그림, 신문

사진과 그림, 신문은 유아와 떨어져 있는 사람이나 장소, 물건에 대한 사실적인 정보를 제공할 때 사용된다. 진행되는 학습주제나 시사문제와 관련된 사진, 그림, 신문 자료는 유아들이 현재 경험을 확장시키고 사고의 폭을 넓게 해준다는 이점을 가지고 있다. 이를 이용한 수업을 전개할 때 교사는 사진, 그림, 신문의 내용을 이해하고 기억하도록 요구하기 전에 관련된 실제 사물이나 사건에 대한 경험을 제공한다. 사진과 그림, 신물을 보고 먼저 사진과 그림에서 볼 수 있는 사물에 명칭을 붙이고 이야기를 나눈 후에 이 사물을 묘사하는 능력이 숙달되었을 때 유아는 그림에서 무슨 일이 일어났는지에 대해 예측을 할 수 있다.

사진과 그림, 신문 자료를 이용한 수업의 과정을 정리하면 다음과 같다(이경우 · 서영숙, 1995).

- 사진과 그림, 신문에서 볼 수 있는 사물의 이름을 말한다.
- 사진과 그림, 신문을 세밀하게 관찰하고, 발견한 내용을 이야기한다.
- 사진과 그림, 신문에서 본 내용과 자신의 경험을 관련지어 이야기한다.
- 사진과 그림, 신문에서 유추할 수 있는 내용을 찾아서 말한다.
- 자료에서 발견한 사실을 넘어선 상상적이고 창조적인 내용을 말한다.
- 사진과 그림, 신문에서 본 내용을 확장할 수 있는 다른 정보를 찾는다.

(4) 게시판과 전시물

게시판과 전시물은 사회교육내용을 학습할 수 있는 환경조성에 크게 도움이 된다. 또 유아들이 활동에 참여하고자 하는 동기를 부여해 주고, 활동 주제나 개념에 관한 이해에 도움을 준다. 전시나 게시판을 구성하는 데 유아를 참여시킴으로써 유아들은 정보를 분류할 수 있고 생각과 경험을 기록할 수 있는 방법을 찾을 수 있다.

(5) 도서

유아는 도서를 통해서 간접적으로나마 경험의 폭을 넓힐 수 있으며, 사회교육의 기본 개념이나 사회적 기술, 가치와 태도 등을 습득할 수 있다. 또한 유아들은 책의 주인공이 경험하는 문제 상황에 대해 생각하면서 문제해결의 기회를 가질 수도 있고, 주인공이 느끼는 감정에 이입하면서 타인의 입장을 고려할 수도 있다. 유아들이 위인전을 읽는다면 주인공의 살아온 과정을 통해 바람직한 삶의 가치를 발견하고 긍정적인 자아상을 발달시킬 수도 있다.

교사는 유아들이 사회과학적 개념이나 사회적 기술 및 태도와 관련된 동화를 읽어 주고 내용과 관련된 유아들의 경험을 표현하게 하거나, 이야기에서 제시된 문제 상황이나 갈등 상황에 대해 토의하는 기회를 제공할 수 있다. 이러한 과정을 통해 유아들은 긍정적인 가치와 태도를 발달시킬 수 있다.

동화를 활용한 사회교육의 가치를 제시하면 다음과 같다.

- 주인공의 행동을 모델삼아 친사회적 행동을 발달시킨다.
- 타인의 감정을 이해하고 수용하는 경험을 한다.
- 주인공의 행동을 유추하는 기호를 통해 추론 능력을 발달시킨다.
- 유아들이 좋아하는 이야기는 반복하여 듣거나 읽으면서 동화의 내용이 자연스럽게 내면화된다.
- 이야기를 통해 유아 주변 환경이나 세상에 대한 이해를 확장할 수 있다.
- 유아들이 직접 경험하지 못했던 새로운 사실을 학습할 수 있는 기회가 된다.
- 옳고 그른 것을 판단할 수 있는 기회를 제공한다.

동화를 활용한 수업은 여러 가지 측면에서 유아사회교육을 위한 유용한 교수-학습 유형이다. 단 동화를 수업에 활용하기 위해서는 교육적이고 문학성이 있는 도서를 선정해야 한다. 사회교육을 위한 도서를 선정하기 위해 고려해야 할 조건은 다음과 같다(조순옥 외, 2013).

- 문학성이 있어야 한다.
- 유아의 발달에 적합해야 한다.
- 주인공의 감정과 갈등이 명확하고 분명하게 드러나 감정이입이 잘 되어야 한다.
- 이야기의 갈등 해결은 타인의 감정과 갈등이 명확하고 분명하게 드러나 감정이입이 잘 되어야 한다.
- 이야기의 갈등 해결은 타인의 감정을 고려하는 가운데 상위 추론 수준에서 성공적으로 해결된 내용이어야 한다.
- 이야기를 듣고 극놀이나 후속 활동이 가능한 도서를 선정한다.

(6) 텔레비전

텔레비전은 교실에서 가장 흔하게 쓰이는 미디어이다. 텔레비전이 주는 단점은 텔레비전 프로그램편성은 종종 개인과 사건에 대한 부정적이고 폭력적인 묘사를 하고 있다. 그 결과 유아들이 미디어에서 본 행위와 그들의 역할 모델로 될 캐릭터에 대한 반응을 모방하는 것을 관찰하는 것은 이상한 일이 아니다.

그러나 텔레비전이 주는 장점도 많다. 성인이 유아들이 봐야 할 프로를 조심스럽게 선택하고 성인들이 유아들과 같이 텔레비전을 시청할 때 장점은 최적화된다. 유아에 맞는 TV 사용을 위해 교사는 다음과 같이 주의해야 한다.

① 유아들을 위한 지역 TV 프로그램에 익숙해져야 한다. 이러한 프로그램을 보는데 시간을 내고, 교과과정 경험과 관련된 내용인지 확인한다.
② 수업주제와 관련된 주제로 선택된 프로그램의 스케줄을 알고 있어야 한다.
③ 정기적으로 유아들과 같이 볼 수 있는 추천프로그램에 대해 학부모에게 가정 통신문을 보내야 한다. 시청을 가이드 해 줄 활동과 질문에 대한 제안을 포함한다. 이 연습은 그 경험의 의미와 가치에 기여한다.
④ 부모와 가족에게 TV 프로그램 등급에 대한 설명을 제공한다.
⑤ 집에서 TV를 사용할 수 있는 제안할 방법을 제공한다.

(7) 컴퓨터와 인터넷

컴퓨터는 현 사회를 정보시대로 만들었고 컴퓨터사용은 교수요소뿐만 아니라 모든 학생들이 마스터해야 할 필수적인 기술로 인식된다.

교실에서의 컴퓨터는 배울 수 있는 기회와 다양한 개념들을 연습할 수 있는 기회를 제공한다. 특히 유치원생들에게 사용되도록 할 때에는 소프트웨어는 조심스럽게 선택되어야 한다. 그러나 텔레커뮤니케이션은 우리가 속해있는 "지구촌 마을(global village)"을 길러낼 수 있는 신나는 방법이다.

과거에 비해 유아교육에서 컴퓨터의 활용은 점차 증가되고 있다. 유아들은 컴퓨터를 통해 유용한 사회과학적 지식을 얻을 수 있으며, 또래 유아들과 컴퓨터 활동을 하면서 도와주기, 협력하기, 차례 기다리기 등의 사회성을 배울 수 있다.

일부 교육자들은 컴퓨터 프로그램이 유아들의 공격성을 증가시키므로 컴퓨터 사용을 자제하도록 지도해야 한다고 주장하고 있다. 이는 시청각 학습 자료인 TV 프로그램이나 비디오도 마찬가지이다. 최근에는 컴퓨터와 TV의 순기능적인 측면을 고려하여 폭력적이거나 성차별적, 문화적 차이를 강조하는 프로그램을 제외한 활동 주제와 관련된 유익한 프로그램을 선택하여 유아의 개념이 확장될 수 있도록 할 것을 권장하고 있다. 따라서 컴퓨터와 TV를 교육에 활용할 때 교사는 순기능과 역기능을 이해해야 한다(국가청소년위원회, 2007).

① 전자미디어의 순기능

- 정보와 지식 검색

  다른 나라 사람들이 주거 양식이나 음식, 여행 방법 등 미디어를 통해 다양한 정보를 수집할 수 있다.

- 사실적인 이미지와 정보에 쉽게 접근

  책이나 신문이 표현하지 못하는 색감과 음향을 전자미디어는 사실적이고 역동적으로 표현할 수 있다. 어린이 박물관을 시뮬레이션으로 접하여 생동감 있는 문화에 대한 이해를 가질 수 있다.

- 학습의 도구로서 기능

  유아를 이해 고안된 학습 프로그램이나 교육용 비디오, CD 등을 통해 역사, 지리, 경제 등의 사회과학적 지식을 학습할 수 있다.

• 커뮤니티와 관계 형성에 도움

성인과 마찬가지로 유아들도 부모에게 메일 쓰기, 친구들과 전자메일 주고받기, 유아교육기관 홈페이지에 글 남기기, 친구와 전화로 통화하기 등 전자미디어를 통해 인간관계를 형성하고 유지하는 것을 볼 수 있다.

② 전자미디어의 역기능

• 중독의 메커니즘

전자미디어는 화려한 색채와 현란한 움직임, 빠른 화면 전환으로 유아들에게 자극적이다. 또한 대부분의 프로그램은 시리즈로 제작되어 한 번 접하면 계속 보고자 하는 욕구가 강해진다.

• 유해정보에 무방비로 노출 가능성

유아 대상의 프로그램 중에도 폭력적이거나 선정적인 장면들이 제시되는 것들이 있다.

이러한 프로그램은 폭력을 정당화하거나 비사회적인 부적절한 어휘를 사용하여 유아들의 사회성 발달에 부정적인 영향을 미친다.

• 현실과 가상이 경계 혼미

유아의 발달단계 특성상 현실과 상상을 구분하지 못하는 경향이 있다. 이러한 유아들이 하늘을 날고 칼과 총으로 싸움을 하는 미디어에 장기간 노출되었을 때 전자미디어가 보여주는 가상의 세계를 현실로 잘못 인식하는 문제가 발생할 수 있다.

• 전자미디어 속에 갇힌 아이

유아들은 실생활에서 주변 사람들과 사랑과 우정의 관계를 형성하기도 하지만 때로 갈등하고 미워하면서 문제를 해결한다. 갈등 상황에서 유아들은 좌절과 실패를 경험하기도 하지만 이 과정에서 유아들은 스스로의 감정을 조절하고 타인의 입장을 이해하는 능력도 자라게 된다. 그러나 전자미디어는 유아에게 갈등을 유발하지 않기 때문에 유아들은 현실에서의 갈등을 피하고 전자미디어와 편한 관계로 회피하고자 하는 성향이 있다. 이러한 유아들은 현실생활에서 또래와 갈등하며 성장하는 사회적 존재로 성장하기보다는 자신을 괴롭히지 않는 전자미디어로 숨어들어가려 한다. 이는 유아의 사회성 발달에 부정적인 영향을 미친다.

• 학습 스트레스

유아기는 직접 체험과 탐구에 의해 학습에 대해 긍정적인 태도를 발달시키는 시기이다. 학습할 준비가 되어 있지 않은 유아에게 컴퓨터의 기능을 가르치거나 인터넷을 통해 사회과학적 지식을 검색해 보도록 요구했을 때 유아들은 미디어가 학습의 도구로 사용될 수 있다는 가치를 인식하기보다는 미디어 활용에 거부감을 가질 수도 있다.

Chapter

4

유아사회성 발달교육

1. 애착 발달

1) 애착의 정의

애착(attachment)이란 생애 초기에 영아와 주양육자간의 친밀하고 강한 정서적 유대감을 말한다. 애착은 종족을 보존하고 주위환경에 적응하는 데 필수요소로, 사랑이나 보살핌과 같은 긍정적 정서의 의미를 지닌다(Ainsworth, 1973). 생후 6개월 경부터 영아는 자신의 요구에 반응을 해주는 친숙한 특정 인물에게 애착을 형성하기 시작한다. 애착은 단기간에 이루어지는 것이 아니라 시간을 두고 천천히 주 양육자와의 친밀한 상호작용을 통해 서서히 이루어지며, 이때 주 양육자는 영아의 요구에 민감하게 반응을 해주어 영아가 확신을 느낄 수 있게 해야 한다. 애착관계는 영아와 1차 양육자와의 관계에서 형성되는 특별한 애정관계로서 양육환경의 질, 부모와 영아관계의 질은 영아가 점차 자라나면서 넓어지는 사회적 관계를 안정되게 이해하고 유지하는데 매우 중요한 요인이다.

Bowlby(1973)는 영아가 자신을 보호해줄 수 있는 주 양육자에게 물리적 접근성을 유지하는 것 자체가 애착행동의 주요한 목표라고 보았다. 이러한 애착대상에 대해 나타내는 영아의 애착행동이란 '애착을 느끼는 대상에게 접근하고 소통하기 위한 본능적인 다양한 행동'으로, 신호행동(예: 울기, 미소짓기, 소리내기), 지향행동(예: 쳐다보기, 따라가기, 접근하기), 신체접촉행동(예: 기어오르기, 매달리기, 안기, 잡기)로 구분할 수 있다.

애착행동은 주양육자에게 자연스럽게 보호반응을 이끌어내는 효과(Bowlby, 1980)가 있으며, 안전기지행동(애착대상이 있을 때 자유롭게 주변을 탐색하는 행동), 안전한 품으로 돌아가는 방어행동(위험을 느꼈을 때 애착대상에게 돌아가는 행동), 분리저항행동으로 나타나 다른 사회적 관계와 구분된다(Ainthworth, 1989).

생애 초기에 형성된 애착은 영유아의 전반적 발달 및 적응에 영향을 미친다. 특히 주 양육자의 안정적인 애착관계 형성은 영유아에게 정서적 안정감을 주어 자유롭게 환경을 탐색하고 적응해 나가는 데 필요한 적응력을 높여준다. 이는 이후의 성장 발달에도 장기적인 영향을 미치며 성인기의 인간관계까지 지속적인 영향을 미친다.

애착의 특성은 다음과 같다.

① **보편성과 특수성** : 애착은 모든 부모자녀관계에서 형성되지만 동시에 애착 기회, 양육의 질, 영아 개인의 특성, 가정환경, 부모의 특성에 따라 개인차가 있다.

② **상호성** : 영아의 특성과 주양육자의 특성이 상호작용에 영향을 미치고, 이 상호작용이 다시 애착의 특성을 만든다. 이 둘 간의 상호작용이 애착의 질적 차이를 만든다.

③ **안정성** : 이미 형성된 애착은 시간의 흐름에 따라 연속성을 지니고 있어 쉽게 변화하지 않는다.

④ **지속성** : 생애 초기에 형성된 관계유형은 내면화되고 일반화되어 이후 또래관계나 사회관계에 지속적으로 영향을 미친다.

2) 애착 발달이론

(1) 정신분석이론

Freud는 어머니에 대한 영아의 정서적 유대가 이후의 모든 인간관계의 기초가 된다고 주장한다. 구강기 때 어머니가 수유를 통해 영아의 1차적 욕구를 충족시켜 주기 때문에 영아의 애정적 대상이 되어 정서적 관계를 유지한다.

Erikson은 수유보다는 영아의 전반적 욕구충족이 더 중요하며, 영아의 기본 욕구를 충족시켜 주는 것은 영아에게 안정적인 애착관계를 형성하고 이를 바탕으로 세상에 대한 기본적 신뢰감을 형성한다고 하였다.

(2) 학습이론

애착은 학습된 행동 결과다. 애착의 질은 영아 행동에 대한 어머니의 반응 정도와 여아에게 제공되는 자극의 양과 질에 따라 달라진다. 영아의 욕구에 빠르고 따뜻한 반응에 의해 주양육자와 애착을 형성한다.

(3) 인지 발달이론

영아의 사회적 행동은 전반적으로 인지 발달과 밀접한 관계가 있다. 영아의 인지 발달이 선행되어야 애착형성이 가능하다. 즉, 영아가 낯선 사람과 친숙한 사람을 구별할 수 있어야 하며, 대상 영속성에 대한 개념도 획득해야만 한다. 애착 발달의 결정적 시기는 7~9개월 경 대상영속성 개념이 획득되는 시기이다.

(4) 동물행동학적 이론

Bowlby(1973)는 애착의 발달은 학습에 의해 촉진되기는 하지만, 태어날 때부터 이미 지니고 있는 생존 유지 및 보호를 위한 본능적인 반응의 결과라고 보았다. 즉, 애착행동은 인간이 생득적으로 가지고 있는 빨기, 울음, 미소, 매달리기, 따라다니기와 같은 초기 사회적 신호체계를 바탕으로 하고, 성인 역시 영아가 보내는 신호를 해석하고 반응할 수 있는 능력을 선천적으로 가지고 있다고 본다.

Bowlby는 영아의 애착 발달단계를 4단계로 분류하였다.

① 전 애착단계(출생~6주)

주위 사람들에게 무분별하게 애착 전조행동(미소, 울기, 눈 응시하기, 움켜잡기 등)을 보인다. 그러나 아직 애착이 형성되지 않았기 때문에 어머니가 아닌 다른 사람이 보아도 상관하지 않는다.

② 애착 형성단계(6주~8개월)

영아는 선별적 사회적 반응이 나타나기 시작한다. 친숙한 사람과 낯선 사람에 대해 다르게 반응한다. 영아는 부모와 함께 상호작용하거나 고통스런 상황에서 위안을 받을 때, 자신의 행동이 주변 사람들을 변화시키면서 신뢰감을 발달시키기 시작한다. 그러나 아직은 친숙한 사람과 애착이 완전히 형성된 것이 아니라 분리불안을 보이지 않는다.

③ 애착단계(6~8개월부터 18~24개월)

애착대상이 명확히 나타나며 낯선 사람에 대한 불안이나 친숙한 양육자와의 격리에 대하 불안을 적극적으로 나타낸다. 분리불안은 익숙한 사람과 분리될 때 나타내는 슬픔이나 실망과 같은 저항반응으로 7개월경부터 나타나 12개월경에 심해졌다가 24개월 전후로 사라진다. 주 양육자에 대한 애착은 7~8개월이면 더욱 강해지고 주양육자에게 접근을 유지하면서 환경을 탐색하거나 위안이 필요할 때 안전기지로 활용한다. 이후 점차 주 양육자이외에도 소수의 친숙한 사람에게 확장되는 변화를 보인다.

④ 상호관계의 형성 단계(24개월 이후)

2세 말경이 되면 정신적 표상과 언어의 급속한 성장에 의해 영아는 애착대상의 감정과 동기를 이해할 수 있게 되며 행동을 예측할 수 있다. 애착대상자에게 무조건적으로 매달리기보다는 타협을 통해 요구를 조절하기 시작한다. 점차 분리불안도 감소한다.

3) 애착유형

애착관계의 질은 양육환경, 부모와 영아관계의 특성에 따라 각각 다르게 나타난다.

Ainsworth(1983)는 '낯선 사람 실험'에서 애착유형을 분류하였다.

(1) 안정애착(secure attachment)

연구대상 중 가장 많은 비율(65%)을 차지하는 유형으로, 애착행동과 탐색행동이 균형을 이룬 상태이다. 낯선 놀이실 상황에서 주변 환경에 호기심을 보이며 어머니와 떨어져 환경을 탐색한다. 낯선 사람이 들어온 후 엄마가 나갔다 다시 들어왔을 때 어머니에게 기대거나 가까이 하는 등 애착행동을 먼저 보이면서 편안함을 찾는다.

안정애착 유아는 이후 정서 조절 및 사회적 능력, 교사 및 또래와의 긍정적 관계 형성, 대인관계에서의 효율적 해결능력을 나타났고, 이들의 부모나 양육자는 민감하고 세심한 반응을 보였다.

(2) 불안정회피애착(avoidment attachment)

영구대상의 20%가 어머니와 친밀감을 추구하지 않을 뿐만 아니라 낯선 사람에게도 반응을 보이지 않았다. 낯선 사람과 낯선 환경에 놓여도 어머니한테 보인 것처럼 특별히 경계하거나 관심을 보이지 않으며 이후 사회적 관계에서도 다른 사람을 신뢰하지 않으려 한다.

(3) 불안정저항애착(resistant attachment)

연구대상의 10~15%를 차지하는 저항애착 영아는 어머니와 함께 있어도 불안해 하지만 잠시라도 떨어지지 않으려고 애쓴다. 어머니가 곁을 떠나면 몹시 불안해하며 심한 불리불안 정서를 나타내다가 엄마가 돌아와 안아주려 해도 정서적 안정감을 얻지 못하며 오히려 밀치며 저항하는 행동을 보인다. 어머니에 대해 양면적 행동을 보인다.

(4) 혼란애착(disorganized attachment)

연구대상의 5~10%의 혼란애착 영아는 가장 심한 불안정 애착의 형태로, 회피와 저항 어느 유형에도 속하지 않는 유형으로 낯선 상황에서 가장 많이 불안해하고 경직된 태도를 보이며 어머니를 다시 만났는데도 표정이 얼어붙어 있고 접근할지 회피할지를 모르고 중간에 멈추고 어찌할 바를 몰라 꼼짝하지 않으며 어머니로부터 도망쳐 벽에 머리를 기대는 등 일관성 없는 태도를 보인다.

4) 애착 발달을 돕는 교사의 역할

현대사회는 일찍부터 유아교육기관에 오는 영아들이 많아져 유아교육기관에서 안정애착을 형성할 수 있도록 애정과 관심을 일찍부터 보여야 한다. 교사와 안정애착을 형성한 영유아는 또래와의 관계에서 안정감을 가지고 친사회적 행동을 보이며, 부모와 불안정 애착으로 사회성 발달에 어려움을 겪는 영유아도 교사와의 안정애착을 통해 사회성 발달에 긍정적 영향을 미칠 수 있다.

따라서 안정애착 형성을 위해 교사가 고려해야 할 점은 다음과 같다.

첫째, 영아가 보내는 신호를 민감하게 인식해야 한다. 교사의 민감성은 양육자의 민감성과 다르지 않다. 애착 안정성에서 가장 중요한 것은 영유아의 신호에 민감하게 반응하는 것이다. 영유아 관찰을 객관적으로 관찰하여 영유아의 신호를 정확하게 해석해야 한다.

둘째, 영유아의 신호에 대한 정확한 반응을 제공해야 한다.

영유아가 가진 기질이나 성향을 파악하여 긍정적이고 일관성 있는 반응을 보인다. 영유아는 신뢰감을 바탕으로 하는 안정애착을 형성할 수 있다.

셋째, 정서적으로 안정되며 반응적이고 흥미로운 환경을 제공해야 한다.

교사의 따뜻하고 온정적인 태도와 반응은 안정애착 발달에 매우 중요하다. 아무리 민감하게 반응을 보인다 하더라도 부정적이거나 거부적인 반응을 보인다면 영유아는 불안감을 느끼며 자신에 대한 부정적 이미지를 만들어 갈 수밖에 없다. 그러므로 따뜻하고 부드러운 시선과 함께 기분 좋은 신체 접촉을 통해 자신이 사랑받고 있음을 인식할 수 있게 도와줘야 한다.

넷째, 놀이를 통해 애착 증진을 지원한다.

강도 높은 신체 놀이는 안정애착에 긍정적 영향을 미쳤다. 놀이를 통해 긍정적 정서를 나누고 즐거움을 느끼며 자연스럽게 신체 접촉이 이루어진다.

2. 자아개념

1) 자아개념 발달

자아개념(self-concept)이란 한 개인이 자신에 대해 갖는 인식, 감정, 신념, 등의 총체로, 개인의 행동 특성을 형성하는 데 지속적으로 영향을 미친다.

자아개념은 인지적 요소와 정의적 요소를 포함한다. 자아개념의 인지적 요소는 자신의 내재적 특성에 대한 이해를 의미하며, 자아인식 또는 자아인지를 통해 나타난다. 자신의 신체적 특징이나 성향에서부터 역할, 집단 내에서의 자아에 대한 인지적 표상이 여기에 포함된다. 자아개념의 정의적 요소는 자아존중감 또는 자아에 대한 태도를 의미하는 것으로 자신의 가치와 중요성에 대한 평가적 측면이다.

자아개념은 전 생애에 걸쳐 개인의 인식과 행동양식, 적응 정도에 지속적으로 영향을 미치며, 유아기는 자아개념의 토대가 형성되는 시기이다.

자아개념의 발달은 신체적 자아인식단계, 외적 특성에 의한 자아인식단계, 심리적 자아인식단계, 사회적 자아인식단계를 거쳐 발달한다. 12개월 미만의 영아는 거울을 보면서 자기 코를 만지는 반응을 보이지 않으나 18~24개월 영아 대부분은 신체적 자아를 인식한다. 3~5세 유아는 자신과 타인을 성별이나 나이와 같은 범주에 따라 구분할 수 있다.

유아기 초기 자아개념은 자신에 대한 아주 제한된 인식이라고 볼 수 있으나 성장하면서 자아개념도 확장되어 좀 더 세분화되고 복잡해진다. 유아는 자신을 정의할 때 자신을 전체범주 속에 놓는 형태를 취하는데, 자기와 다른 면, 특히 연령(나이가 많다/어리다), 크기(크다/작다), 성(남자/여자)에 초점을 맞추어 자신을 대략 한 범주에 놓는다. 유아는 2세 정도가 되면 자아인식이 형성되기 시작하여 3, 4세가 되면 내 것에 대한 소유개념을 나타내며 자아에 대한 개념을 자신에게 속한 물건까지 확대되어 간다.

4세 유아의 자아인지는 내재적 특성까지 인식하지는 못한다. 이 시기는 자아인지 발달이 외현적인 물리적 자아에서 내재적인 심리적인 자아로 발달하는 과정이다.

5~7세경에 유아는 체격, 연령, 성을 포함해서 전체적인 범위에서 매우 구체적으로 자신을 설명할 수 있다. 그러나 이때에도 유아는 자신의 내적인 특질보다 외모에 주의를 기울이듯 시각적 특징에 관련지어 설명한다.

자아개념은 유아의 발달단계에 따라 지속적으로 변화해 가며 유아의 성장과정에서 어떤 사회적 경험을 하느냐에 따라 자아개념 형성에 지속적인 영향을 받는다. 이러한 자아개념은 이후 학업성취, 수용력, 정신건강, 대인관계 등 각 개인의 행동전반에 영향을 미치며 성격의 형성과 발달에 중요한 결정요인이 된다(곽노의 · 김경철 · 김유미 · 박대근, 2013).

2) 자아존중감 발달

자아존중감이란 자기 자신의 가치, 능력, 특성에 대한 스스로의 판단이나 감정을 의미한다. 자아에 대한 평가적 신념으로 개인의 심리와 인성, 행동과 적응, 나아가 자아실현의 모든 측면에 영향을 미치므로 자아 발달의 가장 중요한 부분이다.

유아는 성장하면서 자신에 대해 더 잘 이해하고 더 나아가 자신을 평가하기 시작한다. 자신이 기대하는 기준에 비추어 자아 평가가 긍정적일 때 자아존중감과 긍정적 자아개념을 갖게 되며, 그렇지 못할 때는 부정적 자아개념을 갖게 된다.

Coopersmith는 자아존중감에 대한 기준 4가지를 다음과 같이 제시하였다.

① **중요도** : 자기가 중요하다고 생각하는 사람에 의하여 사랑받고 있으며 인정받고 있다고 느끼는 정도

② **능력** : 자신이 중요하다고 여기는 작업을 수행함에 있어서 성취의욕을 만족시킬 수 있는 실력의 정도

③ **미덕** : 도덕과 윤리적인 규범을 달성한 정도

④ **힘** : 다른 사람에게 영향을 미치고 통제할 수 있는 능력의 정도

자아존중감은 인간의 기본 욕구로서 이 욕구의 충족여부는 생사를 가늠할 정도로 중요한 문제이며 한 개인의 심리적 적응을 알기 위해서 개인의 자아존중감을 알아야 한다.

유아의 자아존중감 발달은 만 2세경부터 나타나는 자조기술의 발달과 더불어 시작된다. 밥먹기, 옷 입기, 세수하기, 대소변 가리기 등의 과업들을 성공적으로 수행하면서 유아는 자신의 기본적인 능력에 대해 신뢰감을 갖게 되며, 이러한 신뢰감은 자아존중감의 중요한 기초가 된다. 3~4세에는 스스로 하고자 하는 것을 설정하고 다양한 시도를 통해 문제를 해결해 가면서 자신에 대한 성취감을 갖는다. 유아 자신에 대한 신뢰감과 성취감이 자아존중감으로 발달한다. 3~4세경 유아가 형성한 숙달감과 자아존중감은 전 생애에 걸쳐 자신이 수행하는 일에 대한 유능성과 자신감에 지속적인 영향을 미친다 (Elkind & Weiner, 1978).

자아존중감이 높은 유아는 자신을 중요하고 가치 있는 사람으로 생각하여 자신이 하고 있는 일에 자신감을 가지고 적극적이며 능동적으로 참여하고 친구들과 잘 어울려 놀며 유치원 생활에도 잘 적응한다(정선희, 1984). 반면 자아존중감이 낮은 유아는 매사에 자신감이 부족하고 부정적인 상호작용을 나타내므로 바람직한 사회관계를 형성하는 데 어려움을 겪는다.

3) 자아개념 발달을 위한 교사의 역할

유아의 사회적 유능성을 성취하는 데 필요한 기술들을 습득하도록 돕는 교사는 유아의 긍정적인 자아존중감 발달에 기여한다. 교사는 유아의 행동과 노력에 대해서 의미 있고 현실적인 기대를 하고, 유아를 수용해주고 한계를 설정해 줄 때, 유아는 유능성, 가치, 통제감을 발달시킨다(Deci & Flaste, 1995; Lamborn, Mounts & Steinberg Dornbusch, 1991). 교사는 유아가 주도성을 갖도록 조장해주고, 요청에 대해 합리적인 설명을 해주고, 통제하는 언어를 적게 사용해주면 유아의 자율성이 발달한다(Deci & Ryan, 2000).

교사는 유아의 자율성을 지지해주는 교수방법을 사용할 때 학습에 대한 내적 동기를 더 많이 가지게 된다(Lepper & Henderlong, 2000). 교사는 유아의 유능성을 증가시키고자 별로 노력하지도 않고, 엄격하고 불합리한 규칙을 적용하거나, 전혀 규칙을 강요하지 않으면 유아는 자신에 대해 부정적 판단을 하게 된다(Curry & Johnson, 1990).

교사가 외적 보상이나 경쟁, 아이들 간의 비교를 하지 않으면, 유아는 동기부여가 되고 전반적으로 사회정서가 발달하게 될 것이다(Midgley, 2002)

3. 유아기 정서지능

정서(emotion)의 어원을 살펴보면, 라틴어인 'emovere'에서 유래되었다. 접두어인 'e'는 'out'의 의미로 ~로부터라는 뜻을 나타내고 'movere'는 오늘날 움직인다를 뜻하는 'move'를 의미한다. 즉, 정서는 어원상 '움직여 나간다'라는 의미이다. 인간은 그가 처한 환경이나 분위기 또는 주변 사람과의 관계 등과 같은 요인으로 인해 자연스럽고 당연하게 움직이는 개인의 마음 상태라고 해석할 수 있다(김상림 · 김송이 · 양성은 · 이윤선 · 한준아 · 김지현, 2014)

학문적 관점에서 정서는 인간의 내적·외적 사건에 의해 발생되는 다양한 요소를 포함한 일련의 행동으로 정의된다. 첫째, 호흡의 변화 또는 심장 박동이나 혈압의 증가와 같은 생리적 요소의 변화, 둘째, 웃거나 우는 것, 입을 앙다물고 찡그리는 것, 주먹을 질끈 쥐고 눈을 감는 것 등의 표현적 요소, 셋째, 개인의 주관적 해석과 인지적 판단에 따라 달라지는 경험적 요소를 포함한다. 이러한 관점에서 보면 정서는 사건을 지각하여 생긴 신체적 변화와 이에 대한 지각을 의미하며, 선천적·생래적 정서반응 뿐만 아니라 이전의 경험에 비추어 학습되고 강화되는 정서행동을 모두 포함한다.

정서지능(Emotional Intelligence)이라는 용어는 1990년 미국의 뉴햄프셔대학의 Jhon Mayer교수와 예일대학의 Peter Salovey교수에 의해 처음으로 사용되었다. 정서지능이란 자신과 타인의 정서를 평가하고 표현할 줄 아는 능력, 자신과 타인의 정서를 이용하여 활용할 줄 아는 능력이다.

Mayer와 Salovey교수(1990)는 정서지능의 구성요소를 4가지 영역으로 나누어 설명하고 있다.

① 자신과 타인의 정서를 평가하고 표현하는 능력

- 자신과 타인의 정서를 인식하고 표현할 수 있는 능력으로 가장 낮은 수준의 정서지능

② 정서에 의한 사고 촉진 능력

- 정서가 생각에 영향을 미치고 촉진하는 능력

③ 정서의 이해와 분석 능력

- 정서를 이해하고 정서가 전달하는 의미를 해석할 수 있으며 활용할 수 있는 능력

④ 정서의 조절 능력

- 자신과 타인의 정서를 인지하고 분석한 것을 통제하고 조절할 수 있는 능력으로 가장 수준 높은 정서지능

표 4-1 정서지능의 구성요소

구성영역	구성요소
정서의 지각 및 평가와 표현	• 자신의 정서 인식 능력 • 타인의 정서 인식 능력 • 정서 표현 능력 • 표현된 정서 구분 능력
정서에 의한 사고 촉진	• 정보에 집중하는 능력 • 정서를 통한 판단과 기억 능력 • 정서 변화를 이해하는 능력 • 정서 활용 능력
정서 이해와 분석 능력	• 정서 이해 능력 • 정서의 결과 이해 능력 • 복잡한 정서 해석 능력 • 정서 변환 이해 및 인식 능력
정서 조절	• 정서를 개방적으로 받아들이는 능력 • 정서에 개입하고 관여하는 능력 • 자신과 타인에 대한 정서 감지 능력 • 정서 평가 관리 능력

유아기 초기에는 자신의 내부 상태에 따라 감정 상태가 결정되다가 점차 성장하면서 정서가 분화되기 시작한다. 자율성이 발달되면서 사랑, 분노, 공포, 좌절감 등의 여러 가지 감정을 느끼고 이를 표현하고, 충동과 사회적 요구간의 균형을 유지할 수 있는 방법을 습득하게 된다. 이 시기에는 호기심이 많이 발달하게 되는데, 이를 제지할 경우 죄책감이 형성되고 특정 대상이나 상황에 대해 공포감으로 발전되는 경향이 있다.

1) 정서의 표현

신생아의 정서는 미분화된 흥분상태에서 출생한다. 생후 2개월이 되면 쾌와 불쾌로 분화하여 2세경까지 생존을 위해 필요한 기쁨, 슬픔, 흥미, 분노, 놀람, 혐오 등의 정서가 모든 문화권의 정상 영아에게서 나타난다. 이를 기본 정서 또는 일차 정서라고 한다. 생후 24개월경부터 유아의 정서는 당황, 수치, 부러움, 질투, 자부심, 자아인식, 자기행동평가 등의 다양한 이차 정서가 나타나게 된다. 유아의 정서는 영아기 정서와 별 차이가 없으며 2세 이전에 분화된 정서가 그대로 유지된다.

걸음마기와 취학 전 유아는 한 번에 한 가지 정서만 발생한다고 생각한다. 그래서 유아가 화를 내면 정말로 화가 난 것이고, 즐거울 때는 정말로 즐거운 것이다(Harter, 1998).

5, 6세 유아는 같은 정서군에서 비롯된 감정은 한 번에 한 가지 이상을 느낄 수 있다고 생각한다. 그래서 생일파티에 가는 것은 행복하면서도 흥분을 느끼게 한다고 말할 수 있다(Wintre & Vallance, 1994).

유아기가 되면 유아는 정서표현에 대해 많은 것을 이해하게 된다. 즉, 정서를 표현하는 단어를 사용하거나 이해하는 능력이 급속도로 증가한다. 그러나 부정적 정서보다 긍정적 정서를 더 쉽게 이해한다. 6세가 되면 더 복잡한 정서개념도 이해한다. 유아는 사람들이 진짜로 느끼는 정서와 표현하는 정서를 잘 구별하지 못한다.

(1) 기쁨

기쁨은 인간이 생애 초기부터 느낄 수 있는 기본 정서 중의 하나이다. 기쁨은 주로 미소나 웃음과 같은 얼굴표정이나 깡충깡충 뛰기나 박수치기와 같은 행동으로 표현된다. 유아기가 되어 언어가 발달함에 따라 기쁨을 언어로 표현한다. 유아기의 기쁨은 자아의식이 형성되고 인지능력이 발달하면서 사회적인 인간관계나 사건에 의해 기쁨을 느낀다. 유아들은 익살맞은 행동이나 동작을 보면서 신기함에 흥미를 느껴 기뻐하기도 하고, 우스운 표현이나 유머를 이해하게 되면서 기쁨은 느낀다.

기쁨의 정서는 생리적 기능을 원활하게 하여 유아의 정신적 신체적 건강을 증진시키는 역할을 한다. 또한 원만한 사회적 관계를 맺고 친사회성을 기르는데 도움이 된다. 따라서 유아기에 즐거움과 기쁨을 느끼는 경험과 기회를 많이 제공하여 긍정적이고 명랑한 생활태도를 갖도록 한다.

(2) 공포

인간은 누구나 공포를 느끼며 살고 있고 어느 시기보다도 어린 시기에 공포를 많이 갖는다. 유아의 발달단계에서 하나 또는 그 이상의 공포를 나타내는 것은 정상적이며 일반적인 일이고, 공포는 가끔 과거의 나쁜 경험으로 인하여 잠재적으로 위험한 상황을 피하도록 경고해주거나 특별히 주의를 갖게 하는 적절한 반응이다. 그러나 유아가 경험한 무서운 사건이나 위험에 대한 강한 공포반응은 유아로 하여금 연령에 적합한 정상적인 활동을 회피하게 하기도 하고 성인기까지 지속되게 하기도 한다(김규수 · 안영경, 2006).

유아는 어둠이나 큰 소리, 새로운 상황에 대해 공포를 느끼게 된다. 유아는 상상력이 발달하여 자신이 직접 경험하지 않는 사건에 대해서도 공포감을 보인다. 일반적으로 불안은 부모와 떨어지거나 낯선 장소에서 느낄 수 있으나, 영아기와는 달리 유아기에는 상상을 통해서 불안을 느낄 수 있다. 동생이 새로 태어났을 때도 엄마의 사랑을 빼앗길까 생각하여 불안감을 느낀다. 분리불안장애는 애착 대상과 분리되거나, 분리가 예상될 때 반복적으로 심한 고통을 보인다. 애착 대상을 잃거나 그에게 해로운 일이 일어날 거라고 지속적으로 심하게 걱정한다. 분리에 대한 불안 때문에 지속적으로 유치원이나 그 외의 장소에 가기 싫어하거나 거부한다.

(3) 분노

유아가 하고자 하는 일을 못하게 하거나 어떤 일을 강요하거나, 부모가 관심을 주지 않는 것 등이 분노를 유발하는 요인이 된다. 분노는 떼쓰기, 고집부리기, 말 안 듣기, 폭발행동 등으로 표출된다.

유아기에는 질투심이 공격성으로 표출되기도 한다. 도구적 공격성은 장난감이나 원하는 물건을 얻기 위해 나타나지만 점차 연령이 증가하면서 신체적·언어적으로 타인에게 해를 입히기 위해 적대적 공격성이 많이 나타나게 된다. 정신분석이론에서는 공격성의 원인은 인간의 본능에 따라 일어나며 유아 자신의 활동을 방해받는 좌절상황에서 공격성이 유발된다. 사회학습이론의 관점에서는 공격성이 모방이나 강화를 통해 학습되며, 그 외에도 소외나 방임되었다는 느낌이 공격성을 유발한다.

(4) 호기심

호기심은 어떤 사물이나 현상에 관심이 생긴 것이고 자발적인 활동을 하게 되는 원동력이 되어 주체적인 삶을 살아가게 해준다.

유아기는 주변 사람이나 사물에 대해 호기심이 가장 왕성하게 나타나는 시기이다. "물고기는 물에서 사는데 숨은 어떻게 쉬나요?", "꿈은 왜 꿔요?", "무지개는 왜 생기는 거예요?" 등 눈에 띄는 것마다 "왜"라는 질문을 끊임없이 한다.

특히 이 시기에 성에 대한 호기심이 많아 자신의 생식기에 대해 호기심을 보이며 다른 성과 관련된 것에 대해 관심을 갖는다. 성에 대한 관심을 놀이에 몰두하도록 하여 이로부터 벗어나도록 해준다.

유아기는 다양한 상호작용과 생활 속 경험, 놀이 등을 통해 전인적으로 성장하는데 이를 가능하게 해주는 것은 호기심이다. 유아는 호기심을 통해 주체적으로 자기 주변 사회를 알아가고 적응해 간다.

2) 정서적 이해 능력

유아의 정서적 이해 능력은 빨리 시작된다고 하나 언제부터 이해하기 시작하는지에 대해 정확하게 알기는 어렵다. 다만 유아가 성장하면서 다른 발달 능력이 발달하면서 정서 이해 능력도 발달하게 된다(이명조, 2013). 2~3개월 영아도 성인의 표정 변화에 정서적 반응을 보인다. 특히 친숙한 양육자의 정서표현에 대해 양육자와 유사한 반응을 보인다. 유아기가 되면 정서표현에 대해 많은 것을 이해하게 된다. 즉, 정서를 표현하는 단어를 사용하거나 이해하는 능력이 급속도로 증가한다.

유아는 정서표현 어휘의 증가로 인해 자신과 다른 사람의 행동을 표현하는 정서표현 어휘를 능숙하게 사용하기 시작하며 표상이나 언어, 자아개념 발달과 더불어 정서이해 능력도 발달하게 된다(김이영 · 오성숙 · 이시진 · 이우언 · 이은미 · 채혜선, 2014).

4~5세경 유아는 친구가 왜 화가 났고 행복하고 슬픈지를 설명할 수 있다. 그러나 그 이유를 욕구, 기분, 동기와 같은 내적요인보다 외적인 것으로 해석한다.

유아는 사람들이 진짜로 느끼는 정서와 표현하는 정서를 잘 구별하지 못한다. 유아는 행복한 얼굴표정과 슬픈 얼굴표정을 구별할 수 있지만 슬픔을 느끼는 사람이 행복한 표정을 짓고 있거나, 기쁜 상황에서 기쁜 표정을 짓지 않으면 유아는 혼란을 느낀다.

7~9세 아동들은 한 개인이 동시에 하나 이상의 정서를 경험할 수 있다는 것을 알게 된다(Arsenio & Kramer, 1992). 즉, 상반된 얼굴 표정과 행동 또는 상황적 단서들을 통합하여 다른 사람의 정서를 해석하는 능력을 보이기도 한다(Friend & Davis, 1993).

유아의 정서 이해 능력의 발달은 다음과 같은 특징을 갖는다(정옥분, 2015)

첫째, 유아는 슬픔과 같은 부정적 정서보다 행복과 같은 긍정적 정서를 더 쉽게 이해한다. 유아는 타인의 긍정적 정서를 이해하는 데는 성인과 거의 유사한 수준을 보이지만, 부정적 정서를 이해하는 능력은 아직 부족하다.

둘째, 유아는 기쁨, 슬픔, 분노, 놀람 등과 같은 단순한 정서를 유발시키는 원인이나 상황에 대해 이해할 수 있다. 꾸중 들었을 때, 게임에 졌을 때, 자신이 원하던 선물이 아닐 때와 같은 상황의 정서를 이해할 수 있다.

셋째, 유아는 정서와 행동 간의 관련성을 이해할 수 있다. 즉, 상황과 맥락에 따라 타인이 어떤 정서적 경험을 할 것인지 예측할 수 있으며, 상대방이 특정 정서를 명확히 표현한 다음 어떤 행동을 할 것인지 예측할 수 있다.

넷째, 부정적 정서를 완화시켜 주는 방법을 생각하고 시도할 수 있다. 슬퍼하거나 속상해하는 타인의 모습을 보고 부정적 정서를 없애주는 방법을 모색하거나 행동으로 표현할 수 있다. 어머니가 슬퍼하고 있을 때, 유아는 어머니가 좋아하는 바람직한 행동을 함으로써 기분을 좋게 할 방법을 시도한다.

다섯째, 타인의 내재적 정서와 외재적 정서를 구별하기 어려워한다. 유아는 실제 모습과 겉으로 보이는 모습의 차이를 이해하지 못하기 때문에 진짜로 느끼는 정서와 표현하는 정서를 잘 구분하지 못한다.

3) 정서 조절

정서 조절은 자극에 대해 발생된 정서적 반응을 스스로 적절한 방식으로 조절하고 변화시킬 수 있는 능력을 의미한다.

정서 조절 능력은 정신건강뿐만 아니라 원만한 인간관계를 유지하며 사회 속에서 목표를 성취하고 적응하는 데 필수적이다. 높은 정서 조절 능력은 또래 간 인기도 및 리더십과 상관을 보이므로 또래 상호작용과 사회성 발달에 중요한 기초가 된다.

유아들은 자신의 정서를 조절하기보다 직접적인 방법으로 표현하려는 경향이 크다. 정서 표현과 정서 통제라는 양 극단 사이에서 조화를 이루는 것은 아주 중요한 정서 발달 과업이라 할 수 있다. 정서 조절 능력은 나이 어린 영아의 경우 아직 신경계통이 충분히 성숙되지 않아 거의 불가능하나 나이가 많아지면서 점진적이지 않지만 서서히 발달한다. 유아의 정서 조절 능력은 가정 내 부모의 기대와 공공장소에서 감정 통제와 같이 사회적·문화적 기대에 부응하는 경향이 크다(이명조, 2013).

정서 조절 능력은 연령이 증가하면서 상황에 맞게 정서표현을 조절하기 위해 다양한 인지전략을 사용하게 된다.

정서 조절의 중요한 측면으로 '좌절 상황을 참는 능력'은 2세경에 나타나기 시작하여 유아기에 점차 증가한다. 연령이 증가하면서 만들기를 멈추고 정리해야 하거나 대그룹 활동시간에 친구들의 의견을 조용히 들어야 하는 상황에서 자신의 정서를 조절하고 상황에 적응할 수 있게 된다(김상림 외, 2014).

3~5세에는 실행 기능과 언어 능력의 발달로 주의력을 보다 유연하고 효율적으로 사용할 수 있게 된다. 또한 충동과 감정을 억제하고 소속된 문화와 도덕적 규범에 따라 사회에 적응하고 문제를 해결하는 것도 가능해진다. 흔히 만족 지연이 외적 조건이나 강재로 부과되면 좌절이라 하고 스스로 부과되면 자기 조절이라 한다.

정서 조절 능력이 유아의 사회, 인지, 언어 발달 등 전반적 발달에 어떤 영향을 미치는지 구체적으로 알아보면 다음과 같다.

① 정서 조절 능력과 또래관계

정서 조절 능력이 우수한 유아는 활동이나 게임에 참여할 때 또래관계 속에서 발생되는 사건에 대해 자신의 감정을 잘 조절하여 화내지 않고 참고 기다리는 태도를 보이며 또래 간 인기가 높게 나타났다.

정서 조절 정도가 낮은 유아는 충동적이고 파괴적인 행동을 보이고 대인관계를 맺는 과정에서 융통성이 부족하고 고립적인 행동을 많이 보이는 반면, 정서 조절 수준이 높은 유아는 자신의 충동을 잘 조절하고 환경적 요구에 맞추어 자신의 행동을 잘 조절할 수 있어서 또래관계에 긍정적 영향을 미치게 된다.

정서 조절을 잘하는 유아는 교사로부터 사회적 기술이 높은 것으로 평가되었으며 또래들로부터 선호되는 정도가 높았으며 정서 조절의 정도가 낮은 유아는 공격성과 과잉행동을 보이거나 불안, 우울감, 사회적 위축성과 같은 부적응 문제를 보였다.

② 정서 조절 능력과 친사회성

정서 조절 능력이 높은 유아는 타인의 정서에 대한 공감 정도가 높으며 타인이 경험하는 어려운 상황에 대해 민감하게 반응하므로 타인의 입장에 초점을 두는 친사회적 성향과 관련이 있다. 정서 조절이 잘 되는 유아는 사회적으로 적절한 행동을 하며 덜 공격적이고 친구들 사이에도 인기가 높았다.

③ 정서 조절 능력과 학업성취도

정서 조절 능력은 자신의 능력에 적합한 학습전략을 세우는데 지대한 영향을 미친다. 정서 조절이 부족한 유아는 부모나 교사로부터 자기 규제 능력은 손상시키는 말을 자주 듣게 되고 이러한 부정적 피드백이 자아존중감에 영향을 미쳐 낮은 학업 성취 결과를 초래하는 악순환을 겪게 된다.

정서 조절 능력은 학습장애물에 부딪치게 되었을 때 목적을 성취하기 위해 적극적으로 해결해 나가기 위해 효과적으로 자기 조절을 하며 도전적인 과제를 성공적으로 수행해 냄으로써 학업성취도가 높아진다.

④ 정서 조절 능력과 의사소통 능력

유아가 갈등상황에서 상대방의 의도를 정확히 파악하지 못하거나 흥분하여 화를 내거나 분노하는 등 정서 조절을 하지 못한다면 놀이를 지속하거나 현상하기, 관계 맺기 같은 과정에서 성공적인 경험을 갖기 어렵게 된다. 반면 타인과의 상호작용에서 자신의 정서를 정확히 이해하고 타인의 정서를 정확히 이해하고 타인의 정서를 명명하며 자신의 행동에 대한 이유를 구체적으로 설명하며 자신의 정서를 정확히 표현할 줄 아는 유아는 갈등상황에서 적절한 의사소통 기술을 사용함으로써 놀이를 흥미롭게 진행하게 된다.

4) 정서적 유대

부모 등 양육자에게 정서적 유대를 발달시키는 것은 유아에게 정서적 안정 기반을 제공해준다. 이러한 정서적 안정 기반을 통해 유아는 주변 환경을 탐색하게 되고 다른 사람과 사회적 관계를 확장시킬 수 있게 되므로 인지 및 사회성 발달의 기반이 될 수 있다(이명조, 2013). 정서적 유대인 애착은 사랑과 의존심을 포함하여 아기와 종족의 생존과 적응에 중요한 가치를 갖는다. 애착은 부모와 영아들에게 필요한 자극을 주고 영아가 울거나 신호를 보낼 때 신속하게 반응함으로서 길러지는 것이다. 이때 부모가 자극을 부적절하게 주거나 따뜻하게 대해주지 못하면 애착이 형성되는 시간이 오래 걸리고 그 강도가 약할 뿐만 아니라 때로는 애착 형성에 장애를 가져오게 된다. 애착 행동은 부모가 영아를 대하는 시간이나 양에 있는 것이 아니라 그 질에 달려 있다(김영옥, 2013).

애착을 통해 형성된 정서적 유대는 성장함에 따라 성인뿐만 아니라 형제, 자매, 또래들과도 형성된다.

5) 마음이론의 발달

유아가 마음을 이해하고 행동하는 것은 사회적 상호작용이나 대인관계에서 긍정적인 영향을 미친다. 자신과 다른 사람을 수용하고 이해하는 능력은 공감과 추론의 중요한 구성요소로서 다른 사람에 대한 관심이나 도덕적 행동과도 연관된다(백미애, 2002).

마음이론은 타인의 감정을 이해하는 인지적 측면, 타인과 같은 감정을 공유하는 정의적 측면을 포함한다. 마음의 인지적 측면은 역할수용 또는 조망수용이라는 용어로, 정의적 측면은 공감이나 감정이입, 조망수용 능력, 정서 식별이라는 용어로 표현된다. 다른 사람의 입장에서 그 사람의 생각과 감정을 상상할 수 있는 능력은 조망수용 능력이다. 역할수용은 타인의 시각적 관점을 추론하는 공간적 조망, 타인의 감정 상태나 느낌 등을 추론하여 평가하는 감정적 조망, 타인의 사고 과정을 추론하여 이해하는 인지적 조망 능력으로 구분한다. 타인의 입장에서 타인이 느끼는 정서를 자신도 느끼는 상태를 감정이입이라고 한다. 대인지각 능력은 사람에 대한 생김새, 성격, 능력, 감정 등을 파악하는 인상형성과 행동에 대한 이유와 의도 등을 추리하는 과정을 알아내는 귀인이 포함된다.

Piaget는 유아의 마음, 정신에 관한 연구를 통해 6세 이전의 유아는 정신이나 마음에 관한 인식을 할 수 없다고 하였다. 어린 유아는 자아중심적 사고를 하기 때문에 타인의 의도나 생각을 이해하기 어렵다고 보았다. 그러나 오늘날 많은 연구자들은 피아제가 생각한 것보다 마음이론을 습득하게 되는 연령이 훨씬 더 빠르다고 주장한다. 유아의 마음을 이해하는 역할수용이론으로 Selman은 사회적 갈등상황에 대한 아동의 반응을 근거로 사회적 역할 수용 능력의 발달을 아래와 같이 다섯 가지 수준으로 구분하였다(박성연, 2006).

- 0수준(3~6세) 미분화된 조망수용 : 자신의 입장과 타인의 입장을 구분하지 못한다. 타인의 생각이나 감정을 어느 정도 인식하기는 하나 혼란을 느낀다.
- 1수준(4~9세) 사회정보적 조망수용 : 다른 사람들은 다른 생각을 가질 수도 있다고 깨닫기 시작하지만 왜 그런지는 이해하지 못한다. 다른 사람의 의도, 감정, 사고를 추론할 수 있으나 눈에 보이는 사실에 근거해서 결론을 내린다.
- 2수준(7~12세) 자기 반영적 조망수용 : 타인의 입장에서 자신의 생각이나 감정, 행동 등을 볼 수 있다. 다른 사람의 관점도 자신의 관점과 마찬가지로 옳을 수 있다는 것을 이해하게 된다.
- 3수준(10~15세) 객관적 조망수용 : 자신과 상대방의 관점을 벗어나 제 3자의 입장에서 자기와 다른 사람이 어떻게 보이는지를 생각할 수 있다.
- 4수준(14~성인) 사회관습적 조망수용 : 모든 사람들이 공유하는 사회적,

관습적, 법적, 도덕적 관점의 복합적, 상호적 역할 수용이 필요하다는 것을 깨닫게 된다. 즉, 사회적 가치에 기초한 제 3자 입장에서 조망수용을 이해한다.

최근에 이루어진 연구 결과 어린 유아도 타인의 행동으로부터 마음을 추론하는 초보적 능력이 있는 것으로 밝혀졌다. 마음이론을 형성하기 위해서는 자신이나 타인의 욕구, 의도, 믿음, 지식 등의 정신적 상태에 대한 이해를 할 수 있어야 한다.

유아의 연령에 따라 나타나는 마음이론의 발달과정은 다음과 같다(박찬옥 · 서동미 · 엄은나, 2013).

- 생후 6개월 전후
  - 사람의 행동이 특정 대상을 지향하는 것임을 이해할 수 있다.
  - 성인의 감정 표현에 반응한다.
- 1세 전후
  - 상대방의 눈길과 얼굴표정을 보고 자신의 행동을 조절할 수 있다.
  - 대상영속성의 획득에 따라 자신과 타인의 구별이 가능해진다.
- 1세 반~2세
  - 욕구와 관련된 용어를 사용하기 시작한다.
  - 대화에서 감정 표현 어휘를 언급하기 시작한다.
- 2세
  - 사물이나 상황을 가상적으로 상징화하는 행동을 나타내기 시작한다.
  - 자신과 타인의 욕구 사이에 명백한 구분을 할 수 있다.
- 2~3세
  - 사람의 행동이 바람, 생각 등에 의해 결정된다는 것을 이해한다.
  - 타인의 감정이 자신의 감정과 같지 않다는 감정 조망을 하기 시작한다.

- 3세경
  - 욕구, 결과, 정서와 행동들 간의 단순한 인과적 관계를 파악할 수 있다.
  - 사람이 원하는 것을 얻으면 기분이 좋고 그렇지 못하면 기분이 나쁠 것이라는 것을 인식하고, 사람이 찾고 있던 대상을 발견하면 찾는 것을 멈출 것이고 그렇지 않으면 계속 찾을 것이라는 것을 이해한다.
  - 의도적인 행동과 반사 행동과 실수와 같은 비의도적인 행동을 구별할 수 있다.
  - 부모, 형제, 또래와의 대화에서 사고나 믿음, 지식들을 의미하는 용어인 '안다', '생각하다', '기억하다' 등을 빈번하게 사용한다.
  - 타인의 생각이나 신념을 표상하고 이해할 수 있게 된다.
  - 아직까지 거짓 믿음 과제에 실패하는 경향이 높다.
- 3~4세
  - 언어 발달과 함께 가까운 대상에게 감정이입을 할 수 있다.
  - 정신상태 용어의 사용 빈도가 급증한다.
  - 틀린 믿음에 대한 이해 능력이 높아진다.
- 4세
  - 마음이 표상임을 이해하여 특정 사실을 직접 보거나 듣지 않았을 경우에는 사실과 다른 틀린 믿음을 가지게 된다는 것을 이해한다.
  - 정신적 표상에 대한 지식이 계속 증가한다.
  - 틀린 믿음에 대한 이해가 가능하다.
- 4~5세
  - 타인과의 대화에서 정신상태를 나타내는 동사가 포함된 문장형태를 능숙하게 사용한다.
  - 욕구와 의도적 행동의 결과를 구분할 수 있다.
- 6세 이후
  - 정신 상태를 추론하여 가정을 이해할 수 있는 능력이 생긴다.
  - 실재와 다른 믿음을 기초로 하여 타인의 행동을 정확하게 예측하는

능력이 나타난다.

이상에서 볼 때 만 4세는 마음이론의 발달의 중요한 분기점이 된다는 것을 알 수 있다. 그러나 상대의 성격을 추론하는 것이나 미래의 행동을 예측하는 것 등 애매한 상황에서 마음 읽기는 만 6세 이후에 더 정교해지는 것으로 알려져 있다. 특히 숨겨진 말의 뜻을 알아채는 것이나 다른 사람이 고의가 아닌 실수로 마음을 상하게 했을 때 그것을 이해하는 능력은 11세 정도가 되어야 발달하는 것으로 나타났다(구재선 외, 2006).

6) 정서 발달을 돕는 교사의 역할

유아가 정서를 이해하고 정서적 유능감을 향상시킬 수 있도록 하기 위해 공감, 온정, 존중, 수용 및 진정성 등이 필요하다. 그러므로 교사는 이러한 요소를 적극적으로 지원해야 한다.

공감은 타인의 사고와 감정과 같은 내적 심리 상태에 대해 이해하는 조망수용과정이 포함되는 정서로 다른 사람이 자신과 다른 생각이나 관점을 지녔다 하더라도 이를 인정해주고 존중해주는 행동이다.

온정은 유아에 대한 친근한 관심과 반응이며 온정적 마음을 지닌 교사는 유아가 편안하고 지지받고 귀하게 여겨지고 있다는 느낌을 갖도록 한다.

유아를 존중하는 교사는 유아가 스스로 배우고 판단할 수 있는 능력이 있다는 믿음을 지니고 있어야 한다. 교사는 유아가 스스로 생각하고 결정하고 해결책을 찾아갈 수 있는 분위기를 제공한다.

수용은 타인에게 자기 확신을 받고자 하는 욕구이다. 교사는 유아를 수용하기 위해 판단하지 않고 가치 있게 받아들여야 한다. 교사는 유아의 개인적 속성, 가정 배경이나 행동에 상관없이 유아를 수용하고 관심을 기울여야 한다. 그러나 아이의 반사회적 행동까지 수용하는 것은 아니다.

진정성이 있는 교사와 부모는 유아에게 솔직하다. 교사는 유아에게 진실된 말과 합리적인 격려를 해주어야 한다. 진실한 교사는 유아와 신뢰로운 관계를 형성한다.

유아의 건강한 정서 발달을 돕는 교사의 가장 중요한 역할은 첫째, 유아의 정서를 있는 그대로 받아들여 주고 인정해 주는 것이다(박찬옥 외, 2013). 유아가 느끼는 정서를 무조건 이해하고 수용해 줄 때 유아는 자신이 느끼는 정서를 정당하다고 느낀다. 교사는 유아들이 나타내는 정서가 부정적이든 긍정적이든 비판 없이 수용하고 존중하는 태도로 받아들여주어야 한다. 예를 들어, 등원시간에 엄마와 헤어지는 것이 싫어 우는 아이에게 "아기처럼 울면 안 되지? 자꾸 울면 엄마가 더 늦게 오실거야."라고 유아의 정서를 부정하기보다는 유아의 슬퍼하는 마음을 이해하고 부드럽게 안아주거나 어깨를 토닥여주는 것이 더 적절하다.

둘째, 유아의 정서를 명확하게 읽어주고 언어로 표현해준다. 정서의 표현과 조절은 자신의 정서를 바르게 이해하는 것을 바탕으로 한다. 현재 자신이 느끼고 있는 정서가 무엇인지 명확하게 이해하는 것은 적절한 수준으로 정서를 조절하고 표현하도록 돕는 기초라고 할 수 있다. 교사는 유아의 정서를 민감하게 인식하고 그 의미를 제대로 해석하여 언어로 표현해 줌으로써 유아의 자기 정서 이해를 도와야 한다. 자신의 정서를 말로 표현할 수 있는 유아는 타인의 지원도 받기 쉽다. 감정을 다양하게 표현할 수 있는 유아는 또래와의 갈등에 보다 효과적으로 대처할 수 있다. 따라서 교사는 유아가 느끼고 있는 정서에 대해 다양한 기회를 통해 감정표현 어휘를 가르쳐 줘야 한다.

셋째, 유아들과 함께 정서에 관해 이야기 나눈다. 교사는 자신의 일상적인 상황이나 사건에서 느끼는 정서에 대해서 이야기 나눈다. 이를 위해 교사는 자신의 일상적인 상황이나 사건에서 느끼는 정서, 날씨에 대한 정서, 어떤 일이 사람에게 주는 감정, 놀이 상황에서 유아가 느끼는 감정, 동화를 듣고 주인공이 경험한 느낌 등을 통해 정서에 대한 다양한 이야기를 나눌 수 있다. 또 부정적 정서를 느꼈을 때 교사의 모델링을 통해 대처 방법을 안내하고 자신과 타인의 정서에 주의를 기울이도록 한다.

넷째, 정서 조절 능력을 향상하도록 지원한다. 교사는 유아가 느끼는 정서를 수용하되, 부적절한 방법으로 정서를 표현하는 것에 대해 허용하지 않음을 알려준다. 아무리 화가 나도 다른 사람을 공격하거나 방해하는 행동을 해서는 안 된다는 것을 이해할 수 있도록 지도한다. 유아가 부정적 정서가 높아지면 무리해서 대화하기보다는 정서적으로 안정을 찾을 수 있도록 조용한 공간에서 마음을 가라앉을 수 있도록 하고 기다려 준다. 다시 이야기 나눌 때 부정적 정서를 건전하게 표출할 수 있는 대안을 알려주고 활용하도록 안내한다(박찬옥 외, 2013).

다섯째, 또래와 상호작용을 격려한다. 또래와 상호작용 경험은 타인의 의도와 믿음, 생각, 정서와 같은 다양한 마음의 상태를 통찰해보는 기회가 되어 마음 이해 능력의 발달을 돕는다(Peterson & Siegel, 2002). 특히 친구 사이에서 발생하는 갈등과 논쟁 등을 효과적으로 조절해보는 긍정적인 친구관계의 경험은 마음이해 능력 발달에 영향을 줄 수 있다.

유아의 정서 발달을 도와주는 기술

(Kostelnik, Whiren, Soderman & Gregory, 2009)

① 말하기 전에 유아를 주의 깊게 관찰하기
의미를 알기 위해 말뿐 아니라, 얼굴표정, 목소리 톤, 자세에 각별한 주의를 기울인다.

② 유아에게 나타난 정서표현에 민감하게 반응하기
유아가 표현하는 부정적인 정서 표현뿐만 아니라 모든 종류의 정서를 인정해 주고 이야기할 때 더 넓은 관점을 갖게 된다.

③ 유아가 경험하는 정서를 무비판적으로 평가한다.
유아가 왜 그렇게 느끼는지에 대해 교사 나름대로 결론을 내리기보다 확실한 근거에 의해 해석해야 한다.

④ **정서적 반영은 간단하게 짧은 문장으로 한다.**
유아의 정서 상태에 대해 모든 것을 한 번에 말하려 해선 안 된다. 어른이 너무 말을 많이 하면 분위기에 압도되어 화를 낼 수도 있다.

⑤ **다양한 감정 단어를 사용한다.**
유아의 정서를 기술하기 위해 여러 가지 단어를 사용하면 유아의 감정을 나타내는 어휘를 늘려주고 교사의 반응을 더 흥미롭게 만들어 준다. 먼저 기본 정서를 말해주고 점차 다른 단어를 포함시킨다.

⑥ **유아의 정서를 받아들일 수 없더라도 이해한다.**
교사가 볼 때 이해할 수 없고 설명할 수 없는 정서를 표현할 때도 방어적으로 대하지 않아야 한다. 교사를 신뢰하지 않을 때 유아는 자신의 정서를 전달하기 위해 더 극단적인 방법을 사용하게 된다.

4. 유아기 성역할 발달

성역할에 대한 생물학적 관점에서는 남성과 여성이 타고난 신체구조와 같은 생물학적인 자아에 초점을 두지만 성역할은 남자 또는 여자로 특징지어질 수 있는 행동, 태도, 가치, 특성의 기대치를 의미한다. 성에 대한 개념과 가치관의 발달은 유아가 신체적으로 자신이 남자 또는 여자라는 것을 분별하는 순간부터 시작되지만 성역할은 타고난 것이 아니라 학습된 것으로 본다. 개인이 속한 사회에서 남녀에 대한 가치 및 인식에 따라 고정된 성역할 개념이 형성된다. 즉, 남성적 혹은 여성적 자질로서 무엇이 적합한 것인가에 대한 성역할에 대한 사회적인 기대치는 유아에게 사회화 과정을 통해 학습된다(박명숙 · 김영임 · 박연환, 1996).

성역할이란 어떤 사회 문화 속에서 유악 남자 또는 여자로서 자신의 성에 적합한 행동을 하는 것이다. 이와 같은 행동과 태도의 차이를 선천적으로 타고난 남녀의 생리적 차이(골격, 호르몬, 발육 등 신체적 차이)로 보기도 하며 또

문화적 환경(남자가 지배적, 여자는 의존적 문화)에 기인한다고 설명한다.

성역할의 발달과정은 성정체성, 성안정성, 성항상성 단계로 발달한다.

- 성정체성(Gender Identity) : 남녀를 구분하여 명명하는 것
- 성안정성(Gender Stability) : 남자라면 계속 남자로 자랄 것을 아는 것
- 성항상성(Gender Constability) : 다른 성의 옷이나 머리 모양으로 변화시켜도 여전히 같은 성임을 아는 것

1) 성교육의 의의 및 목적

성교육이란 무엇인가? 유아에게 성에 관한 지식을 알려주는 것이라고 생각하거나 성기교육으로 오해해서는 안 된다. 생리적 내분비선의 발달이나 번식, 성욕, 순결, 임신, 분만 등과 관련하여 신체 발달이 이루어지는 청소년기 이후의 좁은 의미의 성교육을 의미하는 것이 아니다.

유아기 성교육은 유아에게 성에 관한 올바른 태도를 형성하여 점차 행복한 삶을 살도록 하기 위한 일상생활교육이며 전인교육이다. 즉, 일상생활에 필요한 기본생활 습관을 기르며 신체의 청결이나 안전규칙을 유지하는 생활태도를 통하여 다른 사람과의 관계를 유지하고 사회생활을 유지하게 된다. 남녀의 신체적 차이나 생리적 차이와 특징을 이해하면서도 남녀평등과 협력을 기반으로 하는 태도와 지식을 습득함으로써 건전한 성의식과 태도를 갖게 되는 것이다.

따라서 유아기 성교육의 목적은 유아를 존중하고 이해하며 애정 어린 관심을 보여주어 인간 삶에 대한 긍정적인 태도를 갖도록 하는 것이다. 결국 남녀의 특성과 역할을 이해하고 성에 대한 고정관념과 편견을 갖지 않고 건전한 자아로 성장하도록 한다.

2) 성역할 발달이론

성역할 발달과정을 설명하는 이론으로 정신분석이론, 사회학습이론, 인지

발달이론이 각각 다른 입장을 설명하고 있다.

(1) 정신분석이론

| 대표이론가 : Freud |

정신분석이론에서는 유아의 성역할 개념 습득은 부모와 동일시를 통해 습득된다고 본다.

Freud는 남자와 여자의 근원적 차이는 심리성적 발달단계에서 남근기에 오이디푸스 콤플렉스(Oedipus complex)와 엘렉트라 콤플렉스(Electra complex)를 해결하기 위한 수단으로 성역할을 동일시한다.

남근기의 남아는 아버지와의 오이디푸스 콤플렉스를 극복하는 과정에서 아버지와 동일시하게 되며, 이러한 동일시 과정에서 남아는 남성적 성 유형을 발달시켜 나간다. 여아는 엘렉트라 콤플렉스를 극복하는 과정에서 어머니와 동일시하게 된다. 남근기의 유아는 이성 부모를 동경하는 과정에서 갈등을 겪게 되고, 갈등을 극복하는 과정에서 동성 부모의 행동과 태도를 동일시하면서 성 유형을 배우게 된다.

정신분석이론에서는 성생활과 관련된 현상의 근원이 어린 시절과 깊은 관련이 있음을 강조하며, 성역할습득을 동일시 개념으로 설명한다. 빨기는 그 대표적 표현이며 구강(0~1.5세)에서 항문(1.5~3세)으로 다시 남근기(3~6세)로 옮겨가는 것이다.

처음엔 남녀 모든 사람이 자신과 같은 생식기를 가졌다고 생각하나, 남아의 경우 여아의 생식기와 차이가 있음을 알게 되고 여아가 벌을 받아 남근이 거세된 것이라고 믿게 되면 자신과 관련시켜 거세불안을 느끼게 된다. 반대로 여아는 남근을 선망하게 된다.

유아는 이러한 신체적 차이의 인식과 성적 쾌감의 근원을 찾게 되면서부터 동일시가 이루어지는데, 부모의 여성 또는 남성적 특성을 내면화하면서 성역할의 가치와 특성을 받아들이게 된다. 남아의 경우 어머니를 좋아하거나 사랑하게 되어 어머니의 사랑을 독차지하고 싶어 하므로 어머니를 사랑하는 아버지를 두려워하게 되고 미워하게 된다. 이를 오이디푸스 컴플렉스(Oedipus complex)라고 하는데, 자신을 아버지와 동일시함으로써 이를 극복해 나가게 된다.

반대로 여아의 경우도 아버지를 좋아하거나 사랑하게 되어 아버지의 사랑을 독차지하고 싶어 하므로 아버지를 사랑하는 어머니를 두려워하고 미워하게 된다. 이를 엘렉트라 콤플렉스(Electra complex)라고 한다. 여아는 어머니를 동일시하여 이를 극복해 나간다. 유아들은 이렇게 부모의 행동, 태도 등을 모방하여 성유형을 배우게 된다.

그러나 Freud 이론은 감정과 사고에 의하여 성립된 것으로 과학적 근거가 미흡하다.

(2) 사회학습이론

Bandura 등 사회학습이론가들은 성역할 행동의 발달은 강화, 벌, 모방 등에 의해서 이루어지며, 성유형화 행동도 관찰과 조작적 조건화에 의해 학습된다고 본다. 즉, 사회학습이론에서는 유아가 자신이 속한 사회와 문화가 기대하는 역할 특성과 일치하는 행동을 할 때 칭찬해주고 기대하지 않은 행동을 할 경우 억압하는 사회화과정에서 성역할 행동이 습득된다고 본다. 또한 유아는 동성부모를 관찰하고 모방하면서 성역할을 학습한다.

유아의 성역할은 모든 행동과 마찬가지로 관찰과 강화에 의해 학습된다고 본다.

전통적 학습이론가는 유아의 행동 습득에 강화는 필수 조건으로 보지만 사회학습이론가들은 강화보다 모방을 더 중요하게 생각한다. 유아가 모방하고 싶은 부모의 행동에 주의를 집중하여 그 행동을 지각하고, 지각한 행동을 나름대로 상징화시켜 오래 기억할 수 있도록 하며, 기억해 두었던 것을 나름대로 모방할 수 있는 준비를 한다.

물론 유아는 언어로 사고하는 데 익숙하지 못하므로 시각적 영상에 많이 의존하는데, 모방이나 모델링은 부모에 의해 사회적·문화적으로 인정된 성역할을 하도록 강화를 받는다. 유아들이 자신의 성에 맞는 행동을 했을 때 강화를 받게 되고 그 반대의 경우 무관심이나 벌을 받게 되듯이, 유아는 같은 성의 부모를 모방함으로써 학습된다.

남자아이가 소꿉놀이를 하면 부모로부터 달갑지 않은 반응을 얻게 되어 그런 행동이 점차 소멸되고, 전쟁놀이나 교통놀이와 같이 씩씩하고 용감한 모습을 보이게 되면 칭찬을 듣게 되어 행동이 강화된다. 반대로 여자아이가 전쟁놀이를 하면 언짢은 반응을 받게 되고 여자답지 못하다는 꾸중을 듣게 되며, 인형을 갖고 놀든지 조용한 소꿉놀이를 하게 되면 인정을 받게 된다.

이와 같이 유아가 자신의 성에 맞는 행동을 할 때 부모가 더 관심을 보이고 칭찬을 함으로써 유아는 나름대로 칭찬을 받기 위하여 자신의 성에 어울린다고 인정되는 행동을 학습하게 된다. 따라서 사회학습이론가는 동일시와 모방을 동일하게 생각하며, 남성과 여성의 사회문화의 기대를 학습하는 방법으로 부모를 모방한다. 모방의 대상은 주변 어른이나 교사, 또래, 대중매체로부터 사회문화가 기대하는 성역할을 학습하게 된다.

사회학습이론에 의하면 유아는 이성 부모보다 동성의 부모를 더 모방하려는 경향이 있다고 하는데, 남아에게 "꼭 아빠 같구나", 여아에게 "꼭 엄마 같구나"와 같은 주변의 칭찬과 기대가 자극이 된다.

사회학습이론은 사회적 모방이나 관찰에 대해서 많은 지지를 얻고 있으나 동선 부모를 더 모방하려는 경향에 대해서 이론적 근거가 충분치 않다는 지적을 받고 있다.

(3) 인지 발달이론

Kholberg 등 인지 발달이론가들은 유아가 성역할 개념을 이해하면서 성역할을 발달해간다고 본다. 성역할 발달은 인지 발달단계에 따라 변화하며 발달한다. 성역할 개념은 인지 발달단계에 따라 성동일시, 성안정성, 성항상성의 순서대로 발달한다.

따라서 유아의 성역할 습득은 인지 발달의 변화에 따라 일어난다고 생각한다.

유아들은 자신을 남자나 여자로 분류한 뒤 이에 맞는 활동, 가치관, 행동에 대한 생각을 더욱 발전시켜 나가며 환경에 관계없이 성에 대한 고정관념이 아주 어릴 때 습득된다.

성역할의 기본 개념의 발달이 유아의 지적 발달과 관련되어 자신이 남자나 여자라는 개념을 형성되면 이에 맞게 행동을 하게 된다는 것이다. 유아가 성정체성(gender identity)을 형성하면 자신을 남성이나 여성으로 구별하여 인식하고, 자신의 성이 계속 같은 성으로 유지된다는 성안정성(gender stability)을 인식하여야만 자신이 원하는 외형적인 형태에 따라 성이 수시로 변화될 수 없다는 성항상성(gender constability)을 인식하게 된다.

유아의 성정체성(gender identity)은 대개 2~3세에 시작되는데, 이는 자기 성에 대한 명칭 붙이기에서 비롯된다. 4~5세가 되면 남자 여자로 명칭붙이기는 자기와 가족 이외의 사람들에게까지 정확하게 붙일 수 있게 되고, 6~7세가 되면 자기와 타인이 어느 성에 속하는지를 확실히 말할 수 있게 된다.

한 예로, '그림의 여자 아이가 남자가 될 수 있을까?' 또는 '머리를 남자처럼 짧게 자르고 남자 옷을 입으며 남자가 될 수 있을까?'라고 물었을 때 4~5세 아이들은 그럴 수 있다고 대답했고, 6~7세 유아들은 외모에 관계없이 여자는 남자가 될 수 없다고 확실하게 대답하였다.

인지 발달이론에서는 성정체성과 성역할에 대한 개념이 인식된 후에 성기에 대한 차이도 인지한다고 본다. 성역할 학습이 동일시의 산물이 아니라 인지 발달의 성숙으로 인해 이루어지며, 자신에 대한 남녀의 자각도 지적성취의 결과라고 본다.

유아의 성역할 발달에 인지적 요소가 작용함은 인정되는 사실이다. 그러나 훨씬 더 어린 유아도 자기 성에 적합하게 행동한다는 점을 볼 때, 인지 발달이론은 인간의 동기유발, 흥미, 가치를 포함하는 행동의 정의적 측면을 설명하고 있으나 주된 관심이 지능에 관한 것이므로 사회 정서적 또는 성격적 측면의 연구가 결여된다고 지적한다.

정신분석이론가는 부모에게 의존하여 동일시를 통하여 성정체감을 형성하고 인지 발달 이론에서는 먼저 성정체감을 형성하고 부모를 동일시 또는 모방한다고 볼 때, 두 이론의 성역할 형성과정이 대조를 이루고 있다.

3) 성역할개념의 발달

성역할 개념의 발달은 일반적으로 자기 정체감과 타인에 대한 이해가 생겨나는 2세를 전후하여 시작된다. 연령이 높아질수록 성안정성을 거쳐 성항상성에 대한 인식이 발달하게 된다.

(1) 성동일시

성동일시(gender identification)는 자신의 성을 여자, 또는 남자로 명명할 수 있고, 다른 사람도 남, 여로 정확히 구분할 수 있는 능력이다. 유아는 외모나 옷을 보고 남, 여를 구별한다. 2세경 유아는 두 성별이 있다는 것과 자기가 그중 하나에 속해 있다는 것을 알게 된다. 이때 자아정체감이 형성되고 양성 식별 및 주변 사물에 대한 성유형화가 가능하며 남자, 여자의 일을 구분하기 시작한다. 남녀 명칭붙이기는 4~5세가 되면 자신과 자기 가족 이외의 사람들에게까지 거의 정확하게 적용할 수 있게 되고, 6~7세가 되면 자기와 타인이 어느 성에 속하는지를 확실하게 말할 수 있게 된다.

(2) 성안정성

4세경 유아는 성안정성을 이해하게 된다. 성안정성(gender stability)은 일생동안 같은 성을 갖게 되는 것을 이해하는 것이다. 남아는 아빠가 되고 할아버지가 되며, 여아는 엄마가 되고 더 나이 들면 할머니가 된다는 것을 안다. 그러나 머리, 옷, 활동이 바뀌면 성도 바뀐다고 생각한다.

(3) 성향상성

성향상성(gender constancy)은 복장이나 헤어스타일, 놀이의 종류에 상관없이 생물학적 특성에 의해 변하지 않는다는 개념을 이해하는 것이다. 6~7세경 유아는 시간이 지나도, 외모가 변해도, 행동이 달라져도 여전히 같은 성으로 남아있는 것을 경험을 통해 알게 된다. 유아는 놀이 경험을 통해 반대 성의 장난감을 갖고 놀아도 자신의 성이 변하지 않는다는 것을 알게 된다.

4) 성역할개념 발달을 위한 교사의 역할

교육기관에서의 경험은 유아의 성역할 지식 습득에 중요한 영향을 미친다.

교사는 조화로운 성역할 개념에 대한 올바른 인식을 토대로 다양한 학습 경험을 통해 건강한 성역할 개념을 발달시키도록 돕는다. 교사는 학급 운영 시 다음과 같은 점을 주의한다. 첫째, 성별에 관계없이 다양한 놀이를 선택하도록 격려한다. 유아들이 다양한 놀이에 참여할 수 있도록 놀이 아이디어를 제안하거나 필요한 소품을 지원한다. 둘째, 남성과 여성이 함께 종사하는 다양한 직업 사례들을 탐색하고 의견을 나눔으로써 유아가 자신이 지니고 있는 양성성에 대한 관심을 가지도록 안내한다. 셋째, 남녀 유아의 신체적 차이와 성정체성에 대한 이해를 도울 수 있는 활동을 제공해준다. 넷째, 양성성을 바탕으로 한 성역할 동화 및 극화 활동을 한다. 다섯째, 성역할에 대한 다양성을 반영하여 환경을 구성한다. 다양한 직업을 가진 가족 구성원을 초청하여 유아들과 토론하는 기회를 가진다.

5. 유아기 친사회적 행동 발달

친사회적 행동이란 돕기, 나누기, 협력하기, 위로하기, 격려하기, 친절하게 대해주기, 방어해주기, 기부하기, 동정하기, 이타주의 등으로 구분되며 근간이 되는 기본 요소는 감정이입과 역할수용 능력으로 설명될 수 있다. 친사회적 행동은 인간행동의 긍정적인 측면으로 대인관계에서 남을 이롭게 하는 행동이다. 즉, 다른 사람을 이롭게 하기 위하여 보상을 기대하지 않고 자발적으로 행하는 행동이다.

친사회적 행동은 이기심, 공격성과 같은 반사회적 행동의 반대 개념으로 다른 사람의 안녕에 대한 반응으로 일어난다.

이타성이란 타인의 행복에 대해 관심을 갖고 배려하는 내재적인 심리적 특성이다. 이타성은 아동기 또래 집단뿐 아니라 성인이 된 후의 사회적 관계에서 개인이 얼마나 집단의 성원으로부터 존경받고 수용되는가를 결정하는 주요한 특성이다.

1) 친사회적 행동의 발달과정

친사회적 행동의 발달과정은 유아의 연령이 높아질수록 폭넓고 다양한 친사회적 행동을 보여준다.

친사회적 행동이 일정수준의 인지 및 정의적 능력의 발달을 필수적으로 요구한다면 영아기에 친사회적 행동을 기대하기 어렵다. 그러나 2세 이전의 아기들도 다른 아기가 아파하면 함께 울고, 위로하며, 나누어 갖는 등 여러 형태 의 친사회적 행동 특성을 보여준다. 예를 들어, 일상생활에서 어머니가 다쳤다든가 몹시 화가 났을 때 어머니에 대한 반응을 분석해보면 2세 이전의 어린 영아는 함께 우는 것 같은 공감적 반응을 보이며, 2세 전후에는 위로하고 도와주려는 행동이 나타난다. 이처럼 일찍부터 친사회적 행동이 나타나는 것은 친사회적 행동이 인간의 본성의 일부임을 보여주는 것이다. 아동이 연령이 증가함에 따라 친화적 행동도 증가하는 경향이 있다. 2~3세경의 유아도 곤경에 처한 또래에 대해 이타적 행동 을 보인다. 그러나 자기만 먹기에도 부족하다고 느끼는 과자를 나누어 먹는 것과 같은 자발적인 자기희생적·친사회적 행동은 드물게 나타난다. 이타적 행동은 4~6세경부터 증가하기 시작하여 9~10세경에 가장 높은 수준을 보인다. 실험실에서 아동의 행동을 관찰한 연구들도 대체로 나이든 아동이 나이 어린 아동에 비해 나누거나 돕는 친사회적 행동의 빈도가 높다고 보고하고 있다. 이처럼 실험실에서나 일상의 관찰에서나 친사회적 행동이 명백히 연령과 함께 증가하는 것은 아동이 성장함에 따라 협조의 가치와 필요성 및 방법을 이해하는 인지적 능력이 발달하기 때문인 것으로 보인다.

감정이입 및 역할수용과 친사회적 행동과의 관계를 연구한 결과 감정이입과 역할수용이 친사회적 행동과 관련이 있는 것으로 나타났다(정옥분, 2011).

2) 친사회적 행동의 형성이론

기질론적 입장은 성격과 지속적인 관계가 있다고 보기 때문에 친사회적 행동 또한 기질이나 성격에 따라 다르게 형성된다는 이론이다.

생물학적 입장은 친사회적 행동을 생존과 관계된다고 본다. 사냥을 위주로 살아가는 고대사회나 농경사회에는 교류, 교환, 협력, 신뢰, 정직 등 친사회적 행동이 살아가는 데 필요했다.

정신분석학적 입장에서 친사회적 행동은 초자아가 발달해야 형성된다고 본다. 초자아가 발달하기 전까지 유아는 원초아의 쾌락의 원리에 의해 자기중심적 쾌락을 추구하기 때문에 친사회적 행동을 하기는 어렵다. 유아는 성장하면서 양심의 원리에 따라 죄의식을 인식하여 벌을 피하려는 데서 초자아가 유아의 행동을 지배하게 된다. 유아는 초자아가 발달하면서 사회적 도덕적 가치를 따르게 되며 친사회적 행동을 학습하게 된다.

사회적 학습이론 입장에서는 인간의 모든 행동 습득과 같이 친사회적 행동은 자극에 대한 반응의 결과로서 외적 보상과 자기만족감 등의 내적 보상에 의한 강화에 의해 친사회적 행동을 학습하게 된다.

인지 발달이론의 입장에서 친사회적 행동은 유아가 사회인지 능력이 정교해짐에 따라 발달한다. 구체적 조작기 이전의 유아는 자기중심적 사고를 하기 때문에 타인의 관점을 이해하기 어려워 친사회적 행동을 하기 어렵다. 연령이 증가함에 따라 유아는 사회인지 능력이 발달하게 되어 타인에 대한 이해와 정서에 대한 공감능력이 발달하고 조망수용 능력이 발달하면서 친사회적 행동이 형성된다.

3) 친사회성 발달을 돕는 교사의 역할

교사는 유아에게 친사회적 욕구를 불러일으킬 수 있도록 따뜻하고 안정된 분위기를 조성해 친사회적 환경을 조성해 주어야 한다. 충분한 놀이 공간과 놀잇감 제공을 통해 교사 유아, 교구 간의 상호작용이 원활하게 이루어질 수 있도록 해야 한다. 교사는 친사회적 행동에 대한 모델링을 제시한다. 유아는 친사회적 행동 모델을 통해 바람직한 친사회적 행동을 더 많이 학습할 수 있다. 유아교육기관에서도 친사회적 행동을 수행할 기회를 제공해야 한다. 유아들이 친사회적 행동을 보일 때마다 칭찬, 인정, 격려를 하고 미소를 짓거나 어깨를 두드려주면 친사회적 행동이 증가한다.

유아의 행동에 대한 설명 없이 금지시키는 것보다 행위의 결과를 알도록 귀납적 추론 지도방법은 원인과 결과를 이해하고 상대방의 입장을 이해시키는 데 유용하다.

교실에서 일어나는 여러 가지 놀이 활동에 협동이나 공유 등 친사회적 행동이 일어나는 활동을 반영하여 친사회적 기술을 형성할 수 있도록 한다.

학령전기의 아이는 또래에게 주의를 기울이고 그를 인정하기도 하지만 또래에게 라이벌 의식을 느끼면서 다툼을 벌이기도 한다. 이 과정에서 아이는 점차 타인의 관점을 이해하기 시작한다. 하지만 가장 낮은 수준의 사회적 조망 능력을 가지고 있기 때문에 이 시기의 아이는 다른 사람의 기분을 인지할 수는 있으나, 모든 행위자들이 자신과 동일한 방식으로 그 상황을 이해한다고 생각한다. 이러한 갈등상황을 해결하는 과정을 통해 감정이입과 역할수용 능력을 증진할 수 있도록 해야 한다.

6. 유아기 도덕성 발달

도덕성이란 옳고 그름에 대한 판단 능력이다. 도덕성 발달은 자신이 속한 사회의 문화규범에 따라 행동하도록 배우고 이를 자신의 것으로 받아들이는 과정에서 이루어진다. 도덕성 발달은 인간내면의 차원(가치관, 자아감)과 인간관계의 차원(타인과 상호작용 시 당연히 해야 하는 것)이 있다(Warlker & Pitts, 1998).

1) 도덕성의 영역

도덕성 발달은 주로 세 가지 측면에서 언급된다.

① 도덕적 사고 : 어떤 행동의 옳고 그름에 대한 평가

② 도덕적 감정 : 옳고 그름에 대한 사고나 행동에 대한 정서적 반응

③ 도덕적 행동 : 옳은 행동을 알고 있으나 실제로 행동의 실천하는 정도

2) 도덕성 발달이론

도덕성 발달이론으로 인지 발달이론은 도덕적 판단에 대한 연구를, 사회학습이론은 도덕적 행동에 대한 학습과정을, 정신분석이론에서는 도덕적 감정의 발달과정을 설명하고 있다.

(1) 정신분석이론

Freud는 인간의 성격구조는 원초아와 자아, 초자아로 구성되어 있는데, 도덕성 발달은 초자아의 발현을 통해서 이루어진다고 보았다. 초자아는 남근기에 발생하는 오이디푸스 콤플렉스를 해결하는 과정에서 형성된다. 오이디푸스 콤플렉스 해결책으로 같은 성의 부모와 동일시하게 되면 초자아를 통해서 부모의 행동이나 가치기준을 내면화하게 된다.

인생의 초기단계에 부모의 기준이나 사회의 규범에 적응하게 되면서 도덕성이 발달하게 된다. 도덕성이 발달함에 따라 유아는 사회규범을 내면화해서 반사회적 행동을 억제하고, 위반했을 시 불안감이나 죄책감을 느낀다. 유아는 죄책감에서 벗어나기 위해 더욱더 사회규범에 순응하고 도덕성이 발달하게 된다.

도덕적 감정은 주로 죄책감을 통해서 측정된다. 일탈하고자 하는 유혹에 직면했을 때 죄책감을 느끼는 유아는 불안감을 피하기 위해 유혹에 저항하게 되지만 죄책감을 별로 느끼지 않는 유아는 유혹에 쉽게 넘어간다고 설명한다. 그러나 실제로 죄책감과 실제 행동과의 관계는 미약하다.

(2) 사회학습이론

사회학습이론가들은 도덕적 행동을 하도록 하기 위한 방법으로 강화, 처벌, 모방을 중시한다. 사회관습에 맞는 행동이 보상을 받으면 아동은 그 행동을 계속하게 되고 도덕적으로 행동하는 모델에 노출되면 유아도 도덕적 행동을 하게 된다. 반면, 바람직하지 못한 행동으로 벌을 받게 되거나 그런 모델링을 보면 그러한 행동을 하지 않게 된다.

사회학습이론에서의 도덕성은 관찰 가능한 행위로 설명한다. 사회적으로 바람직한 모델을 관찰하고 공정하고 도덕적인 상황을 접하면서 유아들의 도덕성이 발달한다(민혜영 외, 2017).

도덕성 발달을 위해서는 유아와의 긍정적 관계와 긍정적 훈육이 필요하다. 가장 효과적인 훈육은 유아와 상호존중하는 유대감을 형성하고, 유아가 사전에 행동하는 법을 인지하고 있으며, 성숙한 행동을 칭찬하여 좋은 행동에 대한 수행을 격려하는 것이다(Zahn-Waxler & Robinson, 1995).

(3) 인지 발달이론

도덕성의 인지적 측면을 중시하는 관점으로 인지 발달 특성과 발달 수준에 따라 도덕성이 발달한다고 보았다.

Piaget는 유아의 도덕성 발달을 타율적 도덕성단계(4~7세)와 자율적 도덕성단계(10세 이후)로 설명한다.

① Piaget의 도덕성 발달

도덕성은 Piaget에 의해 최초로 연구가 제시되었는데, 그는 4~12, 13세의 아동에게 다양한 갈등 상황의 이야기들을 들려주고(표 4-2 참조) 아동으로 하여금 주인공의 행동을 판단해 보게 하였다.

표 4-2 Piaget의 도덕적 갈등 상황

Piaget의 의도성(intent) 연구: 누가 더 큰 벌을 받아야 하겠는가?	
이야기 A	존이라는 아이가 방에 있다. 어머니께서 저녁을 먹으라고 부르신다. 존은 식당으로 간다. 그런데 문 뒤에 의자가 있고, 의자 뒤에 접시가 15개 놓여 있었다. 존은 문 뒤에 이런 것들이 놓여 있는 것을 알 수가 없었다. 존은 문을 열고 들어가는데, 문이 꽝하고 접시에 부딪히면서 접시 15개가 모두 깨져 버렸다.
이야기 B	옛날에 헨리라는 아이가 있었다. 어느 날 어머니가 외출하고 없는 사이에 헨리는 찬장에 있는 잼을 꺼내려고 하였다. 헨리는 의자를 놓고 올라가 손을 뻗어 보았지만, 잼이 너무 높은 칸에 놓여 있어서 꺼낼 수가 없었다. 헨리는 잼을 꺼내려고 애를 쓰다가 컵 1개를 넘어뜨렸다. 컵은 바닥에 떨어져서 깨지고 말았다.
위 이야기에서 누가 더 나쁜가를 물으면 대부분의 아동들은 그릇을 깨게 된 동기나 의도와는 관계없이 15개의 접시를 깬 존이 컵 1개를 깬 헨리보다 나쁘다고 생각한다.	

타율적 도덕성단계의 아동은 행위의 의도보다는 결과가 얼마나 나쁜가 또는 결과적으로 다른 사람으로부터 비난을 받을 것인가의 여부에 의해 도덕적 선악을 결정하기 때문이다.

Piaget의 이론에 의하면, 7세부터 10세까지의 아동은 과도기적 도덕성 단계로서 타율적 도덕성과 자율적 도덕성을 함께 나타나는 시기이다. 그러나 10세경은 자율적 도덕성에 도달하게 된다. 이 단계의 아동은 점차 규칙은 사람이 만든 것이고 그 규칙을 변경할 수 있다고 생각하며 도덕적 판단에서 상황적 요인을 고려하는 융통성을 보인다.

표 4-3 피아제의 도덕성 발달단계

단계	설명
전도덕성단계 (Pre-moral stage): 4세 이전	- 규칙에 관심이 거의 없거나, 규칙이 있다는 것조차 인지하지 못하는 단계 - 규칙이 어떻게 해야 하는지에 대한 합의하는 사실을 알지 못하는 단계
타율적 도덕성단계 (Heteronomous morality): 4~7세	- 규칙은 절대적이며 불변한다고 인식 절대적 도덕성 - 규칙은 반드시 지켜야 하며 어기면 반드시 처벌한다고 믿음 - 행동의 결과에 따라 옳고 그름을 판단
자율적 도덕성단계 (Autonomous morality): 10세 이후	- 규칙이나 법은 사회적 합의와 승인에 의해 만들어진 것이므로 합의를 거쳐 변경한다고 생각 - 옳고 그름에 대한 절대적 기준보다 공평성에 기준을 둠 - 도덕적 상대론의 단계 - 행동의 결과와 함께 의도를 고려해서 판단

타율적 도덕성단계는 성인들이 만든 규칙은 절대적이고 수정 불가능한 것이라고 생각하는 도덕적 실재론의 특성을 나타낸다. 이 시기 유아는 도덕적 행동을 평가하는 데 있어서 규칙에 위배되었는지, 즉 객관적 규준에만 관심

을 가질 뿐 개인의 동기나 의도를 고려하는 주관적인 판단을 하지 못한다.

- 유아기의 도덕성 특징

① 성인 권위에 대한 복종과 권위에 동조하여 판단
② 규칙은 외적, 고정적, 절대적인 것으로 봄
③ 객관적 책임의 개념
④ 응보적 분배적으로 판단

자율적 도덕성단계는 다른 사람에게는 다른 규칙이 있다는 것을 이해하게 되는 상대적 도덕성의 특성을 보인다. 이 시기에는 도덕적 행동을 하게 된 동기나 의도를 고려하게 된다. 유아는 인지구조가 발달해갈수록 타율적 도덕성단계에서 자율적 도덕성단계로 넘어간다.

② Kohlberg의 도덕성 발달

Kohlberg(1976)는 Piaget의 이론을 기초로 아동기 도덕성 발달단계에 대한 이론을 정립하였다. 도덕적 가치의 내면화 정도에 따라 성인기까지 도덕성 발달을 3수준 6단계로 제시하였다. 그는 도덕적 딜레마 상황에서 내담자들이 그 상황을 어떻게 판단하며, 그렇게 판단한 이유를 추론하였다. 그가 고안한 도덕적 딜레마 중에서 유명한 것이 하인즈 딜레마이다.

하인즈 딜레마

유럽에서 어떤 여인이 특별한 종류의 암에 걸려 죽음 직전에 있었다. 의사들은 그 여인을 살릴 수 있는 유일한 방법은 새로 개발한 신약을 먹는 것이라고 했다. 그 신약은 같은 도시에 있는 약사가 최근에 발견한 것으로 라듐의 한 형태였다. 그 약을 제조하는 데는 시간과 비용이 많이 들었다. 때문에 약사는 약값으로 제조 배용의 10배를 요구했다. 즉, 라듐 구입에 200불을 지불했기 때문에 그 약의 소량 처방에 2,000불을 요구했다. 환자의 남편인 하인즈는 이

약을 살 돈을 마련하기 위해 아는 사람을 모두 찾다 다녔지만 약값의 반인 1,000불밖에 구하지 못했다. 그는 약사에게 자기 아내가 죽어가고 있다는 것을 말하고 약을 좀 싸게 팔거나 아니면 외상으로 달라고 부탁했다. 그러나 약사는 "안돼요. 나는 그 약을 어렵게 개발했고 그래서 그 고생에 대한 대가를 받아야 합니다"라고 거절했다. 그래서 하인즈는 절망한 나머지 아내를 위해 문을 부수고 들어가 약을 훔쳐 왔다.

하인즈는 약을 훔쳐야만 했을까? 그 이유는 무엇인가?

Kohlberg(1976)는 이러한 질문들에 대한 대답을 기초로 하여 도덕적 판단의 발달에 관한 이론을 청소년, 성인에 이르기까지 확대시켜 3수준 6단계로 구성하였다(김영옥, 2014 재인용).

표 4-4 Kohlberg의 도덕 발달단계(Kohlberg, 1984a 인용)

수 준	단 계	내 용
수준 1 전인습적 수준 (preconventional level): 이 수준에서 아동은 행위의 결과가 가져다주는 보상이나 처벌에 의해 옳고 그름을 판단하거나 규칙을 정하는 사람들의 물리적인 권위에 따라 도덕성을 고려하여 판단한다.	단계 1 : 처벌과 복종지향	인간적 의미나 가치와는 무관하게 행위의 물리적 결과에 의해 옳고 그름을 결정한다. 처벌을 피할 수 있거나 힘이 있는 사람에게 무조건 복종하는 것 자체가 도덕적 가치를 갖는다.
	단계 2 : 도구적 상대주의 지향	자신이나 타인의 욕구를 도구적으로 충족시키는 것이 옳은 행위이다. 인간관계는 시장원리나 유사하다. 공정성, 상보성, 분배의 평등성에 대한 인식이 시작되지만, 진정한 정의나 관용보다는 서로의 등을 긁어주는 것과 같이 자신에게 돌아오는 이익을 생각하는 수단적인 호혜성의 수준에 그친다.
수준 2 인습적 수준 (conventional level) 이 수준에서는 가족·사회·국가의 기대를 유지	단계 3 : 대인간 조화 또는 착한 소년-소녀 지향	이 단계에서는 옳은 행동은 타인을 기쁘게 하거나 도와주며, 타인으로부터 인정받는 것이다. 대다수의 사람이 갖는 고정관념에 동조한다. 타인

수 준	단 계	내 용
하는 것 자체가 그 결과와는 무관하게 가치롭다. 이러한 태도는 단순히 개인적 기대나 사회적 질서에 동조하는 것뿐 아니라, 적극적으로 질서를 유지하고 지지하며, 집단이나 그 성원들에게 동일시하고 충성하는 것을 포함한다.		의 반응이 도덕성 판단의 기준이 되지만, 물리적인 힘보다는 심리적인 인정 여부에 관심이 있으며, 착해짐으로써 타인의 인정을 얻는다. 이 단계에서부터 사회적 규제를 수용하며, 의도에 의해 행위의 옳고 그름을 판단하기 시작한다.
	단계 4 : 법과 질서 지향	권위·고정된 규칙·사회적 질서를 지향한다. 자신의 의무를 다하며, 권위자를 존중하며, 사회적 질서를 유지하는 것이 옳은 행동이다.
수준 3 : 후인습적 수준 (postconventional level) 이 수준에서는 집단의 권위나 권리를 행사하는 사람들과는 무관하게 도덕적 가치와 원리를 규정하려는 노력을 보인다.	단계 5 : 사회적 계약과 합법적 지향	개인의 권리를 존중하고 사회 전체가 인정하는 기준을 준수하는 것이 옳은 행동이다. 법은 개인의 자유의 규제가 아닌, 극대화하기 위해 제정된다는 것을 인식한다. 사회적 약속은 대다수의 성원들의 보다 나은 이익을 위해 항상 바뀌어 질 수 있는 것으로 판단되며, 이전 단계와 달리 도덕적 융통성을 갖는다.
	단계 6 : 보편적인 윤리적 원리 지향	옳은 행동은 자신이 선택한 윤리적 원리와 일치하는 양심에 의해 결정된다. 이 원리는 구체적인 규율이 아닌 인간의 존엄성, 정의, 사랑, 공정성에 근거를 둔 추상적이며 보편적인 행동 지침이다. 이 단계의 도덕성은 극히 개인적인 것이므로 때로 대다수가 수용하는 사회적 질서와 갈등을 일으킬 수 있다. 그러나 이 단계에 도달한 사람들은 자신의 양심이 가하는 처벌을 사회가 가하는 처벌보다 더욱 고통스럽게 생각한다.

3) 도덕성 발달을 돕는 교사의 역할

도덕성의 기초는 생애 초기에 형성된다. 그러므로 유아의 도덕적 성숙을 돕기 위해 교사는 유아의 도덕적 정서와 도덕적 사고, 도덕적 행동의 발달이 균형 있게 이루어질 수 있도록 지원해 주어야 한다. 유아기 도덕성 발달 지원을 위해 교사의 역할을 정리해 보면 다음과 같다. 첫째, 생활 속에서 도덕적 행동이 습관화될 수 있도록 꾸준히 가르쳐야 한다. 유아가 도덕적으로 바람직하지 않는 행동을 반복하는 것은 고의로 하는 것이 아니라 제한된 기억력, 행동과 결과의 인과관계에 대한 이해부족, 자기중심성과 같은 발달적 한계로 인한 결과일 가능성이 높다. 교사는 엄격한 지도보다는 수용적이고 감정이입적인 태도를 바탕으로 도덕적으로 바람직한 생각과 행동을 가르쳐줄 때, 타인에 대한 유아의 생각이 증가되며 양심 발달에 긍정적으로 영향을 줄 수 있다. 유아를 위한 도덕교육은 강압적인 주입식 교육보다 옳고 그름에 대한 분명한 메시지를 전달하되 친절한 표정과 언어로 유아의 생각을 존중하는 차원에서 이루어져야 한다. 둘째, 도덕적으로 바람직한 모델링을 제공한다. 부모나 교사, 또래, 이야기나 TV 프로그램의 주인공 등은 유아의 도덕성 발달에 영향을 미치는 중요한 인적 환경이다. 교사의 도덕적 가치나 태도, 행동은 잠재적인 도덕교육의 주요 자원이 된다. 셋째, 도덕 관련 주제에 대해 이야기를 나눈다. 일상생활에서 일어나는 도덕적 갈등 상황이나 이야기 속 딜레마에 대해 이야기 나누는 경험은 도덕적 문제 상황에 대한 추론 및 판단, 도덕적 감성, 문제해결 능력 발달에 긍정적인 영향을 미친다. 도덕적 주제와 문제 상황이 담긴 이야기를 중심으로 주인공의 도덕적 가치와 태도, 행동을 살펴보고 토의하는 활동은 유아의 사고를 자극하여 높은 수준의 도덕적 추론을 경험할 수 있는 기회가 된다.

7. 우정

1) 우정의 의미

또래란 연령이 같거나 나이가 비슷한 친구를 의미하는 말로 신체적, 정신적으로 비슷한 발달 수준을 보이는 동료를 의미한다.

친구란 항상 같이 있고 같이 활동하며 친하게 지내고 서로 관심을 가지고 좋아하는 특정 대상을 의미한다. 친구관례란 호감을 지닌 두 사람이 상호 의존하며 감정을 교환하는 개인적 수준의 관계를 의미한다. 즉, 서로의 생각과 감정을 이해하고 애정, 관심, 흥미, 정보 등을 공유하며, 서로 같이 놀고 함께 나누며 돕고 위로하고 돌보는 것과 같이 지속적인 접촉을 유지하는 독특한 애착관계를 뜻한다(정인수, 2005).

우정이란 또래 중에서도 한 명 혹은 몇 명의 대상들과 맺게 되는 특별히 더 만족스러운 관계를 의미한다. 즉, 특정 유아들끼리 서로 친한 친구라고 생각하는 상호 호혜적인 관계를 일컬어 우정이라고 한다.

우정은 유아 간에 상호 지속적인 애정과 친밀감, 상대방의 생각과 기분에 대한 이해, 위로와 돌봄, 혜택의 공유, 오랜 시간동안 친밀하고 밀접한 상호작용 등의 요건이 갖추어졌을 때 성립될 수 있다(박찬옥 · 서동미 · 엄은나, 2016).

2) 우정의 발달

또래집단과의 친밀하고 지속적인 애정적 유대를 우정이라고 한다. 우정에 대한 개념은 아동이 성숙해감에 따라 변화한다. 유아기의 친구는 일시적 놀이 상대를 친구라고 생각하지만 연령이 증가함에 따라 일시적 상호작용을 뛰어넘어 지속적인 관계를 유지한다.

또래관계는 유아기에 일시적 놀이 상대로서 또래의 관심을 받는 것에서 벗어나 아동기에는 친밀감을 지속적으로 유지하여 우정을 형성하게 된다. 친구관계는 5단계로 발달한다(Kostelnik, Whiren, Soderman & Gregory, 2009).

① 0수준 : 일시적인 놀이동료(3~6세)

일시적이고 신체적 상호작용이 중심이 되며 놀이 친구를 지향하는 단계이다. 자신과 자주 놀거나 그 당시에 비슷한 활동을 하는 또래를 친구라고 부른다.

② 1수준 : 일방적인 도움(5~9세)

일방적 원조나 자기 목적을 달성하기 위한 단계로 아동은 자신을 기쁘게 하는 또래를 친구라고 생각한다. 좋은 친구란 자기가 원하는 것을 하는 친구라고 생각하는 경향이 있다.

③ 2수준 : 쌍방적이고 공정한 협력(7~12세)

아동은 친구관계에서 양방의 관점을 모두 고려할 수 있는 공정성에 대한 개념을 가질 수 있다. 아동은 서로에게 잘 해 주기를 기대하고 개별적인 흥미를 만족시키는 방식으로 도움을 주고받는다. 이 시기에는 서로 비밀을 공유하고 누구와 친구인지를 말할 수 있게 되며 상대방의 생각을 고려하여 행동하게 된다.

④ 3수준 : 친밀하고 상호 공유된 관계(8~15세)

아동은 처음으로 친구관계를 공유된 목적, 가치, 사회적 이해를 가지고 진행되는 관계로 본다. 이 시기에 한 번에 한 명의 단짝친구에게만 관심을 기울이며 서로에게 완전히 몰두한다. 애정관계가 두터워짐으로써 우정을 지속적으로 유지하려는 노력을 보인다.

⑤ 4수준 : 성숙한 친구관계(12세 이후)

친구는 서로 소유하려 하지 않고, 심리적 지원을 중요하게 인식한다. 친구란 독립적인 관계이며 한 명 이상의 친구를 소유할 수 있고 친구관계는 신뢰와 지지를 해주는 유대관계를 형성한다. 상호 심리적 원조에 의존하면서 서로 동일시하고 정체감을 형성해가는 단계이다.

우정이 남아와 여아 모두에게 중요하지만 우정의 의미는 다르다. 여아들의 우정에는 정서적 친밀감과 신뢰감이 중요한 역할을 한다. 여아들은 자신의 감정을 이야기하고 나눔으로써 친밀감이 형성된다. 여아들의 우정에서 강렬한 감정과 강렬한 감정과 친밀감이 강조되기 때문에 여아들은 친구관계에서 긴장, 질투, 갈등을 경험한다. 이러한 긴장과 갈등은 친구로부터 거부와 배신의 두려움에서 온다.

반면, 남아들은 운동경기를 함께하거나 관람하는 등 활동을 함께함으로써 친밀감을 형성한다. 남아들은 어려서부터 자기감정을 노출하는 것이 남자답지 못한 것으로 배워왔기 때문에 여아보다 자신의 감정을 이야기하고 나누는 것도 덜하다.

아동기에 또래집단으로부터의 수용은 아동의 자기역량지각을 예측하는 중요한 변인이 되며, 또래와의 관계가 좋지 못한 아동은 학업성취도가 낮고, 학교에서 중도탈락하거나 이후 청소년 비행에 참여하는 비율이 높다고 한다(정옥분, 2011).

또래집단에서 인기도를 또래 지위라고 하는데, 또래 집단 내에서 아동에 대한 사회적 수용, 사회적 선호나 호감 또는 배척의 정도를 통해 평가되는 집단 내에서 차지하는 위치를 말한다.

또래집단의 인기도를 5가지 유형으로 분류할 수 있다.

① 인기 아동 : 인기 있는 아동은 신체적으로 매력 있고 머리가 좋고, 사교적이며, 지도력이 있다. 자아존중감도 높고 유머감각도 뛰어나다.

② **보통 아동** : 아동의 반 정도가 이 유형에 속하는데 친구들이 특별히 좋아하지도 않고 인기 있는 것도 아니지만 그렇다고 친구들이 싫어하는 것도 아니다. 집단에 무난히 어울리는 보통 아동들이다.

③ **고립 아동** : 친구들의 관심밖에 있기 때문에 친한 친구로 지명되지도 않거니와 싫어하는 친구로 지명되지도 않는다. 이들은 수줍음을 잘 타고 위축되는 성격으로 낮은 자아존중감, 불안, 우울증 등 내적인 문제를 가진 경우가 많다.

④ **거부 아동** : 친구들이 가장 싫어하는 유형이다. 신체적, 언어적 공격을 많이 하고 교실에서 수업 분위기를 망치고, 학업성적도 좋지 못하다. 역시 인기가 없는 아동들과 친구가 되며, 자기보다 어린 아이들과 어울린다.

⑤ **혼합형**(양면아동) : 친한 친구로 꼽히기도 하고 싫은 친구로 꼽히기도 하는 혼합형은 공격적이고 파괴적인 면이 있는가 하면, 자기주장이 강하고 지도력이 있다. 이들은 또래 집단에서 눈에 띄기도 하지만 이들을 좋아하는 사람도 많고 싫어하는 사람도 많아 친구들로부터 복합적인 반응을 유발한다.

3) 우정 발달의 영향 요인

(1) 또래와의 상호작용 경험

또래와 긍정적인 상호작용 기회가 많은 유아는 또래관계에 필요한 다양한 사회적 기술을 배우고 실천해 볼 수 있는 좋은 기회가 된다. 또래들과 기분 좋은 상호작용에서 만족감은 집단 속에 수용되고 인정받았다는 성취감을 느끼게 하여 또래와의 상호작용에 대한 긍정적인 기대와 믿음을 갖게 하며, 실질적으로 또래와의 원활한 교류를 지속하게 한다. 이때 의사소통 능력은 또래관계 발달의 성공여부와 관련이 있다. 반대로 의사소통 능력의 부족은 또래 간의 상호작용을 어렵게 하고 나아가 유아의 문제행동을 증가시킨다.

(2) 사회적 조망수용 능력

타인의 입장을 이해하고 수용하는 능력은 또래관계 발달의 토대가 된다. 이는 또래간의 상호작용에서 흔히 발생하는 사건들에 대한 다른 사람들의 반응을 정확하게 예측하고, 다른 사람들의 선호를 예견하고, 다른 사람들이 경험하는 감정을 이해하는 능력을 의미한다.

(3) 놀이에 참여하는 기술

유아가 또래놀이 장면에서 유아가 사용하는 사회적 접근 기술은 사회적 참여와 성공에 매우 중요하다. 또래에게 함께 놀자고 요청하는 방법, 장난감을 분배하고 교대하는 방법, 장난감을 달라고 요청하는 방법, 또래에게 정서적 지지를 제공할 줄 아는 것, 필요할 때 도움을 주고받을 수 있는 것 등의 적절성 여부는 유아의 우정 형성 및 유지에 결정적 영향요인으로 작용한다.

(4) 또래와의 갈등에 대처하는 능력

또래와의 사이에서 갈등이 발생하였을 때 서로의 바람과 요구가 충족될 수 있도록 문제를 해결하는 능력은 유아가 또래와의 관계를 형성하고 원만하게 유지하는 데 필수적으로 갖추어야 하는 사회적 능력이다. 또래와의 우정에서 성공적인 유아는 대체로 우호적이며 긍정적이고 타인 지향적이며 친사회적 전략으로 문제를 해결하려는 경향이 강하고 고립아나 공격행동을 하는 유아에 비해 더 많은 수의 효과적인 해결방안을 제시한다(Richard & Dodge, 1982; 박찬옥 외, 2016 재인용). 또한 대인문제 해결기술을 가진 유아들이 또래관계의 불안을 덜 경험하게 된다(Howing et al, 1990).

4) 우정 발달을 돕기 위한 교사 역할

유아의 우정 발달을 돕기 위해 교사는 또래와 상호작용할 기회를 충분히 제공해주어야 한다. 또래와 성공적인 관계를 형성하기 위해 친구를 사귀고, 놀이를 시작하고, 협동하고, 의사소통하고 갈등을 해결하는 데 필요한 사회적 기술을 증진하도록 지원해야 한다. 우정 발달을 돕기 위한 구체적인 내용과 방법은 다음과 같다.

① 놀이에 가입하고 놀이를 유지하는 능력을 길러 주기

유아기 우정은 놀이를 통해 이루어지므로 유아가 다양한 놀이를 경험하면서 놀이에 대한 다양한 아이디어를 키울 수 있도록 충분한 기회를 만들어주어야 한다. 교사는 유아의 놀이를 관찰하면서 놀이의 확장과 변화가 필요한 상황에서 적절히 개입하여 놀이가 유지될 수 있도록 도움을 줄 수 있다. 가령 쌓기영역과 역할영역을 연결하여 하나의 주제를 중심으로 놀이가 이루어질 수 있도록 제안해 볼 수 있다.

② 유아가 친사회적 행동기술을 배우고 실천하도록 도움주기

우정이 시작되는 초기에는 신체적 조건 등 외적인 속성에 따른 매력이 주요인이므로 일단 우정관계가 시작되면 접촉하기, 긍정적 관계 유지하기, 갈등 협상하기, 관계 종결짓기와 같은 사회적 과정에서 성공하는 일이 중요하다. 미소짓기, 즐겁게 말하기, 인사하기, 정보 묻기, 다른 유아의 인사와 질문에 반응하기, 정보 제공하기, 초대하기 등의 접촉을 위한 행동은 상대 유아에게 좋은 인상을 준다(박혜란, 2008). 이러한 우호적 행동은 친구가 되고 싶다는 신호가 되어 우정관계 형성에 도움을 제공할 수 있다. 또래와의 협력적 주의집중은 지속적이고 긍정적인 상호작용을 가능하게 하고, 또래를 모방하면서 조화로운 상호작용과 협동이 가능하다(김미숙, 2006).

③ 효과적인 의사소통을 하도록 돕기

유아가 효과적인 언어를 사용하여 의사소통하는 능력은 친구에게 요청을 하거나 메시지를 전달하는 대화를 위해 필요하다.

요구나 거절 상황은 우호적 방식의 표현으로 상대방에게 긍정적인 반응을 이끌어 낼 수 있도록 하는 구체적 기술이 필요하다.

- 심하게 화가 났을 때 부정적 느낌을 공격적으로 표현하기보다는 자신의 요구나 기분 상태를 다음과 같이 표현하고 주장하는 것이 더 적합한 행동이라는 것을 알려준다.
  "내거야, 가져가지 마."
  "내 차례야, 잠깐 기다려."
  "네가 ~게 하면 나는 기분이 좋지 않아."
  "나는 지금 네가 ~해서 화났어."

이때 교사는 사회적으로 적합한 언어를 시범으로 보여주고 유아와 함께 마주보고 앉아 구체적 언어들을 연습해야 한다.

④ 갈등해결 능력 키워주기

유아는 갈등상황에서 협의하기 위해 자신의 의견과 다른 친구의 의견도 수용할 수 있어야 한다. 교사는 유아가 협상할 수 있도록 다음과 같이 일상의 경험을 통해 지도해 주어야 한다.

- 생각이 서로 다를 수 있음을 인정하도록 지도해 주어야 한다.
  "우리는 서로 생각이 다르네. 그럼 어떻게 하면 좋을까?"
- 다른 유아가 원하는 것이 자신의 생각과 어떻게 다른지 살펴보도록 한다.
  "라래야, 정민이는 이 공주드레스를 자기가 먼저 입어봐야 한다고 생각해."
  "라래 네 생각은 어떠니? 정민이의 생각과 다른 점이 있니?"
- 협상방법을 안내한다.

"너희 둘이 모두 이 옷을 입어보는 방법이 있을까?"

- 협상을 위한 언어적 모델을 제시한다.

  "우리 서로 돌아가면서 한 번씩 입어보면 어떨까?"

⑤ 또래들로부터 거절당하는 원인을 파악하여 개선을 돕기

또래집단에서 거절된 유아는 상호작용기술을 배울 수 있는 기회를 갖지 못하여 긍정적인 친구관계를 유지하기 어렵다. 공격성이나 위축성향을 가진 유아는 또래에게 거절의 일차적 이유가 되기 때문에 교사의 적극적 개입이 필요하다.

유아는 자신과 유사한 성향의 아동과 친구관계를 맺는 경향이 있어 공격성을 더욱 높이는 위험요인으로 작용할 수 있다. 거절당한 유아가 느끼는 소외감은 배타적 친구관계를 맺는 원인이 된다.

위축된 유아도 갈등적인 친구관계의 원인으로 작용한다. 위축된 유아는 또래로부터 거절이나 인정받지 못할 가능성을 최소화하기 위해 또래집단의 주변을 배회하게 되는데, 이로 인해 대인관계가 더욱 축소되고 원만한 친구관계를 맺는데 어려움이 되기 때문에 교사의 개입이 필요하다.

Chapter

5

사회과학의 기본 개념교육

1. 유아역사교육

1) 역사교육의 정의

역사란 우리가 과거에 대해 알고 있는 지식을 현재의 우리 생활과 행동, 의사결정에 적용하는 과정이다. 과거의 역사는 현재 우리 삶에 지속적으로 영향을 주고 있기 때문에 역사의식은 우리 삶의 문제를 인식하고 우리가 살고 있는 이 세계를 이해하는 데 핵심적인 역할을 한다. 유아들도 과거의 사람들이 무엇을 했고, 어떻게 살았는지 알게 됨으로써 현재 우리들의 생활 모습과 행동의 이유를 이해하게 된다(교육인적자원부, 2005).

듀이(1966)는 유아들이 사람들은 어떻게, 왜 그렇게 살았는지, 어떤 집에서 살았고, 무엇을 입고 살았는지에 대해 끊임없는 관심을 가지고 있기 때문에 유아들에게 역사를 가르친다는 것은 어렵지 않다(박찬옥 · 서동미 · 엄은나, 2016 재인용)

유아기 역사교육은 유아 자신의 생활과 밀접한 관련이 있는 과거에 대한 이해를 통해 역사에 대한 친근함과 호기심을 자극하여 자아정체감 및 역사의식을 지속적으로 함양하기 위한 교육이다(민혜영 · 김영희 · 유은석 · 임경령, 2017).

2) 유아역사교육의 필요성

첫째, 과거에 대한 지식은 현재를 이해하고 해석하는 데 도움을 준다.

둘째, 내가 누구이고, 무엇이 나를 둘러싸고 있으며, 다른 사람이 어떤가를 아는 것은 긍정적 사회관계를 만드는 데 필수적이다.

셋째, 유아들은 생활 속에서 친숙한 과거에 대해 많은 호기심과 흥미를 보이며 끊임없이 의문을 제기한다.

넷째, 역사의식이나 자아정체감은 타고나거나 한순간에 터득되는 것이 아니라 유아기부터 체계적으로 교육할 필요가 있다.

3) 유아역사교육 내용 선정 기준

첫째, 유아역사교육 내용은 기존 교육과정에 통합하여 교육할 수 있으며 유아의 흥미와 호기심을 불러일으킬 수 있는 것을 선정한다.

둘째, 유아역사교육 내용은 유아의 사전 경험과 생활배경을 고려하여 친근감을 느낄 수 있는 주제를 선정한다.

셋째, 유아역사교육 내용은 생활과 관련성 없이 시, 분, 초의 개념으로 접근하기보다 하루 일과, 어제, 오늘, 내일, 현재, 과거, 아주 옛날에 등으로 구분하여 내용을 선정한다.

넷째, 유아역사교육 내용은 특정시대를 대표할 만한 친숙한 역사적 인물의 삶과 연관지어 전개한다면 리더십 형성에 도움이 된다.

4) 유아역사교육 내용

유아역사교육의 주요 내용으로 Seefeldt(2000)는 시간, 변화, 인류의 지속성, 과거, 역사가의 탐구방법을 제시했으며, Melendez 등(2000)은 시간, 사람, 공간과 장소, 사건과 변화를 제시했다. Ellis(1995)는 역사개념으로 원인과 결과, 계속성, 관계성, 역사성, 시간과 연표, 변화, 리더십, 문화 창조, 국가주의 및 세계주의 등을 제시했다. 이들 중 유아기에 필요한 개념을 중심으로 살펴보면 다음과 같다.

(1) 시간

역사는 시간 순서대로 일어난 사건들을 이해해야 한다. 유아는 현재와 가까운 시간이나 먼 시간에 일어난 사건을 순서지어 봄으로써 과거와 현재의 흐름을 알고 그에 따른 결과를 알 수 있다. 유아들은 매일의 일과에서 규칙적인 일상 활동에 직접 참여하여 시간의 흐름에 대해 이해할 수 있다(박찬옥 외, 2005).

유아기 시간개념의 발달은 2세경 유아는 시간 개념이 거의 없고 현재에만 관심이 있다. '지금', '오늘', '잠깐만' 등과 같은 단어를 사용하기 시작한다. 5세경 유아는 과거, 현재, 미래를 구분하는 단어를 사용하기 시작한다. 어제, 오늘, 내일을 인식하며 하루의 활동을 순서대로 말할 수 있다. 7세경 유아는 지나간 사건을 연대적으로 인식하며 하루의 활동을 순서대로 말할 수 있다. 날짜, 요일, 월, 계절을 순서대로 파악하며 특정 시각을 파악한다.

유아기 학습해야 할 시간교육 내용은 '일상생활 경험 이해하기', '과거, 현재, 미래 구분하기', '시간의 흐름에 대해 이해하기', '과거와 현재의 연계과정 이해하기', '시간을 임의의 단위로 측정하기'로 볼 수 있다(교육인적자원부, 2005).

시간개념을 형성하기 위한 활동의 예는 다음과 같다(박찬옥 외, 2016).

- 유아교육기관의 하루 일과를 소개하고 자유선택 활동 시간의 활동을 계획하기
- 동화를 듣고 이야기의 순서 회상하기
- 주말 지낸 이야기
- 요리 또는 만들기 등 하나의 활동을 하는 데 걸리는 시간을 측정하기
- 그림자 시계로 해의 위치와 시간의 흐름을 알아보기
- 우리들의 1년 회상하기, 우리들의 1년 앨범 만들기, 우리 반 역사박물관 만들기

(2) 변화

역사는 인간 삶의 변화를 연구하는 것으로, 역사교육의 기본개념이다. 역사교육은 시간에 따라 과거의 사실이나 사건이 어떻게 변화하였는지를 교육하

는 것이기 때문에 변화가 역사교육에서 기본이 된다. 역사에서 변화는 지역이나 시기에 따라 그 속도와 양상이 다르지만, 어디에서 어떻게 살아가든지 변화는 나타난다. 그러나 변화가 항상 발전을 의미하는 것은 아니므로 두려움 없이 변화를 받아들이는 것은 쉬운 일이 아니다. 그래서 역사교육은 변화를 자연스럽게 수용하고 적응할 수 있도록 하는 데 주안점을 둔다(김승희, 2017).

유아들은 인지 능력의 한계로 변화하지 않는 것과 변화하는 것을 이해하기는 어렵지만, 주변에서 변화를 경험할 기회들이 지속적으로 주어진다. 동생이 태어나는 것, 이웃이 새로 이사온 것, 교실환경이 바뀌는 것, 날씨의 변화, 동식물의 성장 등 무수히 많은 변화를 경험한다. 변화에 대해 다룰 수 있는 교육내용은 '주변의 변화 탐색하기', '변화의 계속성 이해하기', '변화의 결과와 영향 알기' 등이 있다. 이러한 학습내용을 위해 교사는 다음과 같은 활동을 계획할 수 있다(박찬옥 외, 2016).

- 유아가 태어나서 현재까지 성장과정 소개하기(아기였을 때 입었던 옷, 연령별 사진전시, 몸무게)
- 우리가족 변화 소개하기
- 우리동네의 달라진 점 찾아보기(빌딩을 부수는 것, 거리를 보수하는 것, 공원 조성하는 모습)
- 새로 이사 온 친구, 이웃에게 관심가지기
- 계절의 변화와 동식물의 변화 알아보기(나무, 나비의 유충, 올챙이 등의 생물 변화)
- 주말지내고 달라진 교실 탐색하기

(3) 연속성(지속성)

유아의 삶은 매일 변화하고 있지만 매일 반복적으로 일어나는 경험도 있다. 지속성은 과거, 현재, 미래는 끊임없이 변화하고 있는 것들 속에서 지속하고 있는 무언가를 발견하면서 깨닫게 되는 개념이다. 특히 명절이나 기념일에 먹는 음식이나 놀이, 의상 등을 통해서 지속성 개념을 획득하게 된다. 유아는 과거로부터 이어져 내려오는 여러 가지 전통과 풍습을 익히면서 지속성 개념을 습득하게 된다(김승희, 2017).

연속성과 관련된 세부 내용 및 활동은 다음과 같다(박찬옥 외 2016).

- 우리가족 역사 알아보기(조부모, 부모의 과거 생활 이야기)
- 과거의 생활과 현재의 생활 비교하기(옛날 결혼식과 현대 결혼식, 옛날 물건과 현대 물건, 과거의 환경, 동물 비교, 박물관, 도서관, 옛 건물 견학)
- 각 세대의 삶을 통하여 생활의 연속성 이해하기(할머니 할아버지 어린 시절 이야기 듣기)
- 명절이나 기념일 행사 경험하기(행사의 의미와 절차를 경험하기, 설날 한복 입고 떡국 먹기, 전통놀이, 명절 풍습 경험하기)

(4) 과거

유아들은 '아주 오래 전에…', '옛날에…'와 같은 표현을 사용하여 자신의 과거 경험을 기억하여 말할 수 있다. 유아들에게 가장 흥미 있는 과거는 유아 자신과 관련된 생활이다. 유아들은 조부모와 부모들을 통하여 과거를 대리 경험하기도 한다. 부모와 조부모, 유아교육기관의 교직원과 이웃은 유아들이 과거 개념을 이해할 수 있도록 도울 수 있는 중요한 인적 자원이며, 과거의 집과 과거에 사용된 물건들, 과거의 문화를 이해할 수 있는 이야기와 전설, 신화 등도 과거의 이해를 형성하도록 돕는 자원이다. 과거 개념 형성을 위해 '옛날 사람들의 모습과 생활', '신화 속의 인물', '옛날에 사용했던 사물', '과거의 동물들'을 교육내용으로 제시할 수 있다.

'과거' 개념 형성을 위한 활동의 예는 다음과 같다(Seefeldt, 2005).

- 부모, 할머니, 교사, 이웃 등을 자원으로 활용한다.
- 옛날 물건(호롱불, 인두)을 현대의 물건과 비교해본다.
- 과거에만 살았던 사라진 동물들을 알아본다.

- 과거의 사람들이 살았던 환경을 알아본다.
- 박물관, 도서관, 소방서, 고가, 교회 등 옛날 건물을 견학한다.

5) 유아역사교육의 방법

(1) 이야기

이야기에는 역사적 사건이나 인물을 중심으로 유아기 이해하기 쉽게 구성되므로 유아의 역사에 대한 관심을 증폭시킨다(구광현 외, 2012). 이야기에는 등장인물과 시간, 공간 등이 포함된다. 이야기에는 유아의 상상력을 자극하여 유아가 직접 체험할 수 없는 과거의 현장으로 유아를 옮겨 놓음으로써 유아가 과거를 이해하도록 도와주는 것이다(김승희, 2017).

이야기는 사건의 전후를 이해하면서 유아의 시간 개념을 발달시키는 데 크게 기여한다(최소옥, 2000).

이야기가 효과적인 역사교육의 방법이 되기 위해서는 유아가 공감할 수 있는 등장인물과 사건, 배경 등이 이야기 속에 포함되어야 한다. 교사는 당시의 시대 상황을 잘 반영하는 등장인물을 선정하고, 구체적 상황 속에서 등장인물이 무엇을, 어떻게, 왜 했는지를 생생하게 전달할 수 있도록 이야기를 구성해야 한다. 이때 유아의 호기심을 유발하는 데 치중하여 너무 환상적으로 흘러가지 않도록 주의를 기울인다(김승희, 2017).

(2) 현장학습

역사교육을 위한 현장학습은 주로 박물관이나 미술관, 도서관 등에서 이루어지며, 실제로 역사적 사건이 발생했던 곳, 사람들이 살았던 유적지 등에서 시행된다. 고분이나 신전과 같은 유적지, 독립운동의 발상지, 오래된 절, 집성촌 등을 방문하여 과거에 어떤 일이 있었으며 사람들이 어떻게 살았는지를 그려볼 수 있다.

(3) 극놀이

극놀이는 유아가 자신이 어떤 상황에 처해 있다고 가정하고 그 상황에 있는 것처럼 행동하는 것이다. 유아는 과거 속의 인물이 되어 과거 상황을 경험함으로써 과거에 대한 이해도를 높일 수 있다. 3.1운동에 관한 극놀이는 일본의 식민지와 독립운동, 당시의 생활방식과 어려움을 생각할 수 있다. 극놀이는 유아가 과거 인물이 되어 역사적 사건을 경험함으로써 표상 능력이나 조망수용 능력, 의사소통 능력을 발달시킬 수 있다(김승희, 2017).

표 5-1 유아 역사교육을 위한 질문들

요소	질문들
시간	– 옛날 아이들은 어떤 노래나 음악을 좋아했을까? – 옛날에 아이들은 어떤 놀이를 했을까? – 내가 어렸을 때 어떤 활동을 했을까?
변화	– 우리 집은 어떻게 변했는가? – 우리 반은 어떻게 변했는가? – 우리 유아교육기관을 지은 사람들의 이름은 무엇인가? – 옛날 결혼식과 오늘날 결혼식은 어떻게 변했나?
연속성	– 내가 전에 할 수 없었지만 지금은 할 수 있었던 활동은 무엇인가? – 나 또는 가족의 미래의 모습은 어떻게 변할까? – 우리의 전통 명절은 무엇이 있나? – 옛날부터 전해 내려오는 전통놀이는 어떤 것이 있나?

6) 역사 탐구 기술

역사교육은 사실을 암기하는 것이 아니라, 유아가 능동적으로 참여하여 사실들 간의 인과관계를 생각하고, 과거 기록을 분석하여 결론에 도달하는 역사적 사고력을 필요로 한다(박찬옥 외, 2016). 이를 위해 교사는 유아들도 역사가가 사용하는 탐구 방법을 사용하도록 지도한다. 역사 탐구 방법은 문제

해결과정과 동일하다.

① 문제 확인

유아 자신이 문제를 제기할 수도 있고, 교사가 문제를 선정할 수도 있다. 교실, 유아교육기관, 가정, 가까운 지역사회에서 자연발생적으로 야기되는 문제가 유아들에게 현실감을 줄 수 있다.

② 정보 수집

유아들은 책이나 인터넷, 주변 어른들과 면담, 박물관 견학을 통해 과거의 흔적을 조사할 수 있다.

③ 자료 관찰

유아들이 본 것, 느낀 것, 맛본 것, 만져본 것들을 이야기하게 함으로써 관찰 능력을 길러줄 수 있다.

④ 정보 분석

과거에 대한 자료를 모은 후 옛날 사람들이 좋아했던 것, 살았던 방식, 했던 일, 믿었던 것 등을 추론해 보도록 한다. 유아들이 역사와 관련된 개념들을 이해하고 이를 기초로 추론할 수 있도록 돕기 위해 교사는 유아에게 "너는 청소기가 왜 만들어졌다고 생각하니?", "우리가 지금 사용하는 믹서기와 얼마나 비슷하니?"와 같은 질문을 할 수 있다.

⑤ 결론 도출

유아는 여러 가지 자료에 근거하여 결론을 이끌어 낼 수 있다. 그러나 과거에 대한 추론이 완전하지 않기 때문에 유아들의 결론이 완전하다고 할 수는 없다. 교사는 유아들이 여러 가지 자료에 근거하여 결론을 내리도록 돕는다.

2. 유아지리교육

1) 지리교육의 정의

지리는 지구상의 산천, 수륙, 기후, 생물, 인구, 도시, 산업, 교통, 정치, 등의 땅의 상태이다. 지리는 사물이 어디에 있고 그것들이 어떻게, 왜 그곳에 있는지와 같은 주변 생활의 탐구 그 자체이며, 유아로 하여금 자신과 주변과의 관계를 알도록 돕는다(Sunal, 1990).

땅의 이치를 연구하는 지리학은 우리가 사는 세상에 대한 특징과 모든 공간에 대한 학문이다(권동희, 2005). 즉, 지리학은 지표상의 다양한 현상을 공간적 관점에서 접근하고 있는 생활과학이다(김일곤 · 이재하 · 전영권 · 황홍섭, 1998). 이 공간 개념은 위치, 장소, 지역, 관계, 이동 등의 요소를 통해서 지표상에 구체화된다. 위치란, 공간 속에 분포하는 지리적 요소들을 구체화하는 기본적인 조건이다. 위치는 “어느 곳에 있는가?”라는 질문에 답해준다. 특정한 위치를 점하고 있는 가장 작은 단위의 지리 요소를 장소라고 한다. 지구상에는 무수한 장소가 존재하며 그중 단 하나도 같은 곳은 없다. 그러나 장소는 인접한 장소와 구별되는 독립적으로 존재하면서도 인접한 장소들과는 필연적으로 유기적인 관계를 유지하고 있다. 이들 유기적인 관계를 중심으로 서로 다른 장소들이 결합되어 새로운 개념의 지리적 특성이 나타날 때 이를 지역이라고 한다. 지역은 하나 또는 그 이상의 공통점을 갖는 공간으로서 같거나 서로 유사한 지역이 지구의 곳곳에 존재한다. 장소가 점적인 특징을 갖는다면 지역은 면적인 특징을 갖는다. 지표상에는 끊임없이 에너지(물질) 이동이 일어나고 있고 장소나 지역 간에 교통과 통신, 공기와 물의 순환, 문화의 확산 등 강한 상호의존적 관계를 맺고 있다.

지리교육이란 용어는 ‘지리’와 ‘교육’이 합성된 용어로서 지리학이라는 학문을 막연하게 가르치는 것이 아니라 지리를 통하여 가치 있는 세계에 발을 들여 놓도록 하는 것이다(서태열, 2007). 따라서 지리교육은 교육목적에 따라 지리학에서 가치 있는 내용을 선택할 수 있다.

지리교육은 사람들이 어떻게 서로 상호작용하고, 자연 자원과 어떻게 서로 상호작용하는지를 탐색하도록 교육하는 것이다. 즉, 사람, 장소, 환경에 대한 교육이며 그들 간의 상호작용을 교육한다.

Melendez 등(2000)은 지리학이 장소, 지역, 자연현상, 천연자원의 관련성과 상호작용에 대한 연구로서 역사적 또는 현대적 사건과 관련된 관계의 감각과 장소에 대한 감각을 얻도록 하기 때문에 유아의 발달과 성장에도 중요한 역할을 한다고 보았다.

2) 유아지리교육의 필요성

유아기 지리교육의 가치는 단지 지도를 읽고 표상하는 능력과 기술을 익히는 것이 아니라 발달적, 사회적, 환경적으로 교육의 가치를 갖고 있으며 창의 인성교육 측면에서도 필요하다.

① 유아의 발달적 측면

유아는 출생과 더불어 지리적 장소에서 생활하고 있고 이런 생활 경험을 통해 사물과 장소에 대한 감각과 인식을 발달시킨다. 유아는 생활 속에서 매일 지리와 관련된 다양한 경험을 하면서 성장한다.

② 사회적 요구 측면

공간과 장소에 대한 감각의 발달이 세계화, 정보화 사회에 살고 있는 유아를 자율적인 인간으로 성장·발달시키는 데 중요한 역할을 한다. 지리교육은 유아가 급변하는 국제사회의 일원으로 적응할 수 있도록 도움을 준다. 지리교육은 유아들에게 세상을 여행하는 데 필요한 도구 및 정보를 제공하고, 우리 주변 환경과 상호작용 시 현명한 결정을 내릴 수 있도록 하며, 다른 지역 사람들의 문화를 이해하도록 하는 데 도움이 된다.

③ 인간과 환경의 상호작용 측면

공간적인 관계를 이해하면 환경에 대한 조절 능력을 습득하게 되고 장소에 대한 거리감과 판단력을 기를 수 있게 된다. 환경이 인간 활동에 어떻게 영향을 미치는지 그리고 그 환경 안에 복잡한 요인들이 상호 간에 어떻게 영향을 주고받는지를 지리교육을 통해 이해할 수 있다.

이러한 지리교육의 교육적 가치를 통해 볼 때, 유아교육자는 사회현상에 대한 올바른 이해와 전조작기 유아들의 발달에 맞는 지리교육을 통해 정확한 지리의 기초개념을 형성하도록 해야 한다. 또한 유아들에게 자신이 살고 있는 세상과 더욱 친숙해지고 다른 장소의 사람들에 대해서 관심을 갖도록 교육하기 위해 적절한 지리교육내용과 지리교육 활동 경험을 안내할 지리교육 기준에 대한 관심이 필요하다.

3) 유아지리교육 내용

(1) 핵심 지리 개념

지리교육을 위한 핵심 지리 개념은 위치, 장소, 인간과 환경과의 상호작용, 이동, 지역 등 5가지 지리개념으로 종합할 수 있다.

개념	내용	예	관련 질문
위치	인간과 사물이 세상에서 차지하는 자리가 있다.	위도, 경도, 왼쪽, 오른쪽, 위, 아래	저기가 어디인가?
장소	물리적, 인위적 특성에 따라 다양한 장소가 있다.	아파트, 단독주택, 동물원, 수목원	저기에 무엇이 있는가?
인간과 환경의 상호작용	인간은 환경에 의존하거나 적응하고, 환경을 변화시킨다.	수상가옥, 너와집, 간척지, 환경보호 운동	우리는 환경을 어떻게 보호하고 조절할 수 있을까?

개념	내용	예	관련 질문
이동	사람, 생산물, 정보는 이동 패턴이 있다.	각종 교통수단, 컴퓨터	사람, 상품, 사고는 이곳에서 저곳으로 어떻게 갈 수 있을까?
지역	위치, 장소, 인간과 환경의 상호 작용, 이동 등을 종합하여 유사한 특징을 보이는 장소가 있다.	기후, 지형, 식물 분포에 따른 물리적 지역, 문화적 역사적 연속성을 갖는 문화적 지역	우리 지역 날씨는? 우리 지역 전래동요는? 우리 지역 축제는?

① 위치(location)

위치는 지리 이해의 가장 기초적인 개념으로 인간과 사물이 세상에서 차지하는 자리를 말하는 것으로, 왜 특정 장소에 자리하고 있는지를 정확히 말하는 것이다. 절대적인 위치는 위도와 경도로 표현되고, 상대적 위치는 다른 장소와 관계 속에서 결정된다. 유아기에는 상대적 위치부터 접근해야 한다.

위치나 방향에 대한 사고는 유아의 경험을 통해 점차적으로 발달한다. 유아가 위치를 알도록 하기 위해 거리의 표시판, 자신이 사는 건물의 색이나 모양, 동네 이름, 주소 등을 알도록 경험할 기회가 제공되어야 한다. 또 서로 다른 장소를 자기가 아는 장소와 비교해서 이야기할 기회를 제공해야 한다.

② 장소(Place)

장소 역시 지리교육의 중요한 개념이다. 사람처럼 장소도 많이 있지만 똑같은 장소는 없다. 무엇이 그 장소를 특별하게 만드는가? 장소의 물리적, 인위적 특성은 사람들이 어디에 사는지, 왜 거기서 사는지, 자연 자원을 어떻게 이용하는지 등 많은 것을 알려준다. 장소의 물리적 특성은 자연(기후, 땅의 형태, 고유의 동식물, 토양 등)에 의해 결정된다. 장소의 인위적 특성은 문화(언어, 의상, 건축 양식, 정책방향)에 의해 결정된다.

어릴 때부터 유아들이 자신의 집과 이웃 도시를 이루고 있는 나무, 길, 건물 등 장소의 특성에 대해 배울 때 자신이 사는 곳이 특별하다는 것을 알게 된다. 유아는 현재와 어릴 때 사진, 주변 이웃이나 유아교육기관의 변천 사진을 보면서 장소는 시간에 따라 변화한다는 것을 안다. 유아가 방문했거나 책에서 읽었던 장소의 물리적이고 문화적 양상을 유아의 모든 감각(보고, 듣는 것, 냄새, 심지어 촉감, 맛)을 통해 탐색한다. 학교, 운동장, 이웃, 농장 견학이 모두 장소를 가르칠 중요한 기회이다.

③ 인간과 환경의 상호작용(interaction of human and environment)

인간과 환경의 상호작용은 인간이 환경에 어떻게 의존하고 적응하는지, 환경을 어떻게 변화시키는지를 의미한다. 사람들은 자신의 문화적 가치를 통해 본래의 환경에 적응하거나 수정한다.

사람은 자신의 요구를 만족시키기 위해 환경에 적응하거나 환경적 요구나 실제에 반응한다. 학교 운동장에 나무를 심거나 보존하기, 농장을 방문하는 기회를 제공하기, 동물의 집을 관찰하기, 건물을 짓고 있는 곳을 구경하기, 캠프를 통해 적응에 필요한 환경 찾아보기 등을 할 수 있다.

유아들도 환경에 적응하는 방법을 배워야 한다. 날씨가 추워지면 히터를 켜고 스웨터를 입고 더우면 시원한 옷을 입고 선풍기를 이용하여 더운 환경에 적응하고 자신의 생활 방식을 변화시킬 수도 있음을 알도록 한다.

④ 이동(movement)

이동이란 사람, 생산물, 정보가 이곳에서 저곳으로 어떻게 이동하는지를 의미한다. 사람, 생산물, 정보는 이동 패턴이 있다. 사람들은 서로 다른 지역사회에서 살면서 교통수단과 의사소통을 통해 서로 상호작용한다. 직접적인 이동을 넘어 생산품과 사고를 통해 상호작용한다. 세상 모든 사람들은 직장에 가거나 학교 가거나 친척집을 방문하기 위해 이동을 한다. 설탕과 커피 같은 상품이 한 나라에서 다른 나라로 배로 운반된다. 정보는 전화, 텔레비전, 팩스, 컴퓨터를 통해 전달된다. 이동을 이해하는 것은 유아들이 많은 물건들이 세상 사람들 모두에게 서로 필요하다는 것을 알게 해준다.

이동을 이해하기 위해 우리 주변의 물건이 어디에서 오는지, 동물은 어떻게 이동하는지 알아보기, 몸을 움직여 이동하기, 물위에 종이 배 띄우기 등의 활동을 할 수 있다. 또한 토론을 통해 엽서가 비행기, 배, 트럭, 차를 포함해서 우편으로 도착한다는 것을 이해하도록 하는 것도 물건의 이동을 이해할 수 있는 활동이다.

⑤ 지역(region)

지역은 많은 장소를 포함한 영역이다. 지역은 위치, 장소, 인간과 환경의 상호작용, 이동 등을 종합하여 유사한 특징을 보이는 장소를 말한다. 지리학자들은 물리적이고 문화적인 방식으로 지역을 범주화한다. 물리적 지역은 기후, 지형, 식물 분포에 따라 분류된다. 문화적 지역은 문화적, 역사적 연속성을 갖고 있는 지역이다. 유아들에게 지역을 알도록 하기 위해 자기 문화의 노래, 라임, 예술, 전래동요를 소개할 수 있다. 같은 지역에 사는 사람들은 언어나 공휴일이 같고 유사한 종교를 갖는다는 것도 알려줄 수 있다.

유아가 지역에 대해 관심을 갖도록 하기 위해 주변 지역을 여행하거나 견학하면서 그 지역 이름을 알아보고 자기 지역과 다른 것을 찾아보게 할 수 있다. 견학할 수 없는 지역은 그림이나 사진 등 시청각 자료를 활용한다. 문화적 지역에 대해 학습할 때 자신의 문화권과 다른 문화권의 노래, 이야기, 미술, 구전을 알려줄 수 있다. 문화는 언어, 예술, 음악, 게임을 통해 전달된다.

(2) 지리교육 기능

유아지리교육 내용으로서 지리교육 기능이란 지리적으로 생각하도록 하는 수단과 기술이다. 지리적 개념이 수많은 사실적 지식(정보)을 조직한 전이성이 높은 교육 내용인 반면, 지리적 기능(skill)은 사실적인 지식보다는 높은 숙달성에 주목할 수 있다. 따라서 지리적 정보를 바탕으로 새로운 사태나 문제를 다룰 수 있게 해준다. 유치원 단계에서 학습해야 할 핵심적인 지리적 기능은 자연적, 인간적 패턴과 과정을 이해하기 위한 가장 중심이 되는 지리교육접근 방법이다.

표 5-2 지리교육 기능 습득

지리 기능	내용	기능 습득의 예
지리적 질문하기	다양한 지리적 현상에 대한 질문	우유는 어디에서 나오나요? 산에 무엇이 살아요?
지리적 정보 수집	자연적, 인문적 특징, 한 장소에 살고 있는 사람들의 지리적 활동과 상태에 관한 정보를 수집하는 과정	견학, 책, 그림, 지도, 인터넷을 활용한 정보 수집
지리적 정보 조직	수집된 자료들을 시각적, 그래픽 형태로 분리, 분류하는 과정	정보를 정리하여 이야기하기, 그림지도그리기, 그래프 만들기, 지형 구성하기
지리적 정보 분석	지리적 정보에 대한 패턴, 관계성(relationships), 연결성(connections)을 찾는 과정	위치, 장소, 이동, 환경과의 관계, 지역 간의 관계와 유사성을 분석하고 패턴을 인식하고, 추론하기
지리적 질문에 답하기	조직된 정보를 근거로 지리적 질문에 대한 답을 추론하고 일반화	우유는 농장에서 우유공장을 거쳐 우리 교실로 가져온다. 산에는 다양한 지형 속에서 많은 동식물이 살고 있다.

① 지리적 질문하기

성공적인 지리적 탐구란 '왜 사물이 그곳에 있고 어떻게 그곳에 오게 되었는가'에 대해 질문에서 시작되고, 이에 대해 생각하고, 답하는 능력과 그것을 기꺼이 하려는 마음에 관계되어 있다. 영아기부터 유아는 주변 환경에 호기심이 많아 적극적인 지리적 질문을 한다. 이런 질문은 부모나 유아 교사의 관심에 따라 촉진될 수 있다.

위치에 대한 질문을 하고, 위치에 대한 정보를 모으기 위해 공간을 탐색해 보고, 모은 정보를 정리하고 그림으로 그려보거나 블록을 이용해서 묘사해볼 수도 있다. 위치에 대한 정보를 분석하기 위해 사진을 보면서 이야기 해보고 지도를 찾아볼 수 있다. 마지막으로 위치에 대한 문제에 대한 답을 제시하기 위해 길을 찾기 위한 지도를 만들거나 지도를 보고 찾아보기 등을 할 수 있다.

지리개념	질문의 예
위치	• "우체국은 어디에 있니?" • "운동장에서 무엇을 발견하였니?" • "서울에 가본 적이 있니?" • "서울에 어떻게 갔니?" • "서울은 얼마나 멀리 있니?"
장소	• "네가 사는 곳에 대해 이야기해볼 수 있니?" • "너희 집에 누가 살고 있니?" • "동물원에 가서 무엇을 보았니?" • "시장에서 사람들은 무엇을 하고 있었니?" • "동물(식물)은 어디에 살고 있니?" • "네가 사는 집은 어떻게 생겼니?"
인간과 환경의 상호작용	• "이 지역에서 땅은 어떻게 이용되었을까?" • "우리는 어떻게 환경을 보호할 수 있을까?"
이동	• "유치원까지 어떻게 오니?" • "집으로 갈 때 버스는 어떤 길로 가니?" • "가족들은 어떻게 일하러 가니?" • "편지를 어떻게 멀리 보낼 수 있을까?" • "먼 곳에 사는 친척과 어떻게 의사소통할 수 있니?" • "밥은 어디에서 가져오니?" • "음식과 옷은 어떻게 가게로 가져오게 되는 것일까?"
지역	• "사람들은 왜 서로 가까이에서 살지?" • "무엇 때문에 이웃이 생겼을까?" • "넌 어느 동네에 사니?" • "그들은 어디에서 자랐니?" • "그곳 사람들은 어떤 옷을 입니?"

② 지리적 정보를 모으기

지리적 정보란 자연적, 인문적 특징, 그런 장소에 살고 있는 사람들의 지리적 활동과 상태에 관한 정보이다. 지리적 질문에 답하기 위해서 다양한 정보원에서 다양한 정보를 수집하는 것부터 시작해야 한다. 유아기에 지리적 정보를 습득하는 자원으로 견학, 책, 그림, 지도 등을 활용할 수 있다.

③ 지리적 정보를 조직하기

수집된 자료들은 시각적, 그래픽 형태로 분리되고 분류되어야 한다. 지리적 정보를 조직하는 데는 여러 가지 방법이 있지만 그중 지도가 가장 핵심적인 역할을 한다.

갯벌체험 후 찰흙으로 갯벌을 구성하기

④ 지리적 정보 분석하기

지리적 정보를 분석하는 것은 패턴, 관계성(relationships), 연결성(connections)을 찾는 것과 관련되어 있다. 정보를 분석하고 해석함에 따라 의미 있는 패턴과 과정이 나타난다. 지도, 그래프, 다이아그램, 표, 기타 정보원을 통해 지역 간의 관계와 유사성을 기록하고 패턴을 인식하고, 추론해 내야 한다.

⑤ 지리적 질문에 답하기

이런 기능은 그래픽 형태로 조직된 정보를 근거로 추론하는 능력과 관계되며, 지역적 차원에서 적용되는 일반화와 지구적 차원에서 적용되는 일반화로 구분하는 능력과 관계된다.

이상과 같이 성공적인 지리적 탐구는 지리에 대한 의문점에 답을 찾기 위해 정보를 수집·조직·분석하고 종합한 자료를 근거로 일반화와 결론에 이르는 것으로 끝난다.

4) 유아지리교육을 위한 교수-학습 방법

① 유아에게 적합한 지리교육 자료 제공

친숙하거나 낯선 장소에 대한 사진이나 그림, 다양한 블록들, 사람·동물·교통기관의 사진, 동서남북의 기본적 표시들, 다양한 측정 도구, 땅파기 도구, 컴퍼스, 돋보기, 다양한 지도(백지도, 한국지도, 도시지도, 세계지도, 지구본), 지도 만들기 재료, 참고 자료(도해서, 로드맵 북, 브로슈어)를 준비한다.

② 지리 관련 책

지리교육 동화책, 지리 관련 책, 지리 관련 이야기책을 준비한다.

③ 교실환경 구성

다양한 공간, 생활주제에 따라 주기적 공간 변화, 여러 가지 놀잇감, 동식물 재질 포함하기, 교실 평면도, 우리동네 지도, 우리반 친구들이 사는 지역 그래프 등을 준비한다.

④ 현장견학

유아의 흥미, 지역사회 자원, 소요시간, 운송방법, 견학의 목적 및 방법에 대해 고려하여 실시한다.

⑤ 지도 그리기

처음에는 유아가 일상 속에서 경험하는 친숙한 공간을 표상한 후 그려진 지도로부터 정보를 추론하도록 한다(조은진 · 안남이, 2002). 처음에는 블록이나 상자를 사용한 삼차원적 표상으로 지도를 만들어 보고 점차 2차원적 평면 그림을 사용하여 만들어 보고, 마지막으로 순수한 상징을 사용한 지도를 만들어본다.

지도를 작성할 때, 신체를 움직이면서 산책 활동이나 견학 후 작성해보면 작성 능력이 향상되며 항공사진이나 도면, 평면도를 참조하면서 토론한 후 작성한다.

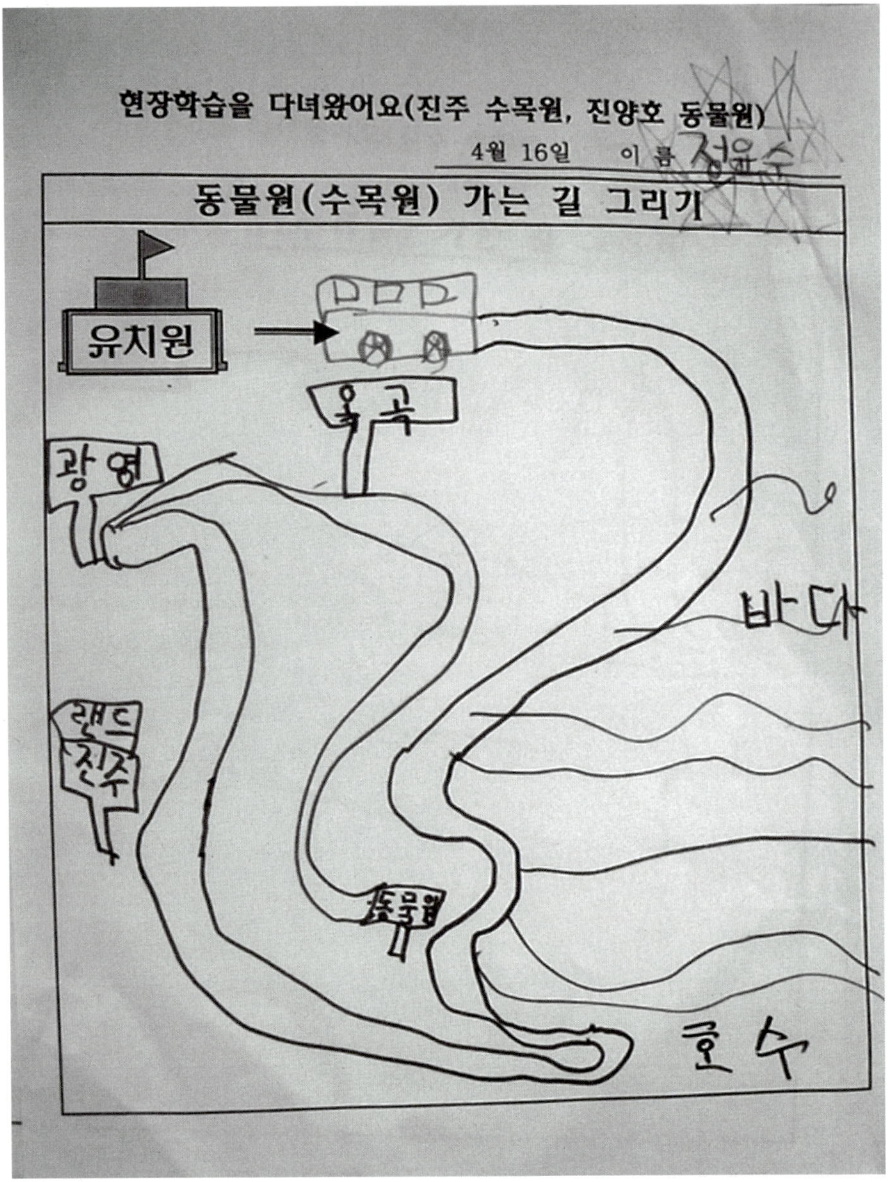

동물원 견학 후 동물원까지 가는 길을 지도로 그리기

5) 지리교육 기능을 포함한 유아지리교육 활동의 예

질문 1. 유치원 놀이터는 보는 위치에 따라 어떻게 모양이 달라질까?

놀이터에서 놀면서 관찰 위치에 따라 익숙한 장소를 새롭게 볼 수 있다는 것을 발견한다.

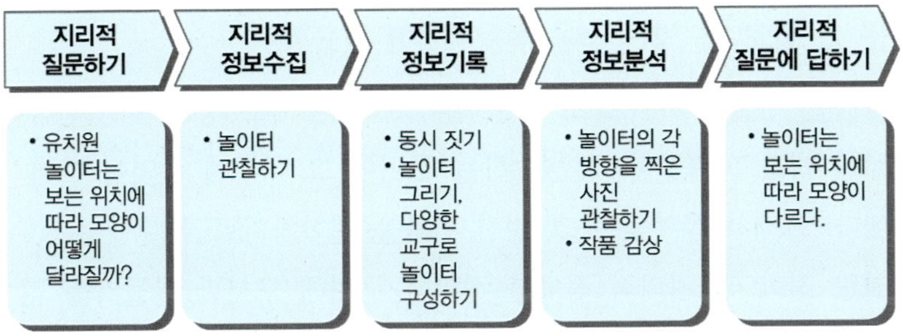

유아들은 놀이터를 여러 방향에서 찍은 사진을 보면서 위치에 따라 달리보이는 놀이터를 관찰하고 표상하는 활동을 하면서 아파트 쪽에서 본 모습, 학교 쪽에서 바라본 모습, 정면에서 바라본 모습, 놀이터 안쪽에서 바라본 모습, 4층 높이의 건물 위에서 내려다 본 모습 등 여러 가지 모습을 표상할 수 있다.

놀이터 그리기

유아는 조작영역에서 놀이터 사진을 보고 모양카드로 놀이터를 구성하기도 하고 블록영역에서 카프라와 여러 블록으로 놀이터를 구성하는 활동을 통해 지리적 정보를 기록한다.

이렇게 놀이터에 대한 지리적 정보를 유아와 함께 수집하고 분석하고 정리하면서 익숙한 놀이터도 보는 위치에 따라 다른 모습임을 알 수 있다.

질문 2. 학교 옆 멋진 건물에는 무엇이 있을까?

유아들은 매일 유치원 오고 가는 길에 보이는 새로 생긴 멋진 건물에 대한 호기심이 생겼고 그곳이 무엇을 하는 곳이며 그 내부에 무엇이 들어 있는지 궁금했다. 그래서 유아들은 그 멋진 건물을 견학하기로 한다.

도서관 견학 후 지리적 정보를 정리하기 위해 도서관 만들기를 실시하고, 작품전시를 통해 도서관이라는 장소의 지리적 정보를 분석한다.

유아들이 궁금해 하는 이웃 건물이 자신들에게 유익한 즐거움을 주는 도서관이라는 것을 알았고, 그곳을 견학한 후 돌아와서 가는 길의 약도를 그려보고 도서관 구성하기를 통해 책과 선반을 만들고 배치하며 도서관에 대한 장소의 정보를 정리하고 친구들과 서로 작품을 공유하면서 지리적 정보를 분석한다. 결국 도서관에 대한 위치, 장소, 환경과 상호작용, 이동, 지역에 대한 지리 개념을 학습한다.

지리적 질문하기	지리적 정보수집	지리적 정보기록	지리적 정보분석	지리적 질문에 답하기
• 여행할 때 어떻게 이동할 수 있을까?	• 여름방학 때 여행 갔던 곳 이야기 하기	• 여행지 이름 대기 • 여행 갔을 때 이용한 교통 기관 그려서 오리기	• 그림지도에서 여행지를 찾아 자동차 붙이기 • 놀이 후 작품을 공유하며 평가하기	• 여행 장소에 따라 여러 가지 편리한 교통수단이 있다.

질문 3. 여행할 때 어떻게 이동할 수 있을까?

‘교통기관’을 주제로 수업하는 중에 여름방학 중에 갔던 여행 경험을 통해 사람과 물건의 이동에 대해 학습할 기회를 제공한다. 여행을 하면서 이용했던 교통수단을 그리고 오려서 커다란 우리나라 백지도에 붙이며 지리적 장소의 이동방법에 대한 답을 학습한다.

지리적 질문하기	지리적 정보수집	지리적 정보기록	지리적 정보분석	지리적 질문에 답하기
• 여행지도를 만들 수 있을까?	• 여행하고 싶은 곳을 이야기해요	• 여행지도 만들기	• 지도에서 여행지를 찾아봐요	• 여행지도를 만들 수 있어요

유아의 방학 때 갔던 여행경험을 확장하여 여행지도 만들기를 실시했다. 여행하고 싶은 곳을 이야기한 후 친구들과 비교하며 지도에 여행지를 기록하였다.

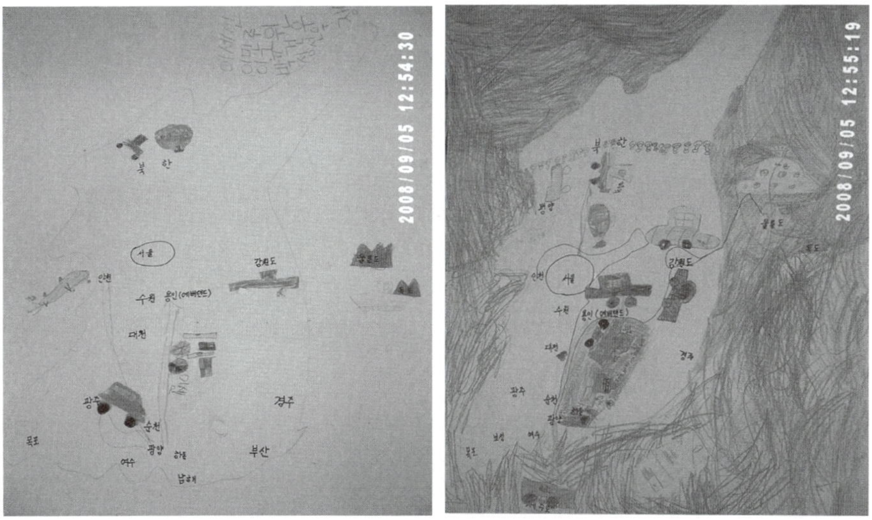

여행지도 그리기

교사는 지리적 정보를 모으기 위해 유아들에게 동기유발을 위한 「여행을 떠나요」 그림동화를 들려주었다. 여행갈 때 이용할 수 있는 편리한 교통기관에 대한 정보를 정리하기 위해 타고 싶은 교통기관에 대한 이야기를 나누었고, 유아들이 이용할 수 있는 다양한 교통기관 사진 자료를 제시한다.

유아는 여행하고 싶은 곳을 결정하기 전 자신의 여행 경험을 이야기했다. 여행했던 익숙한 지명과 우리 지역을 중심으로 그린 우리나라 백지도를 모둠별로 탐색했다. 교사는 유아들이 여행하고 싶은 곳을 자유롭게 이야기하면 백지도 위에 위치에 맞게 지명을 기록하도록 돕고 지도 만들기를 시작했다.

완성된 작품은 게시판에 붙이고 서로의 지도를 비교하며 장소의 이동 방법을 분석할 기회를 갖는다.

3. 유아경제교육

1) 경제교육의 정의

경제(economy)는 인간생활에 필요한 재화와 서비스를 생산하고 분배하고 소비하는 모든 활동이다. 경제는 이런 활동을 둘러싼 질서나 제도 등 모든 사회관계까지를 포함하여 정의한다. 재화와 서비스는 모두 인간의 욕구를 충족시켜주는 상품으로, 상품(commodity)은 매매의 대상이 되는 유형·무형의 모든 재산을 가리킨다. 재화(goods)는 쌀이나 옷, 책과 같이 눈으로 보고 만질 수 있는 유형의 상품이며, 서비스(services)는 의사의 진료나 음악가의 연주처럼 직접적인 만족을 제공하는 무형의 상품이다. 인간은 재화와 서비스를 매일 사용하면서 살아가기 때문에 인간 행위의 대부분은 경제 활동이라고 할 수 있다(김승희, 2017).

경제교육은 경제현상을 올바르게 이해하고 합리적인 의사결정을 내릴 수 있도록 가르치고 배우는 활동이다. 즉, 경제교육은 일상생활에서 부딪히는 다양한 경제문제를 합리적으로 해결할 수 있도록 도와주는 활동이다. 경제교육은 경제 활동에 필요한 지식과 기술, 태도, 가치 등을 습득하는 기회를 제공함으로써 일상생활에서 직면하는 다양한 경제문제를 효과적으로 해결하도록 도와준다. 합리적인 경제 활동은 충동적 욕구를 억제하고 만족을 지연하는 등 사회정서 발달이 이루어질 때 가능하다(김승희, 2017).

유아기 경제교육은 유아가 실생활에서 경제관련 문제를 합리적으로 이해하고 판단하도록 돕는 일이며, 이러한 경제적 이해력과 합리적 의사결정 능력의 함양은 평생을 통해 학습해야 한다. 따라서 유아경제교육은 유아가 속한 사회와 환경에 관심을 갖고 경제적 현상 및 문제에 대해 합리적인 의사결정을 할 수 있는 능력을 육성함으로써 개인의 자아존중감을 증진시키는 데 있다(양옥승 · 이옥주 · 이정란 · 손복영, 2014).

2) 유아경제교육의 필요성

첫째, 대량생산과 대량소비가 만연한 사회에서 경제개념을 이해함으로써 합리적인 경제 활동을 할 수 있다.

둘째, 유아와 관련된 상품이 소비시장에서 차지하고 있는 비중이 점점 커지고 유아가 소비주체가 되고 있다.

셋째, 유아가 원하는 것을 쉽게 얻을 수 있는 풍토에서 유아기에 잘못 형성된 소비습관이 성인기까지 이어지면 개인의 삶에 부정적인 영향을 미칠 수 있다.

넷째, 유아의 소비욕구를 억제하고 꼭 필요한 상품을 고르는 합리적인 소비습관을 형성해야 한다.

3) 유아경제교육 목적

첫째, 유아가 경제 활동을 위해 필요한 지식과 기술, 태도, 가치 등을 습득함으로써 합리적으로 경제문제를 해결할 수 있도록 하는 것이다. 유아는 경제교육을 통해 경제현상을 지배하고 있는 경제개념을 이해함으로써 합리적으로 경제문제를 해결할 수 있다.

둘째, 유아경제교육을 통해 유아는 합리적으로 사고하고 의사결정 하는 능력을 기를 수 있다. 유아는 경제 활동을 하면서 자기중심적이고 직관적으로 사고하기 때문에 여러 가지 갈등상황에 부딪히게 된다. 경제교육은 유아가 여러 가지 측면을 고려하여 상황을 판단하고 합리적인 결정을 내릴 수 있도록 하는 데 초점을 둔다.

셋째, 유아경제교육을 통해 유아는 민주시민으로서 갖춰야 할 태도를 기를 수 있다. 민주시민은 사회구성원으로서 자신의 권리와 의무를 명확히 인지하고, 자유와 평등, 정의 등의 가치를 추구하며, 주체적으로 공동체의 결정에 참여하는 사람이다. 유아는 경제교육을 통해 공동체의 문제에 관심을 가지고 문제해결에 참여할 기회를 가지게 된다.

4) 유아경제개념의 발달

유아경제개념의 발달은 유아의 인지 발달과 특정한 문화적 배경 그리고 사회적 경험에 의해 결정된다. 유아의 경제개념 발달은 연령에 따른 지적 발달과 병행하여 단계적으로 발달한다(양옥승 외, 2014). 먼저 유아의 화폐교환개념의 발달단계(Strauss, 1952, 1954)를 살펴보면 다음과 같다.

단계	연령	경제개념
1단계	4~5세	돈으로 어떤 물건이라도 살 수 있다
2단계	5~6세	동전으로 실제보다 더 나은 물건을 살 수 있다
3단계	6~7세	물건 가격에 일치하는 돈으로 물건을 살 수 있다고 생각하나 거스름돈에 대한 개념은 없다
4단계	7~10세	물건의 가격과 돈의 액수가 일치해야 물건을 구입할 수 있으며 거스름돈의 개념도 안다

최근에는 유아들 대상으로 한 상품이 급속히 증가하고 유아가 소비의 주체가 되고 있다. 유아는 유아교육기관에서 또래와 정보를 교환하고, 마트나 인터넷을 통해 자신이 원하는 상품을 고르고, 다른 상품과 비교하며, 새로운 상품을 구매하기 위한 계획을 세우는 등 소비의 주체로서 경제 활동에 참가하고 있다. 출생 이후 소비의 주체로서 소비행동의 발달단계를 McNeal(1992), McNeal과 Chyon-Haw Yeh(1992)의 연구를 통해 살펴보면 다음과 같다.

표 5-3 영유아 소비행동 발달과정

단계	연령	소비행동 발달내용
1단계	출생~2세	• 부모를 따라다니며 소비자로서 시장을 관찰함 • 물건을 사기 위해 돈을 지불해야 한다는 사실을 알지 못함 • 내 것과 남의 것을 구별함 • TV광고의 물건과 상점의 물건을 연결할 수 있음
2단계	2~3세	• 부모를 따라가서 구매를 요구 • 구매요구에 대한 부모의 반응도 알 수 있음
3단계	3~4세	• 부모와 정기적으로 쇼핑을 가서 부모의 허용으로 물건을 선택해보고 부모의 소비행동을 관찰함 • 돈을 모아 다음에 쓸 수 있다는 돈의 개념 이해 • 돈과 가격의 의미는 알지 못함 • 가게주인은 물건을 다른 곳에서 돈을 주고 사온다는 개념을 알지 못함 • 돈 벌기 위해 일해야 함을 알지만 돈과 임금의 관계는 알지 못함
4단계	5~6세	• 독자적 구매를 하는 시기 • 기회비용을 이해함

3~7세 유아의 경제개념 발달과정을 정리하면 다음과 같다(양옥승 외, 2014).

단계	연령	경제개념 발달내용
1단계	3세	• 돈과 다른 물체를 구별할 수 있지만 여러 종류의 동전을 구별하지 못함 • 물건을 사기 위해 돈을 지불해야 한다는 사실을 알지 못함 • 내 것과 남의 것을 구별함 • 성인의 활동을 일로 규정함
2단계	4~5세	• 돈을 구별하지 못하지만 물건을 구매하기 위해 돈이 필요함을 이해함 • 돈의 가치를 이해하지 못하기 때문에 물건에 따라 지불하는 돈이 다름을 알지 못함 • 돈을 벌기 위해 일하지만 일과 임금의 관계를 알지 못함

단계	연령	경제개념 발달내용
3단계	6~7세	• 돈의 이름과 가치의 차이를 구별할 수 있음 • 물건에 따라 가격이 다름을 이해 • 돈과 가격의 대응관계를 이해 • 화폐의 출처나 화폐의 가치를 독립적으로 이해하므로 다른 추상적 개념을 습득하기 전에 화폐가치와 본질에 대한 이해가 필요한 시기 • 화폐의 진위를 구별하고, 동전과 지폐의 가치를 이해하지만 거스름돈 계산 능력은 부족함 • 고용주과 고용인의 관계는 이해하지만 소비자와 생산자의 관계는 정확하게 이해하지 못함
4단계	7~10세	• 7세에 동전을 비교하고 돈의 가치를 이해함 • 의사나 가게주인보다 경찰관이 돈을 더 많이 번다고 생각함 • 희소성에 대한 인식이 확고하게 발달 • 상품의 가치는 노동비용이 생산비용에 포함됨을 이해 • 생산을 위해서 필요한 자료가 천연자원 뿐 아니라 1차 가공품일 수 있다는 개념을 이해하지 못함

5) 유아경제교육 내용

누리과정 사회관계영역에서는 '지역사회에 관심 갖고 이해하기'라는 내용영역에서 물건을 살 때 돈의 필요함 알기, 다양한 돈의 기능, 경제 활동의 기초정보 및 지식 알기, 돈의 사용법 알기, 바람직한 소비습관과 절약하는 태도 기르기, 여러 가지 직업에 대해 알아보고, 모든 직업이 소중함을 알 수 있는 기회를 제공하도록 명시하고 있다.

단계	연령	3세	4세	5세
사회에 관심가지기	지역사회에 관심 갖고 이해하기	우리 동네의 이름을 안다.	우리 동네에 대해 알아본다.	
		우리 동네 사람들에 관심을 갖는다.	우리 동네 사람이 하는 일에 관심을 갖는다.	다양한 직업에 관심을 갖는다.
			물건을 살 때 돈이 필요함을 안다.	일상생활에서 돈의 쓰임에 대해 안다.

경제교육 내용을 구성하는 주요 개념에 대해 학자마다 다르게 주장하고 있다. 그중에서도 유아기에 선정하여 활용할 수 있는 주제로 상품과 서비스를 위해 돈을 사용하기, 생산자와 소비자가 갖고 싶은 것과 필요한 것 알기, 한정된 자원을 사용하는 방법 결정하기 등이다. 이러한 주제와 관련성이 깊은 경제개념으로 희소성, 기회비용, 가격과 교환, 생산과 분배, 소비 등이다.

(1) 제한된 자원

희소성은 모든 사람들이 욕구를 가지고 있으나 원하는 대로 모든 것을 다 가질 수 없다는 것을 의미한다. 인간은 희소한 한정된 자원으로 최대의 만족을 얻으려는 합리적 선택을 하려고 한다. 인간의 욕망은 무한한 데 비해 욕망을 충족시켜 줄 자원은 상대적으로 부족하기 때문에 인간사회는 여러 가지 복잡한 경제문제가 발생한다.

유아는 동생과 과자를 더 많이 먹겠다고 다투는 경우, 블록놀이 도중 서로 먼저 블록을 가지고 놀겠다고 우기는 경우, 역할놀이에서 서로 주인공을 하겠다고 나서는 경우, 산책 나갈 때 교사의 손을 서로 잡으려고 할 때에 자신이 원하는 것을 다 가질 수 없다는 희소성 개념을 획득하게 된다. 유아의 희소성 개념 발달은 연령이 증가함에 따라 시행착오를 겪으면서 발달한다. 유아가 희소성 개념을 이해하는 것은 7세경으로, 원하는 것을 갖고 싶어도 다

가질 수 없다는 것을 안다.

유아는 직관적 사고를 하기 때문에 여러 가지 측면을 동시에 고려하지 못하므로 직접적이고 다양한 사회적 경험을 제공하여 희소성 개념이 발달하도록 도와주어야 한다.

블록영역의 블록이 한정적이기 때문에 네 명의 유아만 이용할 수 있다는 것, 각 영역마다 자료와 공간이 한정적이기 때문에 자유선택 활동 시간에 선택의 인원수를 제한하는 것, 두 개뿐인 그네를 이용하려면 차례를 지켜야 한다는 것, 각 유아마다 정해진 양의 색종이만 사용한다는 것 등을 통해 한정된 자원이 있기 때문에 희소성 개념을 깨닫게 된다.

유아는 제한된 자원 때문에 하나를 선택하는 데 신중하게 해야 함을 알게 된다. 하나를 선택하기 위해 다른 것을 포기해야 하기도 한다. 보다 합리적인 선택을 하기 위해 선택이 요구하는 대가가 무엇인지 정확히 아는 것이 중요하다. 가장 작은 대가를 요구하는 선택을 하는 것이 가장 경제적인 선택이다.

- 원하는 것과 필요한 것을 구분하고 이해하기
- 유아가 원하는 것은 무엇이든 가질 수 있는지 가정해보기
- 유아가 원하는 것을 그림으로 그리기
- 수돗물과 전기 절약하기
- 음식물 남기지 않기

(2) 기회비용

기회비용은 희소성으로 인해 발생하는 것으로, 여러 가능성 중 하나를 선택할 때 그 선택 때문에 포기해야 하는 것의 가치를 말한다. 만약 2천 원으로 필통을 샀다면 2천 원으로 살 수 있었던 김밥이나 떡볶이, 아프리카 난민을 위한 기부 등을 기회비용으로 지불한 셈이다(김승희, 2017).

유아는 기회비용 개념을 쉽게 이해하지 못하지만 일상생활에서 선택해야 하는 상황을 자주 접하기 때문에 의식적·무의식적으로 기회비용 개념을 획

득하게 된다(이종향, 2013). 유아는 5세경에 기회비용 개념을 이해하고 의사결정하는 것으로 나타난다.

기회비용은 무엇인가를 선택함으로써 다른 것을 포기해야 하는 상황에서 발생하는데, 사회적 상호작용을 통해 발달한다.

교사는 유아의 기회비용 개념 발달을 돕기 위해 다양한 갈등상황을 제공하고 충분히 상호작용하는 것이 필요하다.

- 자유선택 활동시간에 어떤 영역을 선택할지
- 미술활동을 위해 어떤 자료를 선택할지
- 그림을 그리기 위해 어떤 도구를 사용할지 등 친숙한 딜레마 상황을 제공하기
- 협력학습하고, 풍부한 사회적 상호작용하기

(3) 가격과 교환가치

상품은 생산자 자신이 직접 사용하기 위해 만들어진 것이 아니라 교환을 위해 생산된 것이다. 상품은 구체적 유용성에 따라 인간의 욕구를 충족시킬 수 있는 사용가치와 다른 상품과 일정비율로 교환될 수 있는 교환가치를 가진다(김승희, 2017).

가격은 상품의 교환가치가 화폐로 표현된 것이다. 가격은 어떤 상품이 다른 상품과 교환되는 비율이다. 가격에 따라 상품이 교환되므로 가격은 교환을 떠나서 존재할 수 없다. 그래서 신발과 옷 등의 재화와 포장이나 배달 같은 서비스의 거래가 이루어지는 시장에서 모든 상품은 가격이 있다. 상품의 가격은 생산자와 소비자의 합의에 의해 결정되므로 수요와 공급에 따라 가격이 오르기도 하고 내리기도 한다.

유아의 교환가치개념 발달은 거스름돈을 이해하는 단계로 발달한다.

첫째, 교환가치개념이 없는 단계로 돈을 주고 물건을 사야한다는 개념을 이해하지 못한다.

두 번째, 화폐의 차이를 이해하지 못하는 단계로 모든 화폐를 똑같이 생각해서 어떤 화폐로든 물건을 살 수 있다고 생각한다.

세 번째 단계는 특정 화폐로 모든 것을 살 수 없다는 것을 인식하면서 화폐의 차이를 이해한다.

네 번째 단계는 물건을 살 때 돈이 충분하지 않다는 것을 안다.

다섯 번째 단계는 물건 가격과 화폐 사이의 일대일 대응 관계를 이해한다.

여섯 번째 단계는 물건을 사기 위해 거스름돈을 정확하게 받는다는 것을 이해한다.

유아의 교환가치개념 발달을 위한 활동은 다음과 같다(박찬옥 외 2016).

- 부모와 마트에서 물건을 직접 구매하기
- 동네가게에서 돈을 주고 물건을 직접 사보기
- 시장놀이를 통해 판매자와 소비자의 역할을 경험하기
- 바자회나 장터에서 교환가치의 개념을 경험하기

(4) 생산

생산은 부족의 개념과 관련이 있다. 생산은 소비자의 무제한의 욕구를 충족하기 위해 이루어진다.

① 생산자

생산의 개념은 부모가 집에서 생산한 것부터 이웃에서 생산하는 물건을 관찰한다. 이웃의 빵가게 또는 공장 견학을 통해 상품과 서비스를 만들어 내는 많은 단체 노동자들의 공로를 이해하고 인정한다. 이를 통해 우리에게 서비스를 제공하는 분들의 일과 수고에 대해 알 수 있다. 또한 생산된 물건의 유통과정을 알 수 있다.

그러나 사람들이 생산자인 동시에 소비자라는 것을 이해하기 어렵다. 어떤 물건의 생산에서 판매까지의 과정을 이해하지 못한다. 생산자 개념을 발달시키기 위해 가장 좋은 방법은 유아 스스로 생산자가 되어보거나 자신의 식구들이 각각 물건을 생산하는 것에 대해 이해하는 것이다. 생산자 또한 필요한 것을 구입하는 소비자임을 알게 된다.

② 분업

생산과정에서 분업이 필요하다. 즉, 하나의 생산을 하기 위해 다양한 종류의 일을 하는 사람이 서로 협력해야 함을 안다. 각각 다른 일을 하는 사람들이 서로 상호의존적으로 협력해야 한다. 유아들은 분업을 통해 일의 필요와 즐거움을 안다.

③ 분배와 교환

물건의 유통과정에 대해 알아본다. 지역사회 사람들이 어떻게 생산물과 상품을 얻게 되는지 생산된 물건이 어떻게 교실까지 오게 되는지 사람들이 어떻게 물건과 서비스를 이용할 수 있는지 알아본다.

(5) 소비

소비란 원하는 것과 필요한 것을 결정하고 이용 가능한 자원을 적절하게 사용하는 것이다. 따라서 원하는 것과 필요의 차이를 알고 구매하는 습관이 필요하다.

소비자교육은 소비자로서 지위와 역할, 권리와 책임을 지각하고 합리적인 소비생활을 하는 데 필요한 지식, 기능, 태도를 함양시키는 교육 활동이다(김희진, 1998).

소비자는 권리와 책임을 가지고 있다. 즉, 권리와 책임에는 그들이 원하는 상품과 서비스를 선택하기, 정확한 정보를 얻기, 안전한 곳에서 사기, 상품을 보호하기, 손님으로서 다른 사람 권리 보호하기, 좋은/나쁜 태도 관찰하기 등이 포함된다.

소비를 실천해보는 경험을 통해 현명한 소비자가 되도록 한다. 따라서 유아에게 구매할 때 선택하는 기회를 가능한 한 많이 제공할 필요가 있다.

구매 시에 필요한 질문은 '얼마나 오랫동안 쓸 수 있는가?', '여러 가지 방법으로 사용할 수 있는가?', '여러 가지 방법으로 사용할 수 있나?', '정말 필요한 것인가? 아니면 단순하게 갖고 싶은 것인가?', 'TV광고에서 본대로 움직이는가?'

유아는 물건을 구매 후 영수증 받기를 생활화해야 한다. TV광고는 물건과 서비스 구매에 영향을 주도록 고안되어 있다. 유아들은 프로그램과 광고의 차이를 구분하지 못하고 광고의 상업적 의도를 모른다. 따라서 광고와 실제 물건의 가치를 비교하고, 건전한 구매를 할 수 있도록 다음 사항을 염두에 둔다.

6) 유아경제교육의 방법

유아의 경제개념은 구체적이고 직접적인 경험을 통해 발달한다. 유아가 직접 물건을 고르고 사고파는 등 일상경험을 통해 경제개념을 획득한다.

유아의 경제개념을 향상시키는 직접적인 활동으로 근검절약 프로그램, 용돈관리, 구매행동 등 소비자 교육, 바자회와 같은 자원재활용 활동, 직접적인 경험을 제공하는 교실환경, 직접적 구매 활동 등을 할 수 있다.

유아의 경제개념은 유아의 바람직한 경제 활동을 지지, 확장, 안내하는 다음의 활동을 통해 이루어질 수 있다.

(1) 토의

유아는 토의를 통해 서로의 생각이나 의견 정보 등을 나누며 공통의 문제를 해결하는 방법이다(김승희, 2017).

- 쓰레기를 줄이거나 전기를 절약하는 방법
- 장난감 자동차를 망가뜨리지 않고 오래 사용하는 방법

- 하나밖에 없는 컴퓨터를 싸우지 않고 사용하는 방법
- 흥미영역에서 서로가 공유할 수 있는 규칙 정하기

(2) 현장학습

경제교육을 위한 현장 학습은 상품의 재화와 서비스가 매매되는 곳이며 어디서나 가능하므로 모든 종류의 가게에서 경제교육이 가능하다. 과일가게, 식당, 문방구, 미용실, 병원, 영화 보는 극장 등에서 경제교육을 위한 현장학습을 할 수 있다.

판매와 소비가 일어나는 가게뿐만 아니라 물건의 생산현장도 경제교육이 일어난다. 고구마나 감자 밭, 무나 배추 밭, 소를 키우는 농장, 신발과 옷을 만드는 공장 방문을 통해 상품의 생산, 포장, 운반 등 유통의 전 과정을 볼 수 있다. 이 외에도 은행이나 우체국과 같이 화폐와 연관된 곳을 방문함으로써 돈의 쓰임과 가치 등을 학습할 수 있다. 더불어 그 곳에서 일하는 사람들을 만나보게 됨으로써 다양한 직업세계를 살펴볼 수 있다.

현장학습이 성공적으로 이루어지도록 하려면 사전 사후 활동이 체계적으로 시행하는 것이 필요하다.

가게로 현장학습을 가기 전에는 각자가 갖고 싶은 물건이 무엇인지, 자신에게 무슨 물건이 필요한지, 어떤 물건을 구매할 것인지를 충분히 토의해야 한다.

현장학습에서 돌아온 후에는 계획했던 물건을 구매했는지, 거스름돈을 잘 받았는지, 다음 번에는 어떤 물건을 어떻게 구매할지 등에 관해 이야기할 수 있다.

(3) 극놀이

극놀이는 유아가 자신이 경제상황을 경험함으로써 경제개념을 학습할 수 있다. 역할놀이는 생산자로서 물건을 만들고 판매자로서 물건을 팔고 소비자로서 물건을 사는 등 각기 다른 역할을 수행하면서, 판매자로서 물건을 팔 때 소비자가 물건을 사도록 권유하고, 반면 소비자로서 물건을 살 때는 싸게 많이 사고 싶고 거스름돈을 확인하는 역할을 하면서 경제개념을 배우게 된다.

4. 유아시민교육

1) 시민교육의 정의

시민(citizen)은 민주사회의 구성원으로서 권리와 의무를 지니며, 주체적이고 자발적으로 공공정책에 참여하는 사람이다. 시민은 자발성과 보편성을 띠면서 비판적 사고력과 의사결정 능력을 가지고 있다는 점에서 불특정 다수의 사람을 가리키는 대중과 구별된다(김승희, 2017). 미국사회과교육협의회는 유능한 시민을 민주사회에서 시민의 책무를 다하는 데 필요한 지식과 기술, 태도 등을 가지고 있는 사람으로 정의한다(National Council for the Social Studies, 2011).

시민교육은 유능한 시민이 되는 데 필요한 지식과 기술, 태도 등을 배우고 가르치는 활동으로, 사회가 급변하면서 그 중요성이 더욱 강조되고 있다. 시민교육은 시민의 인간다운 삶을 보장하기 위한 교육으로서 시민 스스로 현실에서 제기되는 문제를 해결할 수 있도록 하는 데 중점을 두고 있다. 즉, 시민교육은 시민 스스로의 삶의 가치관을 확립하고, 시민의 권리와 의무를 다하며, 현재뿐만 아니라 미래의 삶을 능동적으로 조직할 수 있도록 도와주는 교육이다.

민주시민교육은 시민의 책임과 권리를 알고 민주적 가치와 태도를 함양하여 유능한 시민이 되도록 준비시키는 교육이다. 유아를 민주주의 국가에서 시민의 책무를 다하는 데 필요한 지식, 기능, 태도를 가진 책임감 있는 유능한 시민으로 키우기 위해 다양한 일상생활 속의 문제 상황에서 의사결정에 참여할 수 있는 기회를 제공하는 교육이다(민혜영 외, 2017)

2) 유아시민교육의 필요성

첫째, 민주사회의 시민으로 살아가려면 자신의 권리와 이무를 실행할 수 있는 능력을 기르기 위해 시민교육이 필요하다. 유능한 시민에게 요구되는 지식과 기술, 태도 등을 습득함으로써 자신의 권리와 의무를 다할 수 있기 때문이다.

둘째, 정보화·세계회의 급속한 진행과 함께 세계시민으로서 갖춰야 할 능력과 자질이 강조되면서 세계시민으로서 자신의 권리와 의무를 다하는 데 요구되는 능력을 기르기 위해 시민교육이 필요하다.

셋째, 유아도 보호와 교육을 받고 자신의 의사를 표현하며 지역사회 활동에 참여할 권리를 가지고 있다. 미래가 아닌 현재의 시민으로서 유아가 자신의 권리와 의무를 실행하려면 유아기 시민교육이 필요하다.

3) 유아시민교육 목적

시민교육의 목적은 유아가 사회참여에 필요한 지식과 기술, 태도 등을 습득함으로써 양심적이고 책임감 있는 시민이 되도록 하기 위해 몇 가지 구체적 목적이 있다(김승희, 2017).

첫째, 지식 측면에서 시민교육은 유아가 속한 지역사회를 비롯하여 국가, 세계 등을 다양한 관점으로 바라보는 데 필요한 구체적인 지식을 쌓도록 하는 것이다.

둘째, 기술 측면에서 목적은 유아가 문제를 해결하기 위해 필요한 기술을 습득하도록 하는 것이다. 유아는 정보를 수집하고 변별하고 분석하고 종합하는 등 일련의 과정을 거쳐 문제를 해결할 수 있다.

셋째, 태도 측면에서 시민교육의 목적은 유아가 사회문제에 관심을 가지고 문제해결에 능동적이고 효율적으로 참여하도록 하는 것이다. 시민교육을 통해 타인을 배려하고 규칙을 지키고, 차이를 인정하고, 다양성을 존중하는 등 다른 사람과 더불어 살아가는 데 필요한 태도를 가지게 된다.

4) 유아시민교육의 내용

정치학과 관련된 민주시민교육내용으로는 규칙, 권리와 책임, 의무와 역할, 선택과 의사결정 등을 들 수 있다. 이러한 내용은 유아들의 일상생활 경험과도 관련된다(MelandeZ, Beck & Fletcher, 2000).

개념	내용	활동
규칙	모두 함께 안정되게 살기 위해서는 규칙이 필요함을 알고 지킨다.	• 학급 토의를 통해 규칙수립(흥미영역에서 지켜야 할 규칙, 게임규칙, 놀이기구에서 규칙) • 표시판 지키기
기본 권리와 책임	모든 사람은 권리를 가지고 있고, 기본 권리는 존중되어야 함을 인식한다.	• 존중받을 권리와 책임, 의견을 표현할 권리와 책임, 의사결정할 권리와 책임, 일할 권리와 책임 • 선거와 투표(해보고 싶은 활동 정하기, 놀이진행 도우미 선정하기)
의무와 역할	모든 사람들은 각자 집단 속에서 할 일이 있음을 알고 자신이 해야 할 일을 실천한다.	• 가정에서 할 일(엄마 심부름하기) • 유치원에서 역할 담당(간식 당번, 화분에 물주기 당번, 교구장 정리정돈)
정치적 개념	규칙, 권리와 책임, 의무와 역할, 참여, 의사결정 등을 일상생활 속에서 경험한다.	• 학급 상징 정하기 • 학급 기념일 • 국가의 상징 알기(태극기 모양, 관리하는 법, 다는 법) • 애국가 부르기

유아민주시민교육은 인간의 존엄성을 지키기 위한 내용으로 자유, 양심, 도덕성, 기본생활 습관인 규칙, 협동, 배려, 공유, 예절, 환경보호, 봉사, 공공선, 자기절제 등을 포함한다.

개념	시민개념 발달	시민교육
협동	• 성인의 도움을 받아 발달 • 집단보다 자신의 안녕에 더 많은 관심을 보임 • 자아개념을 발달시키는 것과 집단 구성원이 되기 위한 것 사이의 균형이 중요하다는 것을 깨달으면서 협동개념을 획득	• 경쟁보다 협동을 강조하는 교실분위기 조성 • 여러 명이 함께 수행하는 과제 제공 • 각자의 역할이 모여 전체가 되는 과제완수하기
배려	• 타인을 걱정하고 염려하고 주의를 기울이는 것 • 배려하는 사람과 배려 받는 사람 사이의 상호관계로 완성 • 일상적인 상호작용을 통해 자신에게 느끼는 애정과 관심 등을 느끼면서 배려의 개념을 획득 • 배려를 경험하면서 배려의 개념 발달	• 배려를 경험할 기회를 많이 제공 • 유아를 인정하고 격려하기 • 배려의 본보기를 보여주기 • 배려하는 행동으로 타인의 입장에서 생각하기 • 타인의 마음을 편안하게 해주기 • 타인에게 피해를 주지 않기 • 타인을 도와주고 양보하기
공유	• 자원이나 공간을 공동으로 사용하는 것 • 타인에게 자기 것을 주는 것 • 지식이나 정보는 공유해도 자기 것이 줄이지 않음 • 공유를 통해 혜택을 주기 때문에 주는 사람과 받는 사람 모두에게 보람과 기쁨이 됨 • 감정이입을 통해 타인을 돕고자 하는 마음이 생김	• 일상생활에서 공유의 필요성을 강조하면서 공유의 경험 제공하기 • 다양한 갈등 상황을 이용해서 공유개념 획득하도록 돕기 • 장난감을 가지고 놀 때, 간식 먹을 때, 놀이터에서 기구를 이용할 때 • 공유의 필요성을 알지만 감정적으로 공유를 거부하므로 적절한 조절이 필요

5) 유아시민교육의 방법

유아의 민주시민교육은 민주적인 학급 분위기 조성이 필요하다. 이러한 분위기 조성을 위해서 학급에서 일어난 사건을 해결하기 위해 교사가 결론짓는 것이 아니라 유아와의 토론을 통해 학급 규칙을 만들어나가야 한다. 의사결정과정에서도 무조건 정답 위주거나 다수결의 원칙으로 결정하기보다는 소수의 의견도 경청하고 모두가 행복해질 수 있는 최선책을 찾도록 격려해주어야 한다.

(1) 비형식적인 방법

유아는 토의를 통해 서로의 생각이나 의견, 정보 등을 나누며 공통의 문제를 해결할 수 있다

- 규칙 정하기 : 게임규칙, 놀이기구 타기 순서 정하기, 실내에서 지켜야 할 규칙
- 학급토의 : 견학, 소풍 시 주의사항 및 알아올 것 정하기, 역할극 주인공 정하기
- 학급 상징 정하기 : 우리 반가 정하기, 응원, 깃발 자랑거리 등
- 학급 기념일 정하기

(2) 형식적인 방법

- 국가 상징 알기 : 태극기 관리하는 법, 국경일에 태극기 다는 법, 애국가 부르기 등
- 선거와 투표 : 다시 해보고 싶은 활동 정하기, 간식 도우미, 놀이 진행 도우미 등 선출하기
- 역할 담당 : 간식 컵 정리 도우미, 반찬 당번, 옷걸이 정리 도우미, 교구장 정리

• 자원봉사 활동

(3) 문학적 접근을 활용

그림책은 유아 스스로 생각을 펴나갈 수 있게 하며 개념을 형성하고 도덕적 가치를 시험하고 습득하게 한다(김영옥, 2014). 그림책을 활용한 문학적 접근을 통해 자기존중, 책임, 나누기, 갈등을 평화적으로 해결하기, 타인을 존중하고 이해하기 등의 내용에 관심을 유도하여 시민의식을 증진하는 활동으로 확장시킬 수 있다.

(4) 비판적 사고 함양을 위한 활동을 계획하기

① 시사문제에 관심갖기

집이나 유치원에서 일어난 새로운 소식(동생이 태어났어요, 강아지를 샀어요, 고양이가 생선을 물어갔어요), 신문기사(남북 정상 회담), 뉴스(화산폭발, 지진, 화재, 교통사고)에 대해 생각해보고 토의하기

② 의사결정과정

몇 가지 대안을 주고 그룹별 협동학습하기, 각 대안에 대해 긍정적 결과와 부정적 결과를 예측해보기, 다시 전체가 모여서 각 방법에 대한 결과를 통합하여 최종 결론 내리기

5. 유아다문화교육

1) 유아다문화보육의 필요성

(1) 유아다문화교육의 개념

다문화교육(Multicultural Education)은 다문화사회에서 다른 문화를 접하는 과정에서 다문화 경험을 통해 획득한 것을 기반으로 적절하게 대응할 수 있는 능력을 익히는 것이다.

각 개인이 다양한 문화 속에서 정치적, 사회적, 경제적인 생활을 경험하고 다양성을 지각하도록 하는 것과 교육과정에서 다양한 인종, 문화, 언어, 사회계층, 성 그리고 장애를 포괄하여 인식하는 것이다.

다문화교육에 대한 개념은 시대와 학자, 나라와 사회에 따라 다양하게 접근, 해석되고 있다. Banks(2008), Sleeter와 Grant(2008), Bennett(2007) 등의 학자들의 의견을 종합하며 다문화교육의 특징을 몇 가지로 정리할 수 있다.

첫째, 다문화교육은 인종, 민족, 성, 계층, 능력 등의 다양한 개념을 포함하는 것으로 유아들의 다양성을 인정하여 개개인의 잠재력을 충분히 발휘할 뿐 아니라 서로 존중하고 이해하도록 하는 교육이다.

둘째, 다양한 문화적 배경을 가진 유아들에게 학습의 기회, 학습의 내용 및 방법, 교사의 기대 및 지원 등 교육 제반에서 공평한 교육을 하는 것이다.

셋째, 우리 사회에 존재하는 불평등적이고 모순적인 제도에 변화를 일으킬 수 있는 비판적 시각을 가진 민주사회의 일원으로 성장할 수 있도록 교육하여 교육 개혁을 실천하는 교육이다.

이상의 다문화교육 특징을 종합하여 정의하면 유아다문화교육이란 유아들의 다양성을 인정하여 개개인의 잠재력을 충분히 발휘할 뿐만 아니라 다른 문화에 대한 이해를 통하여 서로를 존중하는 태도와 공동체 의식을 길러주어 민주사회의 일원으로 성장할 수 있도록 도와주는 교육이다.

(2) 유아다문화교육의 필요성 및 의의

① 유아다문화교육의 필요성

우리나라는 2013년 10월 기준 체류 외국인 수가 180만 명을 넘어서면서(전체 인구대비 3.0%) 본격적인 다문화사회로 진입했다. 이 중 외국인남자는 2만 명, 외국인여성은 178만 명이다. 안전행정부의 외국인주민 통계 중 미취학 외국인주민 자녀 현황을 보면 2014년 1월 1일 기준 만 6세가 1만 5,959명, 만 5세 1만 6,917명, 만 4세 1만 7,670명이다. 출산율 감소로 전체 유아는 매년 감소하지만 다문화가정 유아는 꾸준히 늘어남에 따라 다문화가정 유아의 비율은 계속 확대될 것으로 전망된다.

향후 미래사회에 유아는 세계화, 다문화사회에 적응할 수 있도록 창의적 문제 해결능력을 키워서 다양한 생활과 문화, 가치관을 가진 다문화 개인들과 협력하고 상호작용하며 생활해야 한다. 인성 및 사회성 발달의 기초를 다지는 영아기 때부터 다문화에 대한 인식과 다문화사회에서 서로 어울려 살아가는 데 필요한 태도와 지식에 대한 교육이 이루어져야 한다. 특히 유아기는 외모, 장애, 성, 인종, 가족구조 등 사람의 차이점에 대해 인식하는 시기로 인종, 성역할, 사회계층에 대한 편견이나 고정관념을 갖지 않도록 반편견교육이 필요한 시기이다.

문화의 다양성과 문화 이해교육은 유아기에 시작된다.

- 2세부터 문화의 유사점과 차이점에 대한 이해가 나타남
- 24개월 이전부터 영유아는 타인과 구별되는 자아를 인식
- 만 2세가 되면 인종적 차이를 구분, 신체적 특징, 의상, 언어, 정치적 성향에 기초해 사람들 간의 유사성과 차이점을 지각
- 4세가 되면 민족 집단에 대한 정체성을 가질 수 있으며 문화의 다양성을 인식할 수 있음

  영유아기는 자아정체감 형성에 중대한 영향을 미치고 타인을 탐색하는 가운데 인종, 민족, 성, 사회적 계층에 대한 편견이나 고정관념을 형성하

는 시기이다.

유아기에 가장 두드러지게 나타나는 편견은 성과 인종이다(전경화 · 김지현, 2001). 따라서 유아교육기관에서 생활하는 다문화가정 유아들이 외모로 인해 다른 또래들에 비해 많은 편견을 경험할 수 있다. 이런 또래로부터의 따돌림과 편견은 다른 세계의 문화로부터 오는 자기정체성의 혼란을 야기할 수 있다.

일반적으로 다문화가정 유아들은 유아교유기관에서 다음과 같은 일반적 행동특성을 나타낸다(오재연 · 송선미, 2009)

첫째, 독립적인 기능에 필요한 능력을 갖추기 위해 습득해야 하는 개인적 기술 행동에 어려움을 보인다.

둘째, 한국어 실력의 부족이 개인적 기술행동과 사회적 상호작용에 어려움을 보인다.

셋째, 한국어 실력 부족, 문화적응 스트레스, 친구의 따돌림 등으로 환경 적응에 문제를 보인다.

넷째, 유아교육기관 또는 초등학교 때 자신의 외모에 대해 예민한 반응을 보인다. 남들과 다른 자신의 외모로 인해 또래나 교사들과 소극적인 대인관계를 형성하게 된다.

② 유아다문화교육의 의의

가. 문화적 차이와 다양성 인정

다문화교육은 어렸을 때부터 민주적 가치와 신념을 심어주어, 타문화에 대한 편견과 고정관념을 깨고 문화적 차이와 다양성을 인정한다.

나. 관계형성 능력 개발

다른 문화 이해와 존중을 넘어 편견과 갈등을 해소하며 적극적인 관계를 형성한다.

다. 사회통합 기여

타 문화의 이해와 존중이 강화되고 편견과 고정관념이 줄어들어 소수집단에 대한 심리적 억압을 해소하여 사회통합에 기여한다.

라. 민주주의 가치 실현

다문화 배경을 가진 유아에게 교육받을 권리를 보장하고, 나아가 유능한 인적 자원으로 성장할 기회를 제공해 교육적 평등을 추구한다.

2) 유아다문화보육의 목적 및 목표

(1) 유아다문화교육의 목적

- 정체성 확립 : 유아 자신이 속한 문화에 대한 긍정적인 정체성 확립을 기초로 서로 다른 집단들의 문화가 동등하게 가치로운 것으로 인식하는 지식, 태도, 가치를 양성
- 평등교육 : 궁극적으로 모든 문화에 속한 아이들에게 동등한 교육적 기회를 주고 궁극적인 태도와 인식, 행동을 발달시키도록 돕는다.
- 다양한 문화나 사고방식이 존재함을 인식하고 서로 다른 문화로 인해 행동의 차이나 사고방식의 차이를 수용하고 이해한다.
- 다문화교육의 목적은 자신과 타인을 존중하는 태도를 갖게 함으로써 결과적으로 나와 다른 외모, 문화, 생각, 생활방식을 가진 사람을 이해하고 수용하여 더불어 살 수 있는 기반을 만들고자 한다.

(2) 유아다문화교육의 목표

- Banks와 Banks가 제시한 다문화교육 목표

① 다른 문화의 시각에서 자신에 대한 이해
② 문화적 인종적 대안을 유아들에게 제공
③ 다른 모든 문화권 안에서 생활하는 데 필요한 기술, 태도, 지식을 제공
④ 소수인종 집단에 대한 편견과 고통을 줄이고, 사회적 계층, 성별의 다양한 집단에 속한 사람들이 존재의 고유성을 확인하고 자부심을 갖도록 하는 것

- Kendall이 제시한 다문화교육의 목표

① 유아가 자신의 문화와 다른 사람의 문화와 가치를 존중
② 다문화사회에서 성공적으로 살아갈 수 있는 태도와 능력 양성
③ 소수민족 유아들이 긍정적인 자아개념을 형성
④ 문화적인 다양성과 인간적 다양성과 공통성을 모두 긍정적으로 경험
⑤ 다문화적 공동체사회에서 서로 독특한 역할을 맡아 수행할 능력

- 표준보육과정에서 다문화보육 프로그램 목표

① 건강하고 안전하며 바르게 생활하는 태도 및 습관을 기른다.
② 자신의 신체에 대해 긍정적으로 인식하고 우리나라 전통놀이와 세계 여러 나라의 놀이를 경험해봄으로써 기본운동 능력을 기른다.
③ 자신을 존중하고 다른 타인의 감정과 태도를 이해하고 존중하며 다양한 문화의 다름과 차이를 인정하며 더불어 생활하는 태도를 가진다.
④ 기초적인 언어 능력을 기르고 세계 여러 나라에는 각각 고유한 언어가 있음을 인식하고 상황에 적절한 언어생활 태도와 습관을 기른다.
⑤ 주변 환경과 세계 여러 나라에 호기심을 가지고 탐구하는 능력과 태도를 기른다.
⑥ 우리나라와 다른 나라의 자연과 예술작품의 아름다움에 대한 관심을 창의적으로 표현한다.

위 여러 프로그램의 목표를 종합해보면 다음과 같다.

① 유아들이 자신의 문화와 가치를 존중하는 것과 마찬가지로 다른 사람의 문화와 가치도 존중할 수 있게 가르친다.
② 다문화사회에서 성공적으로 살아갈 수 있는 태도와 능력을 기른다.
③ 인종주의 등에 의해 가장 영향을 많이 받는 유색인종의 유아들의 긍정적인 자아개념을 형성하도록 도와준다.
④ 문화적인 다양성과 인간으로서의 공통성을 모두 긍정적으로 경험하도록 돕는다.
⑤ 다문화적인 전체의 공동체적 사회에서 서로 독특한 역할을 맡아 수행할 수 있도록 격려한다.

(3) 반편견교육 출현 배경

반편견교육은 1930년대에 등장하여 70년대부터 주의를 끌기 시작한 포스트모더니즘의 영향을 많이 받았다. 포스트모더니즘은 후기 자본주의와 대중문화의 발달로 일어난 새로운 문화 양식으로 정의할 수 있다. 포스트모더니즘의 특징은 단일성과 통일성을 거부하고 상이성 또는 양면성이나 다양성을 중요시하는 것이다.

(4) 반편견교육의 주요 목적

① 긍정적 자아 정체감이 발달하도록 돕는다.
② 다양성에 대하여 편안하고 감정이입적 상호작용을 하도록 촉진한다.
③ 편견에 대하여 비판적 사고를 할 수 있도록 돕는다.
④ 편견에 대하여 자신과 다른 사람을 옹호할 수 있는 능력을 갖도록 돕는다.

(5) 반편견교육 내용과 영역

① 능력(ability) : 신체적, 정신적, 정서적 능력
② 연령(age) : 늙거나 젊게 보이는 것 또는 실제 나이에 관한 것
③ 외모(appearance) : 키, 몸매, 손상된 상태(흉터 등)
④ 신념(belief) : 다양한 종교, 자연에 의존하는 믿음 등
⑤ 계층(class) : 사회경제적 지위 계층을 결정하는 요인(직업, 주거형태, 복장, 교통수단, 교육적 배경 등)
⑥ 문화(culture) : 같은 집단 구성원들이 공유하는 생활방식
⑦ 가족구성(family) : 가족 및 그들의 역할
⑧ 성(gender) : 성에 의한 구별, 성차별
⑨ 인종(race) : 피부색, 머리카락 형태, 얼굴 및 신체모습 등과 같은 유전적인 특징으로 연결된 집단

3) 다문화교육 내용

다문화교육 내용은 크게 여섯 가지로 요약할 수 있다. 다문화교육 내용은 문화, 협력, 정체성, 평등성, 다양성으로 구분한다(김영옥 · 서현 · 박형신 · 정상녀 · 윤경선 · 박미자 · 이나영, 2011; 김혜숙, 2011).

① 문화 : 문화 간의 유사점, 차이점의 특징을 알고, 각 문화에 대한 이해 및 존중감을 기르며 다양한 문화에 대한 긍정적 태도를 발달시키는 세부내용으로 구성되어 있다.
② 협력 : 다양한 사람들과의 상호작용 능력과 협동 능력을 증진시키는 세부내용으로 이루어져 있으며, 편견의 경우 타인 및 타문화에 대한 선입견, 공종관념 및 차별대우에 대한 비판적인 사고를 형성하며 이러한 문제에 직면할 경우 대처할 수 있는 능력을 길러 주는 내용으로 구성되어 있다.
③ 정체성 : 긍정적인 자아개념과 자아정체감 및 집단정체성을 형성할 수

있도록 하는 내용을 포함하고 있다.

④ **평등성** : 국가, 민족, 성, 신체적 능력, 사회적 계층은 모두 다르지만, 인간은 모두 평등하다는 긍정적인 태도와 가치를 형성하는 내용으로 이루어져 있다.

⑤ **다양성** : 유사점과 차이점을 가지고 있는 다양한 개인과 집단이 존재하는 것을 알고 이러한 다양성에 대한 존중하는 마음을 갖도록 하는 내용을 포함한다.

(1) 누리과정에 기초한 다문화교육 내용

① 신체운동 및 건강영역

- 사람마다 신체구조와 기능이 같음에 대한 이해
- 여러 사람이 함께 하는 운동
- 나와 다른 사람의 신체 움직임
- 세계 여러 나라의 운동기구
- 다양한 친구와 신체 운동하기
- 세계 여러 나라의 교통 규칙
- 세계 여러 나라 사람들의 식사 예절
- 세계 여러 나라의 음식
- 세계 여러 나라의 의상

② 사회관계영역의 다문화교육 내용

- 나의 감정과 다른 사람의 감정 존중하기
- 특별한 너와 나
- 타인에 대한 배려와 감정 조절하기
- 모습은 다르지만 느끼는 감정으로 비슷함을 알기
- 다양한 가족 구성원에 대한 이해

- 다양한 가족의 문화에 대한 이해
- 내가 살고 있는 고장과 다른 고장 알아보기
- 우리나라 전통문화와 세계 여러 나라 문화
- 세계의 화폐

③ 의사소통영역의 다문화교육 내용

- 여러 나라의 동화 듣기
- 다른 친구 이야기 듣기
- 나라 이름 말하기
- 가보고 싶은 나라 이름 말하기
- 세계 여러 나라의 인사말 하기
- 세계 여러 나라 국가 이름 읽어보기
- 세계 명작 동화 읽기
- 세계 여러 나라 국가 이름 써보기

④ 자연탐구영역의 다문화교육 내용

- 기후에 따른 생활모습 알아보기
- 세계 자연현상에 관심 가지기
- 여러 나라 건축물에서 도형 찾기
- 주변 국가 세어 보기
- 세계지도를 활용하여 거리 측정해보기
- 여러 나라 생활도구 알아보기
- 지구 환경의 중요성 이해하기

⑤ 예술경험영역의 다문화교육 내용

- 여러 나라 대표적인 음악과 미술적 요소 알아보기

- 여러 나라 음악과 민속 춤 경험하기
- 다양한 재료와 방법으로 표현하기
- 여러 나라 대표적인 음악과 미술작품 감상하기

4) 영유아다문화교육 방법

- 유아교육기관에서 고려할 점

다문화가정 유아가 유아교육기관 생활에 잘 적응해 나가기 위해 유아교육기관에서 고려해야 할 점은 다음과 같다.

첫째, 다문화가정 유아들이 자연스럽게 활동에 참여할 수 있도록 안내해주는 또래의 보호와 지지가 있어야 한다.

둘째, 다문화가정 유아들로 하여금 모두가 문화적으로 다양한 존재이며 더불어 살아갈 존재라는 의식을 심어준다.

셋째, 부진한 한국어와 학습 및 원만한 또래관계를 증진하기 위해 보완 프로그램을 마련한다.

넷째, 특별한 차별적 관심은 타인의식을 가질 수 있으므로 다문화가정 유아는 한국 아이라고 생각하는 것이 중요하다.

다섯째, 다름에 대해 자유롭게 질문하고 언급할 수 있는 환경조성 및 편안하게 상호작용하는 기회를 제공한다.

여섯째, 다양한 가정과 가족 구성원들을 이해하고 인정할 수 있도록 다문화가정에 대한 인식을 심어준다.

5) 영유아다문화교육 교사 역량

교사는 다문화교육을 성공적으로 실행하기 위해서 다문화교육에 대한 지식뿐만 아니라 기술, 태도가 필요하다(박미경, 2011).

(1) 유아다문화교육에 대한 교사의 지식

첫째, 다양한 문화적 환경에 대한 지식이 필요하다. 다양한 문화에 대한 이해와 관심은 단기간 습득되기 어렵다. 따라서 교사는 지속적으로 사회 환경에 대한 관심을 가지고 다양한 관점으로 이해할 수 있는 지식을 습득할 수 있어야 하며, 흥미를 위해 교사들에게 다양한 문화적 경험이 필요하다.

둘째, 다문화가정 유아에 대한 지식이 필요하다. 국내 다문화가정은 종교, 가치관, 언어, 육아방식, 의식주, 외모 등 매우 다양하다. 이러한 다양한 문화에 대한 이해와 함께 다문화가정 유아들의 발달과 요구 정도를 파악하고 적절한 방법을 모색할 수 있도록 다문화가정과 그 유아들에 대한 지식이 필요하다.

셋째, 다문화교육에 대한 지식이 필요하다. 교사가 다문화교육을 실행하기 위해서는 무엇보다도 다문화교육에 대한 전반적 이해가 선행되어야 한다. 다문화교육에 대한 풍부한 지식은 다문화교육에 대한 기술과 태도를 높일 수 있으며, 높은 수준의 다문화교육에 대한 지식, 기술, 태도는 다문화교육에 대한 자신감을 높인다.

(2) 유아다문화교육에 대한 교사의 기술

첫째, 효과적인 다문화교수 방법 기술이 필요하다. 유아들에게 적합한 교수 전략을 활용하여 다양한 다문화교육 활동을 실행하는 노력이 필요하다.

둘째, 다문화교육과정 운영 기술이 필요하다. 교사는 성공적으로 다문화교육을 실행하기 위해서 유아의 발달적 요구를 기초로 교육과정을 계획하고, 다양한 내용과 방법들을 실행하며, 그에 대한 평가를 효과적으로 할 수 있는 기술이 필요하다.

셋째, 의사소통과 관계형성을 위한 기술이 필요하다. 다문화가정 부모는 물론 동료교사, 지역사회 구성원 등 다양한 사람들과 만나게 된다. 그들과 원활하게 의사소통하고 긍정적인 관계 형성을 할 수 있는 기술이 요구된다.

(3) 유아다문화교육에 대한 교사의 태도

첫째, 자기반성과 성찰이 필요하다. 교사들은 자신이 가진 편견이나 고정관념에 대해 끊임없이 반성해야 한다. 교사가 가지고 있는 편견이나 고정관념은 유아의 태도, 사고는 물론 정체성 형성에 많은 영향력을 미치기 때문에 교사는 지속적인 자기성찰을 통해 올바른 태도와 자시 신념을 가질 수 있도록 해야 한다.

둘째, 다문화 감수성이 필요하다. 교사는 유아들이 가지고 있는 다양성과 개별성에 대해 관심을 가지고 수용·존중함은 물론 민감하게 반응하도록 해야 한다. 이러한 교사의 도는 유아 상호 간의 이해를 증진시킬 수 있을 것이다.

셋째, 교사의 적극적인 태도가 필요하다. 교사는 다문화교육 실행에 대한 적극적 태도를 통해 다문화교육에 대해 끊임없이 노력하고 연구하며 다양한 방법을 시도하고 교수 실제에 대한 이해를 높일 수 있을 것이다.

Chapter 6

가치와 태도교육

유아기 때부터 바람직한 가치관과 태도가 형성되어야 한다. 가치와 태도(values and attitudes)는 감정이나 표현을 자극하고 동기를 부여하는 인간 경험의 정신적 상태를 의미하며 복합적인 상태로 잠재되어 있다.

가치와 태도는 인간 행동을 결정하는 내적 상태로서 어떤 것에 대한 감정이나 정서에 반응적 영향을 주고 어떻게 행동할 것인가를 결정하는 요소로 설명된다. 가치는 의사결정에 영향을 주는 지적이고 정의적인 성향이면서 행동의 준거가 되는 신념의 일종이고 태도는 행위적 성격이 더 강하고 선호를 보여주는 표현이라고 볼 수 있다.

가치와 태도는 주변 사물에 대처하는 생각·경험의 정신적 상태로서 상호 복합적으로 장기적으로 형성된다.

민주적 가치와 태도는 사회에서 요구되는 바람직한 가치와 태도를 알고 사회집단에서 각 개인의 권리를 인정하는 가치체계를 의미한다. 유아는 자신의 개별성을 인정함과 동시에 다른 사람의 가치와 특성을 알고 서로의 자유와 권리를 존중하며 그에 따른 의무와 책임을 이해해야 한다. 유아가 기본적으로 형성해야 할 민주적 가치와 태도는 개인의 가치와 자유와 책임, 공평성, 평등, 개인 권리의 보호 및 강화, 민주적 의사결정 등이다. 유아의 민주적 가치와 태도형성을 위해 교사는 일상생활 속에서 교육을 통해 지속적으로 학습하도록 지도해야 한다(양옥승 외, 2014).

표 6-1 사회적 가치 및 태도교육의 예

사회적 가치 및 태도의 하위 요소	교육내용의 예
감정이입	다른 친구의 입장이 되어 이야기 해보기, 유기견을 보면 어떤 마음이 드는지 이야기 해보기, 나와 친구의 기뻤을 때와 화났을 때 감정 비교하기
용기	무서워하는 동물 손인형으로 이야기 하기, 정글짐 통과하기 게임
공평성	우리 반의 규칙정하기, 차례 지켜 그네타기, 간단한 규칙 있는 게임

사회적 가치 및 태도의 하위 요소	교육내용의 예
정직	진실과 거짓말의 차이점 알기, 정직하지 못한 상황에 대해 토론하기, 동화 듣고 양치기 목동에게 편지쓰기, 잘못을 솔직하게 말하기, 거짓말하지 않기, 빌려온 물건을 돌려주기
성실	내 물건 제자리 정돈하기, 교실에서 친구와 약속 지키기, 나의 약속판 만들고 지키기, 교실 약속 슬로건 만들기
독립심	내가 할 수 있는 일 책자 만들기, 점토로 만들고 싶은 모양 만들기, 내가 할 수 있는 일 퍼즐 맞추기
인내심	싫어도 참고 끝까지 완수하기, 그네 순서 기다리기, 요리 만들기, 텃밭 가꾸기, 직조 짜기로 손가방 만들기
책임감	우리가족 해야 할 일 목록 만들기, 친구에게 종이접기나 노래 가르쳐주기, 하루 일과 중 내가 할 일 그림이나 글로 적어보기
배려	끼어들지 않고 줄 서기, 교실의 동식물 돌보기, 환경 캠페인하기, 화분 키우기, 다른 사람에게 피해주지 않는 행동하기, 바른 언어 사용하기, 놀잇감 소중히 다루기
존중	의사, 약사에게 감사하기, 친구나 부모를 도와줄 수 있는 일 찾아보기, 훌륭한 사람 찾아보기, 도움 준 사람에게 감사편지 쓰기
사랑	친구에게 내 마음을 표현해요. 사랑의 효도 쿠폰 만들기, 할머니 할아버지께 드릴 꽃 목걸이 만들기, 선생님께 편지 쓰기

출처: 양옥승 외(2014). 유아사회교육. 신정. pp.303-304.

1. 가치

1) 정의

가치관은 바람직하다고 생각하는 감각이라고 정의할 수 있으며 가치판단이나 선택 상황에서 일관되게 적용하게 되는 가치 기준과 그것을 정당화하는 근거 혹은 신념의 체계적 형태이다. 따라서 여러 가지 행동이나 대상에 대한 우선순위를 결정함에 있어서 시-비, 선-악, 정-오, 타당-부당 등을 판단하는 기준이 되기도 한다.

2) 가치교육

유아기는 가치체계의 핵심을 이루는 기본적 사고나 감정을 경험하게 되는 시기로서 교사는 절대적인 가치를 전달하는 것 외에도 교실 내외에서 일어나는 여러 가지 가치관에 관련된 문제를 유아와 함께 다루어 보고 받아들이는 과정에 관심을 가져야 한다.

유아의 가치교육은 자신이 속해있는 사회 문화에서 요구하는 가치관을 습득해 나가는 과정에서 부모, 교사, 이웃과의 상호작용하면서 관찰, 모방, 칭찬을 통해 가치관을 형성한다.

가치교육은 모든 사람이 소중하다고 생각하는 것, 즉 개인의 존엄성에 대한 가치, 규칙을 세우고 참여하기, 자유롭게 이야기하기, 생각과 감정을 표현할 수 있는 기회 제공, 개인의 권리를 보호하고 강화할 수 있는 방법, 사회구성원으로서의 소속감을 갖게 하여 사회의 일원이며 타인에 대한 책임이 있음을 알게 하는 데 관심을 갖는다.

교실에서 가치교육은 절대적 가치에 대해 처음부터 차근차근 가르치며 확인하는 방법과 가치인식 방법, 가치명료화 등이 있다. 유아교육기관에서는 주로 가치명료화나 가치분석 방법을 많이 사용하고 있다.

(1) 가치명료화

가치명료화(value clarification)는 의사결정과정에서 선택을 분명하게 할 수 있도록 돕는다. 가치명료화는 가치결정에 관련된 문제를 여러 각도에서 생각해 보고, 선택한 가치에 만족함으로써 가치를 확고히 하여 실행에 옮기는 과정이다. 가치를 명료화하는 토의과정에서 유아는 갈등상황에서 문제를 파악하여 다른 유아에 대한 이해를 증진시킨다.

가치명료화 과정을 Michalis(1980)는 다음과 같이 설명한다.

① 선택하기(choosing) : 여러 가지 대안과 그 대안의 가능성을 생각한 후 스스로 선택한다.

② 만족하고 격려받기(prizing) : 선택한 가치를 소중히 여기고 그것에 만족하여 다른 사람들에게도 이를 확인하려 한다.

③ 행동하기(acting) : 그 가치에 기초하여 행동하고 반복 실천한다.

유아교사는 유아들에게 절대적 가치를 전달하는 것 이외에도 교실 내에서 일어나는 여러 가지 가치 판단할 문제에 관심을 가져야 한다. 가치는 의사결정의 근간을 이루며 행동을 결정하게 하며 유아기에 습득한 가치는 평생을 통해 지대한 영향을 미친다.

(2) 가치분석

가치분석(value analysis) 토의 활동은 유아가 하나의 가치를 선택할 때 그 이유를 논리적으로 설명하고 그러한 준거도 밝히게 함으로써 가치관을 확립시키는 방법의 하나이다. 이것은 가치관을 명백히 한다는 점에서 가치명료화와 비슷하나, 선택한 가치에 대하여 논리적 절차를 부여한다는 점에서 가치명료화와 차이가 있다.

가치분석단계는 5단계로 단계별로 제시된다.

① 상황에 관심갖기 : 여러 가지 문제상황에 대한 관심갖기부터 시작한다. 도덕적 갈등 상황은 하루일과 내에서 수업이 발생하는 사소한 상황에 대해 가치분석 토의활동을 할 수 있다.

② 문제 인식하기 : 각 유아마다 다른 가치관을 갖고 있을 수 있기 때문에 같은 도덕적 갈등 상황에서 문제를 다르게 인식할 수 있다. 그러므로 문제를 정확히 인식할 수 있도록 "누가 손해를 보았을까?", "누가 어려움에 처해있을까?" 등에 대해 질문을 해야 한다.

③ 대안 생각해 보기 : 도덕적 갈등상황에서 두 가지 이상의 가능한 대안을 생각해보도록 한다. 대안을 생각할 때는 유아가 무엇을 할 수 있는지에 대해 이야기해본다. “어떻게 할 수 있을까? 만약 그렇게 할 수 없다면 또 다른 방법은 무엇이 있을까?”

④ 대안의 결과 예측하기 : 유아들이 선택한 대안의 결과를 긍정적/부정적 관점, 단기적/장기적 관점, 개인적/사회적 관점, 도덕적 관점 등에 대해 예측해 보도록 한다. “그렇게 하면 어떻게 될까?”

⑤ 상황에 대한 경험 공유하기 : 유아들에게 이러한 상황을 경험해 본 적이 있는지 공유함으로써 자신의 가치와 다른 사람의 가치를 이해할 수 있도록 도와준다. “너희들도 만들기 할 때 교구가 부족해서 어려웠던 적 있었니? 그 때 너희들 마음은 어땠어?”

⑥ 대안을 선택하고 실천하기 : 가치분석과정에 따른 결과를 실천해볼 기회를 제공하여 최선의 가치 선택에 대한 느낌을 유아가 경험해보도록 한다. 유아들마다 가치판단이 다를 수 있기 때문에 자신이 생각하는 관점에서 타당한 근거에 입각하여 최선의 대안을 선택하도록 돕는다. “너라면 어떤 결정을 하겠니?” 편견없는 질문을 통해 유아들은 자신의 생각을 자유롭게 표현하고 다른 사람의 생각을 인식하는 계기가 될 것이며, 합리적이고 가치있는 판단 능력을 발달시킬 수 있다.

표 6-2 가치분석단계

단계	내용	어려움에 처한 친구를 본 실제상황의 예
1단계	상황에 관심갖기	무슨 일이 있어났니?
2단계	상황의 문제가 무엇인지 구별하기	이 친구는 무엇이 문제일까?
3단계	상황에서 무엇을 할 수 있는지 알아보기	이 친구를 어떻게 도와줄 수 있을까?
4단계	할 수 있는 결과로서 어떤 일이 발	친구를 도와주면 도움 받은 친구 기

단계	내용	어려움에 처한 친구를 본 실제상황의 예
	생했는지 토론하기	분은 어떨까? 돕지 않고 그냥 가버리면 친구 기분은 어떨까? 다른 친구들을 데려와서 도와주면 어떻게 될까?
5단계	결정된 생각을 함께 나누고 다른 사람에게 이해를 증진시키기	가장 좋은 방법은 무엇일까? 어떤 경우에 도와준 적이 있었니?

가치 갈등 상황에 따른 가치분석 과정을 유아들과 연습해볼 수 있다.

① 망가진 장난감을 보면서 물건의 소중함을 알고 아껴쓰는 마음을 갖기
교실에서 망가진 장난감을 보면서
"장난감이 왜 망가졌을까?"
"물건을 아껴 쓰는 방법은 무엇이 있을까?"
"물건을 다 사용하고 난 다음에는 어떻게 할까?"
"규칙판에 정리해보자"

② 우리반 교실에서 지켜야할 약속 정하기
교실에서 일어난 갈등상황에 대해 이야기하기
"친구들에게 어떤 일이 일어났니?"
"이 친구 기분이 어떨까?"
"왜 이런 일이 일어났을까?"
"다음부터 이런 일이 일어나기 않토록 하기 위해 교실에서 꼭 지켜야할 약속이 무엇이었을까?"
"그 약속은 왜 필요할까?"

③ 장난감을 나눠 쓰지 않아 생기는 갈등상황에서 이야기 나누기
블록영역에서 블록으로 성을 쌓고 있는데 나도 성을 쌓고 싶지만 블록이 부족할 때

"어떻게 할 수 있을까?"
"혼자서만 많은 블럭을 가지고 놀면 어떻게 될까?"
"친구에게 블럭을 빌려쓰는 방법으로 어떻게 하면 좋을까?"

2. 태도

1) 정의

태도란 일반적으로 어떤 특정 대상에 대해 일관되고 안정된 인지, 감정, 행동 경향을 지칭하며, Alport는 경험을 통하여 조직화된 정신적·신경적 준비 상태로서 개인과 관련된 모든 사상이나 사태에 대한 그 개인의 반응에 지시적·역동적 영향을 주는 것이라고 정의한다.

태도의 구성은 인지적, 정의적, 행동적 속성을 포괄한다. 인지적 속성은 어떤 대상에 대한 생각(아이디어 또는 범주)을, 정의적 속성은 그 대상에 대한 생각에 수반되는 감정을, 행동적 속성은 그 대상에 대해 어떤 행위를 하려는 의도를 의미한다. 인지적 영역은 대상에 대한 정보와 관련된 지식이며, 정의적 영역은 정서와 감정을 나타낸 것으로서 행위를 유도하게 된다.

2) 태도교육

태도는 선천적으로 형성된 것이 아니고 경험에 의해 형성되고 변화되며 감정이 변화함으로써 학습된다는 정의적 입장과 강화에 의해 변화한다는 행동적 입장과 생각의 변화를 통해 학습된다는 인지적 입장으로 분류된다.

태도교육단계는 세 단계로 진행된다.

첫째 단계, 태도교육 목표설정 : 태도를 그 학습지도 및 평가에 구체적인 시사를 줄 수 있도록 정의·분류·진술한다.

둘째 단계, 태도 학습지도 : 태도학습의 내적 과정을 밝히고, 이 과정을 지원하고 촉진시킬 외적 조건을 설정하는 교수설계 및 활동이 전개된다.

셋째 단계, 학습된 태도 평가 : 특정한 사물이나 현상에 대하여 비교적 일관성 있는 반응을 일으키게 하는 내적 경향을 재는 것이다. 태도는 자극에 대한 반응을 측정하지만 직접 관찰하거나 측정할 수는 없는 매개변수다.

3. 기술

유아는 생활 속에서 무수히 많은 사회적 상황에 직면한다. 이때 유아들은 사회적 기술을 바탕으로 문제를 해결하게 된다. 사회교육에서 다루어야 할 기술은 사회적 기술과 사회학습기술로 나누어진다.

1) 사회적 기술

유아는 다른 사람들과 원만한 관계를 맺고 유지하기 위해서 자기 조절력과 친구사귀기, 공유하기, 협력하기, 의사소통과 갈등 해결하기와 같은 사회적 기술을 발달시켜야 한다(박찬옥, 서동미, 엄은나, 2016).

(1) 자기조절력

유아가 목표를 달성하기 위해 순간의 충동이나 욕구와 행동을 억제할 수 있는 능력으로 자신의 흥미와 요구, 관심사를 현실상황을 고려하여 조절하고 통합하는 기술이다. 유아는 자신을 긍정적으로 인식하기 위해서 자기조절력이 필요하다.

자기조절력이 있는 유아는 자유의지를 가지고 자신의 요구와 흥미를 표현하되, 주변 상황과 관계 속에서 자신의 요구를 조절할 수 있으며 자신의 요구를 조절할 수 있게 된다.

따라서 다른 사람의 권리를 존중하기 위해서 자기통제력과 조절력을 기르는 내용을 포함시켜야 한다.

(2) 친구사귀기

유아가 친구를 사귀고 그 관계를 유지하기 위해서는 여러 가지 사회적 기술이 필요하다. 유아들은 또래와의 경험을 통해 사회적 기술을 세련되게 다듬어 가기도 하지만, 유아가 사회적 기술을 더 잘 발달시키기 위해서 성인의 도움이 필요하다. 초기 친구사귀기를 시도할 때 자기중심적인 행동 때문에 갈등을 일으키고 어려움을 경험한다. 친구사귀기에 어려움을 가지고 있는 유아들 돕는 방법으로 다음의 방법을 사용할 수 있다(Kemple, 1991).

- 사회적 기술이 부족한 유아를 사회적으로 능력 있는 유아와 함께 놀 수 있는 기회를 제공한다.
- 혼자 노는 유아에게 그보다 어린 연령의 유아와 짝을 맺어 준다.
- 공격적인 유아가 친사회적으로 갈등을 해결할 수 있는 방법을 알려 준다.
- 사회적 갈등 상황을 해결할 수 있도록 도움을 제공한다.
- 놀이에 참여하지 못하는 유아를 위해 "경우야, 참새놀이하려면 허수아비가 있어야 하는데 허수아비 할래?"라고 질문해서 놀이에 참여시킨다.
- 친구가 가지고 노는 장난감을 함께 나눠 놀고 싶을 때 "나도 그거 필요해"라고 말하도록 한다.
- 가상의 갈등 상황에 대해 다양한 문제 해결 방법을 생각하고, 선택한 결과에 대해 평가해보도록 한다.
- 놀이집단에 끼어들지 못하는 유아가 있을 경우 진행 중인 놀이에 참여하도록 말하기보다 유아가 놀이를 관찰하게 하고 어떤 놀이를 하고 있는지 이해하게 한 후 그 놀이에 자연스럽게 끼어들 수 있는 역할을 생각

하도록 돕는다.

(3) 공유하기

공유하기는 유아가 민주시민의 자질을 갖추는 데 영향을 미치는 중요한 요인이다. 유아들은 안정감 있고 공유하기를 실천하는 성인이 있을 때 그리고 충분한 놀잇감과 자료가 있을 때 공유하기를 더욱 잘 학습한다.

유아는 타인의 사물이나 권리, 애정 등을 나누어 가질 수 있어야 원만한 사회생활을 할 수 있다. 놀잇감은 물론 타인과 생각을 공유하고 놀이의 순서나 말하는 순서도 지킬 수 있어야 한다. 자기중심성이 강한 유아에게 교사가 무조건적으로 공유하기를 강요한다면 유아는 더 고집스럽게 자기 것을 주장하고 나누기를 거부할 수 있다. 따라서 교사는 유아 개인의 소유권을 인정하면서 교실의 공용 물건과 공간에 대해 서로 나누도록 다음과 같이 고려하여 지도할 수 있다.

① 심리적으로 안정감 있는 환경을 제공한다.
② 충분한 놀이 공간과 놀잇감을 제공한다.
③ 교사 자신이 공유하기를 실천하는 모습을 보여준다.
④ 교사는 유아들에게 나누기 기술을 직접 지도한다.

(4) 협력하기

유아들은 친구들과 협력하면서 유아마다 서로 의견이 다를 수 있다는 것을 이해하고, 모두의 이익을 위해 때로는 자신의 이익을 양보할 필요성이 있다는 것을 알게 된다. 유아의 협력하기 기술을 향상시키려면 다음과 같은 방법을 사용할 수 있다.

① 협력하기를 잘 한 유아들을 격려한다.
② 협력하기에 적절한 집단 크기를 정한다.
③ 경쟁적 분위기를 조장하지 않는다.

(5) 갈등해결하기

갈등 해결을 돕기 위한 상호작용은 유아들로 하여금 갈등의 원인과 결과의 관계를 연결지어 이해할 수 있도록 지원함으로써 유아들이 문제를 전체적으로 보고 어떤 특정 행동이 어떻게 갈등 해결에 작용하게 되는지 이해할 수 있도록 돕는다(박찬옥 외, 2013).

갈등해결을 지도하기 위한 단계는 다음과 같다.

① 문제의 인식 : 무슨 일이 있었니? 이 친구의 기분은 어떠니?

유아들은 갈등이 일어난 원인을 알아야 하며, 내 탓 네 탓의 문제가 아닌 갈등 상황에 있는 두 입장의 관점이 포함된 공유된 문제로 인식하여야 한다.

② 해결책 모색 : 어떻게 할 수 있을까?

갈등해결을 위해 모든 해결책에 대해 생각해 볼 수 있는 기회를 갖는다.

③ 전략의 실행 : 만약 ~한다면 어떻게 될까?

실행단계에서 유아들은 바람직한 언어와 행동을 사용하여 갈등상황을 전환하는 해결전략을 실행해 본다.

④ 전략 효과 및 결과에 대한 평가 : 네가 ~하니까 어떻게 되었니?

자신들이 선택한 전략의 효과를 갈등 해결 결과 및 갈등 쟁점과 관련지어 평가해 본다. 교사는 유아가 선택하고 적용한 전략에 대한 갈등 쟁점과 상대방의 반응에 기초하여 그 효과를 스스로 평가해볼 기회를 제공한다.

2) 사회학습 기술

① 사회 정보를 모으기

사회적 정보란 자연적, 인문적 특징, 그런 장소에 살고 있는 사람들의 활동과 상태에 관한 정보이다. 궁금한 질문에 답하기 위해서 다양한 정보원에서 다양한 정보를 수집하는 것부터 시작해야 한다. 유아기에 사회정보를 습득하는 자원으로 견학, 책, 그림, 지도 등을 활용할 수 있다.

② 사회 정보를 조직하기

수집된 자료들은 시각적, 그래픽 형태로 분리되고 분류되어야 한다. 사회 정보를 조직하는 데는 여러 가지 방법이 있지만 그중 지도, 그래프 그리기, 그림 그리기, 만들기 등이 가장 핵심적인 역할을 한다.

③ 사회 정보 분석하기

지리적 정보를 분석하는 것은 패턴, 관계성(relationships), 연결성(connections)을 찾는 것과 관련되어 있다. 정보를 분석하고 해석함에 따라 의미 있는 패턴과 과정이 나타난다. 지도, 그래프, 다이아그램, 표, 기타 정보원을 통해 자료들 간의 관계와 유사성을 확인하고 패턴을 인식하고, 추론해내야 한다.

Chapter 7

유아사회 교수-학습 방법

교육 목표와 교육 내용이 결정되면, 이를 효과적으로 전달할 수 있는 교수-학습 방법을 탐구해야 한다. 유아의 발달 수준과 흥미에 기초한 구체적이고 실제적인 경험을 제공하여 유아의 사회적 기술과 사회적 능력을 발달시킬 수 있어야 한다(박찬옥 외, 2016).

1. 사회교수전략

1) 자기표현

유아들은 자신의 느낌과 생각을 자유로이 표현하면서 자신감과 긍정적 자아개념을 발달시키게 된다. 유아들은 자기 표현과정에서 개인적 정서와 사회적 인지과정을 자연스럽게 나타내게 된다. 이런 과정 속에서 다른 사람의 생각과 느낌을 알 수 있게 된다. 자기표현은 유아의 사회성을 발달시키는 데 기본적 전략이 될 수 있다.

교사는 유아가 주도적으로 자신의 느낌과 생각을 자유롭게 표현하고 다른 사람들과 함께 협동적으로 표현할 수 있도록 다양한 기회를 마련해 주어야 한다. 자기표현 방법은 행동, 조형, 언어 등이 있다.

① **행동적 표현** : 역할놀이, 구성놀이, 게임, 신체 활동 등 행동으로 자신의 생각과 느낌을 표현한다.

② **조형적 표현** : 그림, 만들기, 꾸미기 등으로 유아 내면의 감정과 사고를 표현한다.

③ **언어적 표현** : 부정적, 긍정적 감정을 말이나 글로 표현하거나 문제해결 방법을 말이나 글로 표현한다.

2) 토의

토의는 유아들이 어떤 주제 또는 사회적 갈등 상황에 대해 서로의 의견을 표현하는 과정에서 의견들 사이의 유사점과 차이점을 비교하고 문제해결의 방법을 논의하는 과정을 말한다.

토의는 유아들이 자신의 입장을 효과적으로 전달하고 타인의 입장을 고려하면서 서로의 생각을 공유하도록 도울 수 있는 효과적인 방법이다. 토의를 통하여 유아들은 문제를 해결하기도 하고, 게임의 규칙을 만들기도 하며, 새롭고 재미있는 활동을 제안하기도 한다. 토의 진행은 토의주제, 교사의 역할, 집단의 크기 등에 영향을 받는다. 이를 살펴보면 다음과 같다(조순옥 외, 2008).

토의 주제는 모든 유아들이 공통된 관심을 끌 수 있는 내용이어야 한다. 즉, 생활 중에 모든 유아들이 경험할 수 있는 구체적인 상황이나 유아들이 알아야 할 기본적인 개념의 이해, 도덕적 가치관에 관한 내용들을 선정하는 것이 좋다. 성공적인 토의를 위해 교사는 교실 안에서 실제 일어난 상황이나 유아들이 관심을 가질 만한 상활을 제시하여 문제 상황에 대한 유아들의 반응이나 의견, 생각을 이끌어 낼 수 있다. 일상생활에서 흔히 나타나는 문제 상활을 그림으로 제시하여 해결방안을 함께 찾아보는 기회를 가질 수도 있다.

유아들은 자기중심적 사고가 강하여 다른 사람의 의견이나 입장을 잘 이해하지 못하고 자신신의 감정이나 생각을 말로 표현하는 능력이 부족하기 때문에 토의에 참여하는 데 어려움을 느낀다. 그래서 교사는 유아들이 자유롭고 편안하게 서로의 의견을 교환할 수 있는 분위기를 조성해 주는 것이 중요하다.

유아들이 골고루 참여 기회를 가질 수 있도록 하기 위해 토의는 6~8명 정도의 소집단을 중심으로 실시하는 것이 효과적이며, 서로 마주보고 앉을 수 있게 둥글게 앉거나 반원으로 앉아서 이야기하는 형태가 가장 바람직하다.

둥근 형태로 앉아서 토의를 할 때 유아들은 서로의 얼굴을 보고 이야기하기 때문에 비언어적·언어적 소통을 사용하여 의견을 나누게 된다.

소집단 토의가 사회교육의 효과적인 방법이기는 하지만 유아들이 언어적인 능력의 제한으로 자신의 생각을 잘 표현하지 못하며 자기중심적인 특성으로 다른 유아들의 이야기를 주의 깊게 듣는 태도가 미숙할 수 있다. 이를 돕기 위해 교사는 유아와 함께 토의에 참여하여 의견 제시자, 촉진자, 중재자 역할을 한다.

소집단 토의 지도 시 교사가 고려해야 할 점은 다음과 같다(성혜자 외, 2008)

- 교사는 어느 한 의견에 치우쳐서 판단하기보다는 중간적 입장에서 유아들의 생각을 정리 해주는 역할을 하며 결정은 유아들이 스스로 내릴 수 있도록 한다.
- 교사는 유아들의 이해를 돕기 위해 토의 주제와 관련된 그림이나 사진 또는 책 등의 보조 자료를 제시하여 유아들이 주어진 주제에 대해 충분히 생각할 수 있도록 돕는다.
- 토론 주제에 대한 유아가 자신의 생각을 정리하고 표현할 수 있도록 충분한 시간적 여유를 제공한다.
- 개방적이고 자유로운 분위기에서 토의가 이루어지도록 한다.
- 토의에 차명한 모든 유아들이 골고루 발표할 수 있는 기회를 제공한다.
- 다른 사람의 말을 주의 깊게 듣도록 하며, 상대방의 의견이 나와 다를지라도 다른 사람의 생각이나 의견을 비웃거나 비난하지 않도록 한다.
- 토의 시간은 주제 및 유아들이 연령에 따라 다르기는 하지만 대략 10~20분 이내로 하는 것이 좋다.
- 토의과정에서 교사의 간섭을 최소화하며 교사의 설명 위주의 토의가 되지 않도록 한다.

위의 유의점을 고려하여 토의 활동을 진행하는 방법은 다음과 같다(오채선 외, 2008).

- 소집단 토의를 위한 주제를 선정한다. 주제는 유아들이 이미 익숙하게 알고 있는 주제, 정답이 없으면서, 서로의 의견을 교환할 수 있는 것으로 선정한다. 그 이유는 소집단 토의 활동 시 토의 내용이 너무 추상적이거나 유아들이 잘 알지 못하는 주제일 경우에는 토의를 진행하기 어렵기 때문이다.
- 소집단 토의 환경을 준비해준다. 이때 장소만이 아니라 소집단 토의에 필요한 교수-학습 자료도 함께 준비한다. 예를 들어, 교사가 컴퓨터, 백과사전, 토의 주제와 관련된 서적, 인터넷 자료를 준비하면 유아들이 토의를 진행하면서 궁금한 점을 해결하고 토의를 할 수 있다. 이러한 과정을 사회과학적 조사방법의 일부라고 할 수 있다.
- 교사는 토의 주제에 대하여 충분히 숙지하고 있어야 하며, 토의의 진행을 돕기 위한 질문 목록을 준비한다. 교사는 유아들의 토의과정을 지켜보다가 유아가 잘 이해하지 못하는 부분이 있을 때 또는 짚고 넘어가야 할 중요한 사항이 있을 때 적절히 질문할 수 있다.
- 토의 시에 지켜야 할 약속에 대해 이야기 해준다.
- 교사는 토의과정을 지켜보다가 유아들의 대화가 토의 주제에서 벗어날 때 주제로 관심으로 모으거나 유아들의 말을 명료화해준다.
- 소집단 토의의 시작 시간과 마무리 시간을 정한다.
- 토의 결과는 소집단 유아나 전체 집단 유아들에게 발표할 기회를 준다. 이러한 경험을 통하여 유아들은 자신이 참여한 토의 내용과 결과에 대해 더 잘 알게 되며, 이후 다른 토의 활동에 적용하게 되고 토의를 아직 경험하지 못한 유아들에게 소집단 토의를 간접적으로 경험할 수 있는 기회를 제공한다.

3) 문제해결

우리는 일생을 살아가면서 끊임없는 문제 상황을 접하게 되고, 자신의 경험과 지식을 활용하여 서로 다른 방법으로 문제를 해결한다. 유아들도 매일의 삶에서 문제 상황에 처하여 해결을 해야 할 때가 많다. 유아들이 일상생활에서 발생하는 문제 상활을 이해하고 이를 해결하는 것은 중요한 사회적 능력의 일부이다. 유아들은 또래들과 함께 생활하면서 갈등 상황을 만나게 되는데 이때 공격적인 행동이나 즉흥적인 방법으로 해결하려는 유아들을 볼 수 있다. 이러한 행동은 자기 통제력이나 의사소통과 같은 사회적 기술이 부족한 유아일수록 많이 나타난다. 교육을 통해 이러한 유아들이 합리적이고 언어적인 방법으로 문제를 해결할 수 있도록 도와야 한다. 특히 유아 간의 문제를 해결하기 위해서 서로 간에 의견을 조율하거나 양보하기, 타협하기 등의 기술이 문제해결에 필요하다고 볼 수 있다.

유아가 문제해결을 잘하기 위해서는 문제해결 전략을 발달시켜야 한다. 문제해결 전략이란 학습자와 교사가 함께 문제 상황에 대해 그 원인과 해결책을 모색하여 문제해결을 시도하는 것이다. 문제해결 전략은 유아 스스로 사고하면서 문제를 해결해 보는 과정으로 민주 시민교육의 기초가 되며 합리적 사고와 책임감 있는 행동을 발달시키는 기초가 된다. 문제해결력을 증진시키는 방법으로는 문제 상황에 대한 역할극, 인형극, 동화 등을 통해 타인의 입장을 배려해 보는 경험의 기회를 제공하는 것이 있다. 이렇게 하여 유아들이 타협, 양보, 제안 등과 같은 다양한 사회적 기술, 사고 능력을 잘 발달할 수 있도록 한다.

문제해결과정은 다섯 단계로 나누어 볼 수 있다(박찬옥 외, 2005).

- 1단계 : 문제의 인지

문제가 내포된 상태에서 문제가 무엇인가를 확인하고 그것을 전체적인 상황과 관련지어 생각한다.

• 2단계 : 문제에 대해 정확한 규명과 정의 내리기
문제를 정확하게 진단한다.

• 3단계 : 가능한 해결방안의 제시
문제에 대한 가능한 해결 방안과 잠정적인 해답을 내린다.

• 4단계 : 여러 대안에 대한 검토
문제 해결을 위해 제시한 여러 대안을 체계적으로 검토한다.

• 5단계 : 최선의 대안 선택
논리적인 추론을 거쳐 해결안을 결론으로 채택하는 단계이다.

교사는 유아의 문제해결력을 증진시키기 위해 유아들의 지적·정의적 특성을 파악하고 유아들이 일상생활에서 직면하는 여러 문제들을 해결해야 할 과제로 구성하여 유아들이 교사가 제시한 문제에 대하여 충분히 생각한 뒤 결론을 도출하도록 지도해야 한다. 또한 다른 사람과 의논하며 문제를 해결하는 습관을 갖도록 하고, 유아들에게 적절한 질문을 하여 유아들이 비판적으로 사고하고, 정확하고 다양한 정보를 수집할 수 있도록 도움을 주어야 한다.

4) 사회적 추론

사회적 추론은 논리적인 설명, 칭찬, 유아의 행동의 결과에 대한 예측 등을 통하여 유아가 자신이 한 행동의 원인과 결과의 관계를 판단하고 사회에서 일반적으로 수용되는 행동을 하도록 하는 교수전략이다.

사회적 추론은 두 입장에서 설명할 수 있다. 하나는 인지적 측면을 강조한 입장이고, 다른 하나는 감정이입에 기초한 정의적 측면을 강조한 입장이다. 전자를 도덕적 추론, 후자를 귀납적 추론이라고 말할 수 있는데, 이 두 추론에 대해 살펴보면 다음과 같다.

먼저 도덕적 추론은 유아에게 문제 상황에 관련된 추론을 자극하는 가설적 딜레마 상황을 제시하여 이야기하게 하는 방법이다. 이 방법에서는 유아에게 하나의 상황을 제시한 후 상황 속의 주인공이 어떻게 해야 할지, 왜 그렇게 해야 하는지를 이야기하도록 한다. 이 방법은 유아가 듣고, 생각하게 되는 것이 유아 자신의 실제 상황이 아닌 가설적 상황이기 때문에 좀 더 자유로운 추론에 의한 이야기가 가능하다는 장점이 있다. 하지만 유아의 도덕적 추론이 논의에서 끝나버리고 자신의 행동에 쉽게 적용하지 못하는 단점도 있다.

도덕적 추론을 위한 딜레마를 구성하는 기준을 살펴보면 다음과 같다.

- 유아들에게 상황을 제시할 때에는 유아가 흥미를 가질 수 있는 재미있는 내용의 극적 이야기를 제시해야 한다.
- 유아는 무엇이 옳은가에 대해 한 가지로 동의하기 어려우므로 동의를 강요하지 말아야 한다.
- 교사는 옳은 대답을 해주기보다는 유아 자신의 사고단계에서 풍부한 추론을 하도록 유아를 자극해야 한다.

다음으로 귀납적 추론은 유아들이 왜 착한 행동을 해야 하고 잘못된 행동을 하지 말아야 하는지를 이해하도록 돕는 방법이다. 이 방법은 유아가 당면한 현재 상황에서 하게 될 행동이 초래할 결과를 교사가 논리적이고 설득력 있게 설명할 때 효과가 있다.

귀납적 추론이 유아의 사회적 행동 변화에 효과가 있는 이유를 보면 다음과 같다.

- 귀납적 추론은 유아로 하여금 그릇된 행동에 대한 죄책감을 느끼게 하기 때문에 효과가 있다. 유아가 그릇된 행동을 하고 싶을 때 그 행동이 타인에게 미칠 부정적 결과 및 죄책감을 예측함으로써 그 행동을 하지 않기 때문이다.

- 귀납적 추론은 적절한 행동과 부적절한 행동에 대한 일반적인 원리를 유아에게 가르쳐 주기 때문에 유아는 그것을 새로운 상황에까지 적용할 수 있기 되기 때문이다.
- 귀납적 추론의 교육을 받은 유아는 후에 그릇된 행동을 하게 될 경우 과거에 들은 교육의 내용을 회상할 수 있다.

이와 같은 귀납적 추론은 언어적으로 유아의 이성에 호소하는 방식이므로 교사나 부모의 실천적 행동과 일관된 교육 태도를 보일 때 효과적일 수 있다.

5) 모델링

모델링은 사회적으로 가치 있는 행동을 유아에게 제시하고 학습하도록 돕는 효율적 방법 중의 하나이다. 유아들에게는 사회적 환경에서 직접적 상호작용과 시행착오를 통한 학습이 가장 중요하다고 볼 수 있지만, 유아들은 그들 주변의 영향력이 있는 사회적 인물들 중에서 유아 자신이 존경하고 친밀감을 느끼고 신뢰하고 멋있고 매력적이라고 생각하는 모델들을 보고 학습하게 된다. 유아들과 가장 가까이 있는 자신의 부모나 형제, 자매, 선생님과 유능한 또래나 TV 속의 인물들은 유아들에게 중요한 모델이 된다.

유아들이 어린이집과 유치원에서 교사와 상호작용할 때 교사가 보여주는 친사회적 행동은 유아들로 하여금 어떻게 행동하여야 하는가를 배울 수 있는 강력한 실마리가 된다. 유아는 여러 상황에서 교사의 행동과 반응을 자세히 살핀다. 그러므로 교사는 유아가 학습하기를 바라는 행동을 언어적 훈계나 지시만을 할 것이 아니라 교사 스스로 먼저 모범적인 행동을 보여준다. 유아는 이를 관찰하고 모방할 것이다. 모델링의 교수-학습 방법은 새로운 행동양식을 처음으로 익히게 할 때, 바람직한 행동 양식을 강화하고자 할 때, 기존의 행동 양식을 촉진시키고자 할 때 사용할 수 있다(박찬옥 외, 2005).

6) 설명

설명은 유아들의 개념 획득을 위하여 사용하는 방법의 하나로 유아가 일반적 원리를 이해하도록 한 후에 이 원리를 구체적 사례에 적용하여 개념의 구조를 형성해 나가도록 하는 방법이다. 이 방법은 교사들이 사회적 관계에 관한 지식들, 즉 예절, 전통 윤리 존중, 공중도덕, 질서의식 등 배워가야 할 사회생활의 기본 개념들을 가르치고자 할 때 사용할 수 있다.

2. 사회교육 활동 유형

1) 견학

견학은 유아가 자신을 둘러싼 세계에서 일어나는 다양한 현상들에 직접 참여하여 감각을 통해 느끼고 경험하는 능동적인 학습 활동이다. 견학을 통해 유아들은 자신이 속한 사회에 관심을 가질 수 있으며, 사회에서 일어나는 다양한 현상들에 대한 정보를 수집하여 사회적 질문에 대한 해답을 발견할 수 있다.

견학은 사회 현상 및 사건들에 대한 유아의 흥미를 불러일으켜 새로운 학습을 자극하며 유아가 질문을 제기하고 탐색하고 문제를 해결하고 또래 유아들과 이를 함께 나누고 토의하는 과정에 참여할 수 있는 기회를 제공한다. 유아들은 견학을 통해 지역사회의 다양한 기능과 생활양식, 사람들의 상호작용과 관계, 생산과 소비의 개념, 직업의 중요성 등 사회과학의 기본 개념들을 이해할 수 있다(서동미 · 엄은나 · 이혜경 · 박성희, 2009).

견학의 교육적 가치는 다음과 같다.

- 교실 내에서는 경험하기 어려운 것을 직접 경험하여 주변 환경에 대한 지식을 확장시킬 수 있다.

- 견학을 통해 주변 환경을 보다 자세히 알게 되고, 지역사회에 대한 친근감을 갖게 된다(Seefeldt, 2001).
- 다양한 직업 세계에 대한 이해를 넓히며 성인 모델과 접촉할 수 있는 기회를 갖는다(Seefeldt, 2001).
- 또한 지역사회 내 다양한 기관과 장소에서 이루어지는 직접적이고 구체적인 체험들을 통해 유아는 사회과학의 개념 지식뿐 아니라 사회적응을 위한 다양한 기술과 태도를 습득할 수 있다.
- 유아교육기관 주변을 산책하면서 동네에 있는 가게와 기관들에 대해 관심을 갖고, 거리의 이름 찾기나 지도 그리기 활동 과정에서 방향 및 공간개념, 지도 사용 기술 등을 익힐 수 있는 기회를 갖게 된다.

견학은 유아들이 속한 지역사회와 관된 직접적이고 구체적 경험을 주는 중요한 활동으로 유아교육기관 주변 돌아보기와 같이 유아와 가까이 있는 환경에 대한 탐색으로부터 시작할 수 있다. 그 외에도 유아들의 사회학습을 위한 견학 장소로 도서관, 박물관, 소방서, 경찰서, 우체국, 방송국, 동물원, 식물원, 시장, 노인정, 학교, 목욕탕 등이 있다.

견학의 장소는 진행되는 주제에 따라 유아 주변의 모든 곳이 견학 장소가 될 수 있으며 각각의 장소마다 유아들에게 특별한 경험을 제공해 준다. 의미 있는 견학 활동이 되기 위해서는 장소 선정 시 고려해야 할 점이 있다.

- 지역사회에서 견학할 수 있는 장소들에 대하여 사전 조사를 한다.
- 유아의 흥미와 발달 수준에 적합한 경험을 할 수 있는 곳을 선정한다.
- 견학을 위해 누구와 연락을 해야 하며, 유아들의 견학을 환영하는 곳인가를 알아보아야 한다.
- 교육 목표를 달성하기에 적합한 곳인지 판단한다.
- 교실의 경험과 통합되는 경험을 제공할 수 있는 장소인지 판단한다.
- 유아들이 간편하게 갈 수 있는 견학 장소인지를 고려한다.

- 계절이나 절기 등을 고려하여 장소를 선정한다.
- 유아교육기관에서 견학 활동 이후 부모들과도 재방문이 가능한 장소인지 알아본다.

견학이 보다 효과적인 교수-학습 방법이 되기 위해서는 사전에 계획을 잘 세워야 한다. 교사는 견학을 통해 유아들에게 가르치고자 하는 목표를 분명히 하고, 유아들이 견학을 통해 배울 수 있는 실질적이고 체계적인 계획을 세워야 한다. 또한 유아들의 안전을 위해 유의해야 할 점 등을 고려하여 일정을 계획하고 준비해야 한다. 견학 전 준비해야 할 점은 다음과 같다.

- 견학 장소에 협조 공문을 발송한다.
- 교사는 견학할 곳을 사전에 답사하여 안전에 대해 점검한다.
- 견학 장소의 화장실, 시설, 급수대의 위치, 점심 식사 장소 등을 확인한다.
- 견학에 소요되는 시간, 견학 장소까지의 이동거리 등을 점검한다.
- 교육지원 담당자 여부를 확인하고 담당자의 연락처를 기록해 둔다.
- 견학하기에 적합한 시간과 집단 구성을 계획한다.
- 부모에게 견학에 대한 통신문과 견학 동의서를 보내고, 부모의 사인을 받는다.
- 자원봉사자를 결정하고, 비상시의 계획을 세우며, 응급치료에 필요한 물품을 준비하도록 한다.

견학이 일회성의 행사가 아닌 교육적 활동이 되기 위해서는 체계적으로 계획되어야 한다.

(1) 사전 활동

사전 활동은 유아들이 견학의 목표를 인식하고 견학할 내용과 그 이유를 이해하며 견학에 대한 흥미와 관심을 갖도록 돕는 과정이다.

- 견학할 장소를 방문한 적이 있는지 유아의 경험을 이야기 나눈다.
- 견학 장소를 소개할 수 있는 그림, 사진, 브로슈어 등을 통하여 유아가 견학 장소에 흥미를 가지고 새로운 경험에 대한 기초지식을 갖도록 한다.
- 견학 장소에서 알아보고 싶은 것에 대한 질문을 기록한다.
- 안전한 견학을 위해 지켜야 할 규칙들을 정하고 기록해 둔다.

(2) 본 활동

본 활동은 견학 활동을 하는 것으로 유아의 흥미가 견학의 목적에 집중될 수 있도록 지도한다.

- 견학 장소에 도착하여 안내도를 보면서 견학의 전반적인 과정과 활동 순서를 알아본다.
- 유아들이 흥미를 보이는 부분을 충분히 관찰하고 조사하도록 한다.
- 유아들이 기록한 질문의 내용을 알아보기 위해 관찰하고, 탐색하며, 발견하고, 질문할 수 있는 충분한 시간을 준다.
- 사후 활동 시 활용할 수 있도록 유아들은 관찰한 내용을 그림 그릴 수 있으며, 교사는 사진을 찍어두거나 테이프 녹음 등을 한다.
- 현장의 사람들을 만났을 때 유아들이 궁금한 내용을 질문할 수 있는 시간을 갖는다.
- 교실에 돌아가 견학 평가 또는 사후 활동을 위해 현장의 물품들을 수집할 수 있는 시간을 갖는다.

(3) 사후 활동

사후 활동은 견학에서 유아들이 체험한 내용을 회상하고, 다른 활동으로 확장하는 것이다. 사후 활동으로 의문점에 대해 이야기하기, 견학한 곳을 재현하는 놀이하기, 책, 영화 등을 봄으로써 추가적 경험하기, 블록, 그림 등으로 창작 활동을 하거나 음률 활동을 통한 창의적 표현 활동을 해볼 수 있다.

사후 활동을 통하여 유아는 자신의 경험을 재구성할 수 있고, 사건과 생각을 연결시키며, 창의적인 표현을 할 수 있으며, 극화 활동에도 참여할 수 있다.

2) 극놀이

극놀이는 유아가 주변에서 만난 다양한 인물들이나 사건, 동화 속 주인공의 삶, 견학을 통해 보고 들은 내용을 모방하면서 자신의 감정을 표현하고 타인의 반응과 감정을 이해할 수 있는 사회학습의 한 형태이다. 극놀이는 유아에게 영향을 주는 사람이나 사건을 모방함과 동시에 유아의 생활을 재구성하는 창조적인 과정이라고 할 수 있다. 유아들은 흥미 있는 상황을 표현하고자 하는 욕구를 가지고 있는데, 각본이 주어지지 않은 자발적이고 자연스러운 극놀이를 통하여 창의적인 능력을 발달시킨다. 또한 극놀이는 유아가 자신의 경험을 새롭게 창조하기 위해 외부 세계에 있는 사회적·물리적 경험을 자신의 지적·정신적·정서적 과정에 통합시킨다. 이러한 과정을 통해 유아는 추상적 사고 능력과 문제해결력, 사회적 기술을 발달시킬 수 있다.

극놀이의 교육적인 가치는 다음과 같다.

- 일상생활에서 문제를 해결할 수 있는 능력을 기른다.

극놀이에 참여하기 위해 유아는 또래들과 역할, 놀이 공간, 소품과 관련된 결정을 해야 한다. 때로는 갈등을 빚기도 하지만, 극놀이를 시작하고 지속하기 위해 타협하고 의견을 조율하는 방법을 차츰 배우게 된다. 이러한 과정에서 문제해결력을 기를 수 있다. 또한 동화의 갈등 해결과정을 극으로 표현하면서 실제 상황에서 이와 유사한 문제가 발생했을 때에 합리적으로 문제를 해결할 수 있는 능력을 기를 수도 있다.

• 친사회적 의사결정 능력과 행동을 발달시킨다.

갈등 상황을 평화롭게 해결하고 서로 협력하는 가치를 담은 동화의 내용을 극화하면서 유아들은 자연스럽게 친사회적 가치를 내면화하고 행동할 수 있다. 또한 극놀이를 하기 위해 자료를 나누고 역할을 조정하면서 협력하기와 차례 기다리기, 양보하기 등의 친사회적 행동을 발달시킨다.

• 다른 사람의 입장을 이해하는 타인조망 능력이 발달한다.

다양한 사람들의 역할을 경험하면서 주인공에게 감정이입하고, 타인의 입장에서 상황을 이해하고 판단할 수 있는 기회를 갖는다. 이와 같은 경험을 통해 유아들은 사회성을 발달시킨다.

• 인지적 사고의 발달을 돕는다.

상상적 극놀이를 하기 위해 유아는 자신의 경험을 회상하고 주변 사람들의 행동과 언어적 표현을 기억하며 이를 상징적으로 표현한다. 유아는 자신의 생각을 극놀이로 전환하기 위해 주변의 사물에 상징을 부여하여 놀이에 활용하기도 한다. 또한 극놀이를 하는 과정에서 사람들의 역할과 환경, 사용되는 사물의 용도 등에 대한 인지적 정보를 습득한다. 예를 들어, 병원놀이를 반복하는 유아들은 병원에서 사용하는 도구와 사람들의 역할, 공간 구성 등에 대해 더 많은 정보를 얻게 되고, 질병과 의사, 간호사의 역할에 대한 다양한 개념을 습득할 수 있는 기회를 갖는다.

• 언어적 표현 능력과 타인과의 의사소통 기술이 발달된다.

극놀이는 다양한 역할을 맡은 유아들의 언어적·비언어적인 의사소통을 통해 진행이 된다. 유아들은 다른 어떤 활동에 비해 극놀이에서 빈번한 언어적 상호작용을 한다. 이 과정에서 자신의 생각을 분명하게 표현할 수 있는 기회를 가지며, 다른 유아의 말을 주의 깊게 듣는 능력이 자라게 된다. 또한 극놀이를 하면서 새로운 어휘를 배울 수 있는 기회를 갖게 된다. 병원놀이의 경우, '체온', '청진기', 'X-레이', '진단서' 등의 일상에서 자주 사용하지 않는 어휘를 사용하고 이해할 수 있는 기회를 갖는다. 이는 유아들의 언어 발달로 연결될 수 있다.

- 의미 있는 방법으로 학습 기술과 개념을 학습한다.
- 각본 없이 창의적으로 극놀이를 진행하면서 추상적인 사고와 창의성이 발달한다.
- 다양한 역할을 경험함으로써 사회적 기술과 통찰력을 발달시킨다.
- 심리적인 갈등 요소들을 밖으로 표출시킴으로써 유아가 갖고 있는 갈등이나 긴장이 해소되는 치료의 역할을 한다.

극놀이는 실내·자유선택 활동시간의 역할영역과 쌓기영역에서 자발적으로 이루어지기도 하며, 동극과 이야기 나누기와 집단토의, 동화, 견학 등의 다양한 활동으로 전개된다.

실내·외의 자유선택 활동 시간의 극놀이는 유아들이 놀이를 위한 계획을 세우고 실제 놀이를 수행하는 데 충분한 시간과 기회를 제공한다. 때로 교사는 극놀이가 필요하다고 판단할 경우, 자유선택 활동 시간에 제공하는 다른 흥미영역의 수를 줄이고 극놀이를 확장하여 진행할 수 있다. 자유선택 활동 시간에 극놀이는 역할영역과 쌓기영역에서 주로 이루어지는데, 역할영역이 쌓기영역과 인접하여 있을 때에 사회극놀이가 더욱 활발하게 나타난다.

유아들이 진행하는 극놀이의 종류로는 일상생활에서 일어나고 있는 사건을 재현해 보는 생활극놀이와 다른 사람의 입장이나 역할을 모방해 보는 역할극놀이, 동화 속의 주인공이 되어 동화내용을 전개해 나가는 동화극놀이, 소리를 내지 않고 하거나 의성어나 의태어 소리만 내어 표현하는 무언극놀이 등이 있다. 이때 극놀이의 주제는 유아들이 생활하면서 경험하는 모든 것과 유아들이 흥미를 갖는 이야기의 내용, 유아들이 관심 갖는 인물들의 행동 등 모두 극놀이의 주제가 될 수 있다. 극놀이는 때로 교사의 교육적 의도에 의해서도 시작될 수 있다. 유아 간의 갈등 상황이나 문제행동이 일어났을 때도 교사는 즉시 그 내용을 요약하여 들려주고 극놀이로 유도할 수 있다. 이러한 활동은 유아의 추상적 사고의 발달을 도울 뿐만 아니라 유아의 언어적 기술과 언어 사용의 발달을 도와주며 문제해결력을 증가시켜 주고 유아의 사회적 기술을 발달시킨다.

어떤 형태, 어떤 주제의 극놀이든지 유아들이 극놀이를 할 때 교사는 유아가 자발적으로 극놀이를 선택하여 즐겁게 놀이할 수 있는 환경을 제공해 주어야 하며, 극놀이가 확장되고 창의적으로 진행되기 위해서는 극놀이를 위해 다양한 의상과 소품을 준비해 주는 것이 좋다. 또한 극놀이에 참여하지 못하는 유아를 위해 적절한 도움을 주어야 하고, 유아들의 대화에 귀를 기울여 문제가 발생하였을 때 교사가 개입하여 문제해결을 돕도록 한다.

교사는 극화놀이를 하기 전에 놀이의 주제, 내용의 개요를 알려 주고 놀이의 계획부터 유아들이 참여하도록 한다. 즉, 시설과 자료의 준비, 역할의 분담 등에 유아들이 참여할 수 있도록 유도한다.

유아의 놀이가 심화되고 확장될 수 있도록 적절히 개입하여 질문을 하거나 제안을 해주어야 한다. 때로는 유아의 놀이 속에 직접 참여하여 행동의 모델을 보여줌으로써 유아의 놀이에 흥미를 더해준다. 그러나 교사가 유아들의 놀이에 지나치게 깊이 개입하거나 오랜 시간 머물 경우 유아의 극놀이에 방해가 될 수 있으므로 유아들의 놀이가 진행되는 상황을 평가하여 서서히 교사의 개입 수준을 줄이도록 한다.

3) 자원인사 초청

지역사회는 일정한 범위 안에 살면서 공동의 규칙과 관습, 공동체 의식, 공통 관심사 등을 갖는 집단이다. 지역사회는 유아와 유아의 가족이 거주하는 곳으로서 지역사회의 규범과 가치를 학습할 수 있으며, 그 지역에서 이루어지는 생산과 분배, 소비에 대해 직접 경험을 제공한다. 이와 같이 유아들은 유아교육기관 주변의 환경을 탐색하고, 지역사회의 행사에 직접 참여하여 공동체 의식과 나눔의 정신, 경제 인구로서의 활동 등을 할 수 있다. 또한 진행하는 주제에 대한 이해를 확장하기 위해서 지역사회의 학습 자원을 활용할 수 있다. 예를 들어, 교통기관에 대한 주제를 진행할 때 지역사회와 연계를 한다면 세차장이나 주유소, 카센터 등의 견학 활동을 통해 자동차에 대한 정보를 얻을 수 있고, 책에 대한 주제를 진행하면서 서점과 도서관 등을 방문하여 책에 대한 흥미와 책을 다룰 때의 태도, 책의 종류와 분류방식, 도서 대여의 순서 등에 대한 이해를 확장할 수 있다.

지역사회의 어른들을 교실로 초청하여 지역사회의 역사나 풍습에 관한 이야기를 듣기도 하고 직업에 관한 것을 듣거나 보는 것도 유아사회교육의 유용한 방법이며, 유아들에게 살아 있는 교육이 될 것이다. 특히 예술가, 공예가, 군인, 지역사회 봉사자, 기자, 서비스업 종사자, 여행가, 작가, 의사 등 각기 다양한 분야에서 일하고 있는 지역사회 인사들을 방문하거나 직접 기관에 초청하여 그들과의 경험을 나누어 봄으로써 유아들의 경험과 흥미를 확장할 수도 있다.

다만 사회교육의 목적을 위해 자원인사를 초청하거나 지역사회 행사에 참여할 때는 초대되어 온 자원인사들이 자신의 방문목적을 분명히 알고 있어야 하며 유아들에게 줄 영향력을 예측할 수 있어야 한다. 또한 방문자나 유아 모두에게 즐거운 경험이 되어야 한다.

4) 게임

유아들은 게임하는 것을 좋아한다. 게임은 그 자체가 즐겁게 놀기 위한 것이며 반복하는 동안에 흥미가 증대된다.

게임은 분명한 규칙과 특별한 형태의 전략을 세우고 참여하는 가운데 만족감과 성취감을 제공하고 사회, 언어, 인지, 정서, 신체 발달 등 유아의 발달에 영향력을 행사할 수 있는 특징을 지니고 있다. 또한 게임의 내용에 포함된 수, 공간, 위치, 속도, 거리, 색깔, 모양 등을 다룸으로써 논리적 사고와 지적 활동을 촉진시킨다.

게임에는 승패가 있으며 따라서 긴장하게 되고 스릴을 느낀다. 이겼을 경우에는 만족감을 맛볼 수 있다. 반면에 졌을 경우에는 실패의 감정을 느끼기기는 하나 결과를 인정하고 이긴 팀에게 축하해 주며 이기기 위해 팀 구성원과 협력하는 등 하나의 정서를 다른 정소로 전화하고 조절하는 경험을 할 수 있다. 그리고 상대방의 관점을 고려하게 되는 기회를 가짐으로써 자기중심적 사고에서 벗어나는 탈중심화가 이루어지게 된다.

게임에는 일정한 규칙이 있다. 게임에 참가하는 모든 유아는 규칙을 잘 이해하고 약속을 잘 지키며 실천해야만 한다. 또한 유아들이 스스로 자율적으로 규칙을 만들어 가는 과정에서 유아들은 긍정적인 자아개념을 발달시킨다.

게임은 대부분 혼자서 하기보다는 여러 친구들과 함께 하기 때문에 게임을 통하여 규칙을 이해하고 게임을 진행하기 위해서는 친구들과 협조해야만 하며, 경쟁을 하게 되고 경쟁 속에서 자신을 통제하는 것을 배우게 된다.

이때 교사는 경쟁심을 조장하기보다는 유아들이 협력의 기쁨을 경험하도록 한다.

유아 주도의 게임이 되기 위해서 교사는 다음의 사항을 고려하여 지도한다.

- 유아들이 게임에 자발적으로 참여하도록 한다.
- 활동할 게임의 규칙을 유아들이 능동적으로 결정하도록 한다.
- 유아들의 발달수준에 적합한 기술을 요구하는 게임을 선택한다.
- 교사는 유아가 게임을 통하여 전인 발달이 이루어질 수 있도록 체계적인 활동계획을 세운다.
- 편 가르기를 할 때 성 유형의 고착화나 자존감을 손상시키는 방식으로 하지 않도록 한다.
- 사회적·언어적·인지적 운동기술 및 일상생활에 필요한 기술을 다룰 수 있는 다양한 게임을 제공한다.

• 게임의 결과보다 정해진 규칙과 약속을 지키도록 강조한다.
• 게임의 결과가 아닌 과정이나 규칙의 측면에 초점을 맞추어 평가한다.

5) 흥미영역 활동

흥미영역은 영역의 독립성을 보장하는 영역이지만 연계성을 동시에 고려하는 것도 필요하다. 예를 들면, 조형영역에서 비행기를 만들고, 쌓기영역에서 비행장을 구성하여 비행장놀이로 연계하거나 쌓기영역에 극놀이 무대를 만들고, 조형영역에서 극놀이 의상이나 소품을 만들어 연계한다면 이는 통합적 활동으로 확장되는 효과를 얻을 수 있다(김영옥 · 오숙현 · 임영숙 · 정경자, 2010).

흥미영역을 중심으로 한 환경구성의 교육적 의의는 다음과 같다.

• 다양한 활동을 경험하게 해준다.
• 물리적 경계 및 시각적 경계를 구분해주어 주의집중과 심리적 안정감에 도움을 준다.
• 구체적 경험중심의 통합적 활동이 이루어질 수 있다.
• 개별화된 놀이 및 학습 활동이 이루어질 수 있다.

(1) 쌓기영역

① 구성

쌓기영역에서 유아는 손으로 블록을 조작함으로써 눈과 손의 협응력, 시·지각적 인식, 대·소근육의 협응력 등의 신체 발달이 이루어진다. 교육과정에서 제시하고 있는 다양한 개념 발달을 고무할 수 있는 기회를 제공함으로써 긍정적 자아개념과 언어 능력을 촉진시킬 뿐만 아니라, 정서순화의 매개가 되기도 한다. 또한 공동의 목표를 위하여 작업을 함으로써 유아는 사회성이 고무될 뿐만 아니라, 사회과학적 개념을 이해하는 데 도움이 된다.

쌓기영역은 활동적이며 건조한 것으로, 주로 역할영역 앞에 위치하는 것이 좋다. 블록을 쌓고 넘어뜨리는 과정의 소음을 줄이기 위하여 부분깔개를 정리장 앞에 마련해주고, 블록을 최대한으로 활용하여 구성할 수 있도록 충분한 공간을 확보한다(유아 1~2명당 약 2/3평 정도, 3~5명당 약 2평 정도). 블록을 넣어두는 장은 문을 닫지 않고 개방식으로 하여 밑에는 주로 큰 블록을 쌓고, 작은 것은 위에 쌓도록 한다. 또한 밑에는 바퀴를 달아 영역을 재배열하거나 학습활동을 위하여 움직일 때 이동을 원활하게 한다. 쌓기영역에는 유아들이 흔히 블록과 함께 사용할 수 있는 보조 자료를 제공하는 것이 좋으며, 이는 놀이를 질적으로 확장하게 된다.

블록과 함께 사용할 수 있는 보조 자료는 유아들이 직접 제작한 것을 활용할 수도 있다. 예를 들면, 조형영역에서 만든 자동차나 비행기를 쌓기영역에 놓아두고, 다른 블록과 함께 놀이할 수 있도록 한다. 이를 위해서는 유아들이 직접 만든 보조 자료를 놓아 둘 수 있는 선반이 마련되어야 한다. 또한 쌓기영역의 벽면이나 바닥에 부착시키거나 깔고 활동할 수 있는 그림도 놀이를 정교화하고 확장시키는 데 도움을 줄 수 있다.

② 놀잇감 및 자료

- 다양한 적목 : 종이 벽돌블록, 단위블록, 공간블록, 우레탄블록 등
- 크고 작은 모형 : 교통기관 모형, 사람 모형, 동물 모형 등
- 사회극 놀이에 필요한 소품들 : 가면, 간판 표시물 등
- 기타 자료 : 쌓기놀이에 아이디어를 주는 책, 화보 등

③ 연령별 유의점

쌓기영역 구성의 연령별 유의점은 다음과 같다.

연령	유의점
만 3세	• 늘어놓기, 높이 쌓기, 연결하기, 막힌 공간 만들기, 간단한 구성물 만들기 등을 주로 하므로 정사각형, 직사각형 등의 기보 형태의 블록을 제공한다. • 종이 벽돌블록이 매우 유용하다. • 공간이 넓은 곳에서는 우레탄블록 같은 가볍고 커다란 블록도 유용하다. • 놀이의 확장을 위해 동물 모형, 사람 모형, 자동차 모형 등을 제공한다.
만 4세	• 조금 복잡한 구조물을 만들기 시작하므로 단위블록이 유용하다. • 놀이의 확장을 위해 동물 모형, 사람 모형, 자동차 모형 외 다양한 소품을 제공한다.
만 5세	• 단위블록과 공간블록을 많이 활용하여 많은 양의 블록이 유용하다. • 다양한 쌓기놀이로 확장하기 위하여 관련사진이나 그림카드를 제공한다. • 필요한 소품을 유아 스스로 제작하여 놀이에 활용할 수 있도록 한다. • 쌓기놀이 공간의 높낮이를 조절하여 구성할 수 있도록 책상, 널빤지, 의자 등을 활용한다.

(2) 조작영역

① 구성

이 영역에서 유아는 주로 개별적인 탐색 활동을 많이 하게 되므로, 소근육, 수 개념, 모양과 크기 개념, 언어 발달을 도와줄 수 있는 교구를 마련한다. 유아의 흥미와 자발적인 활동을 유발시키는 조작놀이를 통하여 유아들은 집중력과 지구력을 증진시키게 된다. 또한 문제상황을 끊임없이 탐색하고 극복하는 과정을 통하여 자신감과 자율성이 발달된다. 눈과 손의 협응력을 발달시키고 창의적인 구성 능력을 발달시킬 수 있다. 조작영역은 언어영역, 수 놀이영역, 과학영역과 인접하여 바닥에 카펫을 깔아서 앉아서도 활동할 수 있도록 배려하며, 동시에 책상과 의자를 적절하게 배치해 놓는다.

3세의 경우는 퍼즐조각이나 구설이 책상 밑으로 떨어지는 경우가 많고, 다시 줍는 일에 짜증을 내므로, 바닥에 카펫만 깔아주는 것이 좋다. 퍼즐이나 끼우기 자료 등은 낮고 튼튼한 자료선반에 비치하는 것이 좋다. 조작영역에서는 자료들의 외형을 본떠서 선반 위의 각 자료의 위치에 부착시켜 놓거나, 실물의 사진이나 그림을 가까이에 제시하여 손쉽게 꺼내고 정돈할 수 있도록 한다.

② 놀잇감 및 자료

- 그림 맞추기류 : 그림퍼즐, 도형퍼즐 등
- 일상생활 활동을 위한 자료 : 지퍼 올리기, 단추 끼우기, 나사 맞추기, 곡식 옮기기, 구슬꿰기, 바늘, 바느질용 종이, 실, 헝겊 등
- 구성놀이 자료 : 레고블록, 코코블록, 꽃블록, 만능 아트블록 등
- 게임 자료들 : 게임판과 주사위, 카드, 윷놀이 자료 등

연령	유의점
만 3세	• 그림 맞추기 조각은 5~10개 정도가 적절하며 완성된 그림본을 제공하는 것이 좋다. • 도형, 패턴의 기초 활동으로 같은 모양 짝짓기, 모양 변별하기, 구슬꿰기 등의 놀잇감을 비치한다. • 일상생활 관련 자조기술 발달을 위하여 찍찍이 붙이기, 단추 끼우기, 비질하기 등의 자료를 제공한다.
만 4세	• 그림 맞추기 조각은 10~20개 정도가 적절하나 개인에 따라 그 이상도 가능하다. • 유아의 발자국이나 손, 끈, 컵 등을 사용하여 측정해 보는 경험을 가지도록 한다. • 간단한 그룹게임으로 주사위, 게임판 등을 제공한다. • 간단한 규칙의 게임을 만들어 보는 자료를 제공한다.
만 5세	• 끈꿰기, 바느질하기 자료를 제공한다. • 조금 복잡한 규칙이 있는 게임을 제공한다. • 도형, 패턴의 기초 활동으로 칠교놀이, 고무줄 도형 등을 제공한다.

(3) 역할영역

① 구성

실생활에서의 역할을 연장하고, 그 밖의 역할도 해봄으로써 내면적인 욕구를 표현하여 자아를 성취하며, 책임감을 발달시킬 수 있다. 생활의 재현뿐 아니라, 자기중심적인 사고나 행동에 벗어나 타인과의 관계를 통하여 사회화 기술이 증진된다. 또한 유아들의 상상력, 경험 및 희망, 요구, 주제에 따라 자유롭게 놀이를 구성하고, 표현하면서 부정적인 감정을 발산시켜 정서적인 안정을 찾음은 물론, 여러 가지 경험이나 생각, 느낌을 새롭게 창조하는 능력과 지적 발달을 촉진시킨다.

역할영역은 움직임이 많고 활동이 다양하므로 동적인 활동영역과 인접하여 배치하며, 2~3평 정도의 충분한 공간을 할애하여 쌓기영역과 인접하여 배치함으로써 필요시 영역이 통합되어 보다 다양한 놀이로 확장될 수 있도록 할 수 있다. 이 영역은 가정을 축소하여 놓은 것과 같은 분위기를 느끼게 하며, 성인들의 여러 가지 행동을 모방하여 볼 수 있는 기회를 가지게 하므로, 여러 종류의 직업을 상징하는 복장 및 도구를 마련해주는 것이 좋다. 나아가 유아들이 새로운 경험을 해볼 수 있도록 자료를 주기적으로 변화시켜 주는 것이 좋으며, 가구의 재배열, 소품의 추가 등이 필요하다. 교사의 지속적 관심과 적절할 소도구의 제시는 유아의 적극적인 참여를 돕고 경험을 풍부하게 확장한다.

② 놀잇감 및 자료

- 주방용품 : 싱크대, 모형 냉장고, 믹서, 국자, 도마, 칼 등의 주방기기
- 가정용품 : 화장대, 거울, 옷장, 침대, 전화기, 드라이어, 시계, 빗, 가발, 전화번호부, 청소 도구 등
- 의상들 : 드레스, 잠옷, 앞치마, 한복, 다른 나라 의상, 의사 가운, 우체부·경찰·주방장 등을 나타낼 수 있는 옷 등

- 기타 : 병원놀이 자료, 식료품 가게놀이 자료, 미용실놀이 자료, 소방서 놀이 자료, 우체국놀이 자료 등

③ 연령별 유의점

연령	유의점
만 3세	• 상상력의 발현을 돕는 실물이나 유사한 대용품을 제공한다. • 가정생활에 연관된 역할놀이를 주로 하므로 어머니, 아버지 옷과 소품, 부엌용품 등 가족놀이에 필요한 자료를 제공한다. • 정리정돈에 도움이 되도록 놀잇감의 위치를 그림이나 글자로 표시한다.
만 4세	• 생활 주제 또는 주제와 관련된 역할놀이를 제안하거나 재료를 비치한다. • 다양한 직업과 사회구성원의 역할뿐 아니라, 상상적 놀이 활동에 적합한 교재 · 교구를 비치한다.
만 5세	• 생활주제 또는 주제와 관련된 역할놀이를 제안하거나 재료를 비치한다. • 역할놀이의 내용과 규칙 운영 등을 유아가 스스로 계획하여 실행해 보도록 한다. • 역할놀이에 필요한 소품을 유아 스스로 만들어 사용할 수 있도록 한다. • 역할놀이 확장에 필요한 그림이나 사진 자료 등을 벽에 게시한다.

(4) 언어영역

① 구성

이 영역에서는 유아들이 '듣기', '말하기', '읽기', '쓰기'에 관심을 가지고 활동함으로써 언어 능력을 크게 증진시킬 수 있다. 또 주변의 글자에 관심을 나타내 보이면서 언어를 습득하여 나갈 뿐 아니라, 의사소통을 바르게 하는 태도와 습관을 형성해 갈 수 있다.

언어영역의 장소는 햇빛이 잘 드는 밝은 곳에 위치해야 하며, 다른 시끄러운 영역과 멀리 떨어져 있도록 배치한다. 바닥에는 카펫을 깔고 부드러운 의자, 낮은 탁자, 쿠션 등으로 아늑하고 조용한 분위기를 마련하여 주어, 유아로 하여금 안정된 분위기를 느낄 수 있게 한다. 이때 책상은 낮은 책상이 유

아에게 보다 편안한 기분을 가지게 한다.

언어영역은 '듣기', '말하기', '읽기', '쓰기'가 자연스럽게 이루어지도록 하기 위하여 유아들의 언어활동 결과가 시청각적으로 흥미롭게 게시되는 것도 중요하다. 따라서 '듣기', '말하기', '읽기', '쓰기'에 관한 유아들의 활동결과를 유아 스스로 정리하고 표현할 수 있는 전자제품, 게시판, 각종 종이류, 필기도구류 등이 배치되어야 하고, 그 사용방법에 관한 안내도를 제시되는 것이 바람직하다.

② 놀잇감 및 자료

- 말하기 자료 : 작은 융판 및 융판 자료, 이야기 꾸미는 그림조각, 손 인형, 막대인형, 자석인형, 인형극 틀, 그림으로 읽는 동화
- 듣기 자료 : 녹음기와 테이프, 소리상자 등
- 읽기 자료 : 다양한 문화권의 문학작품 그림책, 지식과 정보를 담은 책, 수수께끼 책, 속담 책, 이름카드 등
- 쓰기 자료 : 모양종이, 글자 바느질, 칠판, 쓰기 도구 등

③ 연령별 주의점

연령	유의점
만 3세	• 말하기 활동을 자연스럽게 촉진할 수 있는 거울, 전화기, 손 인형, 막대인형, 인형극 틀 등을 제공한다. • 듣기활동을 할 수 있는 동화 테이프를 제공한다. • 간단한 문장의 그림책을 비치한다. • 읽기, 쓰기의 기초 활동으로 이름카드, 사포글자, 끼적거리기 공책 등의 자료를 제공한다. • 유아의 생각을 교사가 받아 써주어 말이 글로 옮겨지는 과정에 관심을 가지도록 한다.
만 4세	• 다양한 장르 · 다양한 문화권의 동화책, 우화책 등을 제공한다. • 다른 유아들과 언어적 상호작용을 하도록 장려하는 수수께끼 카드, 그림

연령	유의점
	동화, 융판 등을 제공한다. • 듣기, 읽기 활동이 동시에 이루어질 수 있는 동화테이프, 그림책 등을 제공한다. • 쓰기 활동을 자연스럽게 시도해 볼 수 있도록 모래상자, 소형칠판 등을 제공해 준다.
만 5세	• 다양한 장르 · 다양한 문화권의 그림책, 우화, 지식과 정보를 담은 책, 수수께끼 책, 속담책 등을 제공한다. • 동시 감상 및 동시 짓기, 동극, 이야기 꾸미기의 기회를 제공한다. • 일상생활에서 일어난 문제나 갈등상황에 대하여 토의하는 기회를 제공한다. • 종이, 연필 등 쓰기 자료를 제공한다.

(5) 조형영역

① 구성

이 영역에서는 유아들이 다양한 자료와 매체를 가지고 활동함으로써 감각 활동의 즐거움을 경험할 수 있다. 다양한 자료들(다양한 크기, 형태, 질감 등)을 사용함으로써 사물의 색, 선, 형태, 질감을 탐색하고 구별할 수 있도록 돕고, 시각적 표현을 통하여 의사를 표현해 보는 경험을 할 수 있을 뿐 아니라, 색칠하기, 손가락, 그림(핑거 페인트), 점토나 구성 활동 등을 통하여 느낌과 기분을 표현할 수 있는 정서적 긴장감을 해소할 수 있는 기회를 제공한다. 자르기, 풀칠하기, 색칠하기를 통하여 근육과 눈과 손의 협응 등의 신체 발달을 고무한다. 또 자기 자신의 성취를 통하여 자기를 수용하고 존중할 수 있는 기회를 제공하며, 이는 타인을 인정할 줄 아는 탈중심화의 기초가 된다. 또 다양한 자료와 매체 사용 경험에서 오는 시행착오를 통하여 문제해결력을 신장할 수 있다.

다양한 조형 활동이 이루어지는 영역에서는 매우 활동적이고 소음이 많으므로, 바닥에 물감을 흘렸거나 손을 닦을 필요가 있을 때 항상 가까이에서 물을 공급받을 수 있는 수소시설이 필요하다. 실내에 수도시설이 설치되지 않은 곳에서는 작업이 시작되기 전 교사가 커다란 양동이에 물을 준비하여 주는 것이 좋다. 이젤은 유아들의 색의 느낌을 분명히 받아들이기 쉽도록 조명이 적당한 곳에 배치하는 것이 좋다.

조형영역의 바닥표면은 물이나 물감을 흘렸을 때, 쉽고 깨끗하게 닦을 수 있는 재료로 설비하는 것이 좋다. 또한 항상 종이수건이나 스펀지, 마른 수건 등을 구비해 놓아, 수시로 닦을 수 있어서 바닥의 물기 때문에 미끄러지는 일을 방지해야 한다.

조형영역에 있는 테이블은 다양한 작업이 이루어지는 곳이므로 낮고 크고 튼튼한 것이어야 하며, 교사용 비품(칼, 송곳, 본드 등)은 유아들이 만질 수 없도록 손이 닿지 않는 곳에 둔다. 밀가루 반죽이나 손가락 그림 그리기를 할 때에는 테이블용 비닐커버를 준비한다. 또한 자료선반 뒷면이나 벽면에 옷걸이를 부착시켜 유아용 작업복을 비치하여 놓고, 필요시 항상 꺼내어서 입을 수 있도록 한다.

유아작품의 게시를 위한 적절한 형태의 작품판과 공간이 필요하다. 즉, 젖은 작품을 말릴 수 있는 작품건조대, 평면작품을 유아 스스로 게시할 수 있도록 유아 눈높이에 맞춘 게시판, 입체작품을 게시할 수 있는 낮은 진열장 등이 마련되어야 한다.

② 놀잇감 및 자료

- 각종 종이류 : 도화지, 색종이, 시험지, 화방지, 흑지, 벽지, 모조지, 포장지, 골판지, 신문지, 잡지, 셀로판지, 한지 등
- 그리는 도구류 : 크레파스, 색연필, 파스텔, 연필, 물감, 붓, 사인펜, 먹, 동양화 물감, 식물즙 등
- 각종 도구류 : 가위, 풀, 셀로판테이프, 종이테이프, 스테이플러, 펀치 등
- 각종 자료들 : 점토, 유점토, 밀가루 반죽, 톱밥, 나무젓가락, 빨대, 고무밴드, 털실, 스티로폼, 모루, 스펀지, 솜, 수수깡, 자연물(솔방울, 도토리, 돌

멩이, 낙엽) 등

- 폐품 : 크고 작은 상자, 병뚜껑, 휴지속말이, 플라스틱 빈 병, 요구르트 통, 우유팩, 달걀판, 헌 잡지, 단추, 나무막대, 종이컵, 필름 통, 라면그릇, 옷감 등
- 명화집, 민화집, 그림화보 등

③ 연령별 유의점

연령	유의점
만 3세	• 너무 다양한 자료보다는 기본적인 자료를 주어 바꾸어 주도록 한다. • 손으로 잡기 편한 굵기와 크기의 크레파스를 제공한다. • 안전가위를 사용한다. • 자유롭게 표현할 수 있는 점토나 찰흙을 제공한다. • 우연한 결과를 만들어내고 즐길 수 있는 손가락 그림용 풀이나 밀가루 반죽 등을 제공한다. • 활동순서 카드를 제공하여 유아 스스로가 작업 활동을 즐길 수 있도록 한다.
만 4세	• 다양한 질감, 형태, 크기가 다양한 종이류, 풀, 셀로판테이프, 스테이플러 등 여러 가지 자료를 제공한다. • 여러 가지 색상을 경험하도록 크레파스와 물감, 먹물, 과일즙 등 물감의 색상도 점차 늘려 간다. • 다양한 크기의 상자 등 재활용품을 활용한다.
만 5세	• 다양한 명화나 민화를 감상할 수 있도록 작품집이나 화보, 포스터 등을 비치한다. • 공동작업에 필요한 자료를 제공한다. • 유아의 이름과 제목을 기록할 수 있는 작품카드를 제공한다. • 재활용할 수 있는 재료를 제공한다. • 유아들이 교실환경 디자인에 참여할 수 있도록 한다.

(6) 수학영역

① 구성

이 영역에서는 기초적 수 개념, 즉 분류, 배열, 공간, 공간, 시간 및 보존 개념의 발달을 격려하며, 다양한 발견 학습 방법에 참여함으로써 수의 활동을 즐길 수 있는 경험을 제공할 수 있다. 또 관찰력을 고무하고, 생각하는 습관을 기르며, 또래들과 함께 탐색하고 발견하는 수놀이를 통하여 사회성 발달을 촉진한다. 수의 발견을 통한 성공적 활동을 매개로 성취감을 경험하며, 수학과 연결된 용어의 인식을 통하여 언어 발달을 촉진할 수 있다.

언어, 조작, 과학영역과 인접하여 밝고 조용하며 안정된 공간에 배치한다. 카펫이나 자리를 깔아 게임 판이나 교구를 바닥에 놓고 사용하거나 낮은 책상을 놓음으로써 앉아서 활동할 수 있게 한다. 또 작업결과나 도표, 견본, 구성물 등의 전시를 위한 게시판과 선반장 위의 공간을 배려하며, 수집된 여러 물건의 분류 및 보관이 용이하도록 한다.

② 놀잇감 및 자료

- 구성놀이 자료 : 레고블록, 코코블록, 꽃블록, 만능 아트블록 등
- 수놀이 자료들 : 짝짓기, 수세기, 분류, 비교, 모양 알기, 부분과 전체, 서열 개념을 위한 자료들
- 측정을 위한 자료 : 다양한 단위의 자, 저울, 시계 등
- 게임 자료들 : 게임판과 주사위, 카드, 윷놀이 자료 등

③ 연령별 유의점

연령	유의점
만 3세	• 수세기를 위한 구체물을 제공한다. • 도형, 패턴의 기초 활동으로 같은 모양 짝짓기, 모양 변별하기, 구슬꿰기 등의 놀잇감을 비치한다.

연령	유의점
만 4세	• 비교, 분류, 순서 짓기 활동을 위하여 구체물과 그림 자료를 제공한다. • 유아의 발자국이나 손, 끈, 컵 등을 사용하여 측정해 보는 경험을 가지도록 한다. • 간단한 그룹게임으로 주사위, 게임판 등을 제공한다. • 간단한 규칙의 게임을 만들어 보는 자료를 제공한다.
만 5세	• 시계, 다양한 단위의 자, 저울 등 표준단위 측정을 위한 도구를 제공한다. • 수막대, 수카드 등을 활용한다. • 조금 복잡한 규칙이 있는 게임을 제공한다. • 도형, 패턴의 기초 활동으로 칠교놀이, 고무줄 도형 등을 제공한다. • 자료를 모아 분류하거나 순서 짓기를 하여 기록할 수 있는 경험을 한다(벤다이어그램, 막대그래프 등).

(7) 과학영역

① 구성

다양한 발견학습에 참여함으로써 과학 활동을 즐길 수 있는 경험을 제공할 수 있으며, 과학의 연결된 용어의 인식을 통하여 언어 발달을 촉진할 수 있다. 또한 과학적 문제해결을 위한 접근 방법을 경험하여 봄으로써 분석적 및 논리적 사고력을 키우고, 관찰력을 고무하여 사고하는 습관을 기를 수 있다. 또래들과 함께 탐색하고 발견하는 과학 활동을 통하여 사회성 발달을 고무하고, 고학의 발견을 통한 성공적 활동을 매개로 성취감을 경험할 수 있다.

과학영역에서는 동·식물 기르기를 비롯하여 실험, 기제 분해 및 조립 등 여러 가지 과학개념 형성을 위한 활동을 하게 되므로, 실내에서는 햇빛이 잘 들고 조용하며 안정된 공간에 배치하고, 유아들의 수집품을 전시할 관찰대나 정리장 및 선반을 마련한다.

② 놀잇감 및 자료

• 동·식물 기르기에 필요한 도구들 : 씨앗, 구근, 모종, 화분, 작은 물고기,

어항 등

- 여러 가지 측정기구 : 온도계, 저울(눈금저울, 천칭 등), 자, 계량컵, 계량스푼, 모래시계, 해시계, 달력, 날씨판 등
- 여러 가지 표본들 : 조개껍데기, 나뭇잎, 흙, 돌, 곡식, 씨앗, 견과류 등
- 고장 난 기계류 : 전화기, 계산기, 라디오, 믹서 등
- 기타 : 자석
- 요리용 도구 : 그릇류, 계량스푼과 계량컵, 요리 순서표 등
- 과학도서 : 동·식물에 관한 책, 물, 바람, 흙, 도구 등에 관한 책
- 관찰도구 : 돋보기, 거울, 시계, 손전등, 프리즘 등
- 관찰하고 조사한 것을 그리거나 쓸 수 있는 기록용지와 쓰기도구

③ 연령별 유의점

연령	유의점
만 3세	• 다양한 감각경험을 할 수 있는 거울, 색안경, 촉감상자, 소리상자 등을 제공한다. • 동·식물에 관심을 가질 수 있도록 식물이나 개미, 달팽이 등을 기른다.
만 4세	• 돋보기, 자석, 프리즘 등의 도구를 제공하여 다양한 탐색 활동이 이루어지도록 격려한다. • 동·식물, 곤충류를 기르며 성장과정이나 변화를 그림으로 나타낼 수 있도록 관찰기록 용지를 준비한다.
만 5세	• 스스로 탐색과 실험을 할 수 있도록 활동카드를 제공한다. • 실험의 결과를 예측해 보고 실험결과를 비교해 볼 수 있는 기록지를 비치한다. • 과학적 탐색을 자극하는 책, 도감, 화보, 신문기사, 슬라이드, 녹음기, 비디오 등을 적극 활용한다. • 동·식물 기르기 활동을 제공하고 유아들로 하여금 성장과정이나 변화를 그림이나 글로 나타낼 수 있도록 관찰기록 용지와 쓰기도구를 준비한다.

(8) 음률영역

① 구성

이 영역에서는 정서적 감정을 풍부히 하며, 감각 기능을 발달시킬 수 있고, 언어 발달과 창의성 및 사회성을 발달시킬 수 있는 기회를 제공할 수 있다. 음률영역은 유아가 음악에 맞추어 율동하거나 신체를 자유롭게 마음대로 움직일 수 있도록 넓은 공간이 필요하며, 바닥은 마루이거나 카펫을 까는 것이 좋다. 또한 벽에는 유아가 자유롭게 움직일 때 자신의 모습을 볼 수 있도록 큰 거울을 붙여 놓을 수 있다.

음률영역은 유아가 소리를 정확히 변별할 수 있으면서, 그 소음으로 인접 영역에 방해를 끼치지 않도록 배치해야 한다. 또한 악기 보관장을 마련하여 악기 그림이나 악기의 윤곽을 그려서 붙여 주어, 유아 스스로 사용한 후에 쉽게 정돈할 수 있도록 해야 한다.

음률영역은 쌓기영역이나 역할영역 가까이에 마련하되, 풍금이나 피아노, 선반 등으로 자연스럽게 구분짓는다. 또한 벽면에 그림악보, 악기의 사진이나 가수, 무용가의 그림을 붙여 주고, 카세트와 녹음된 테이프, 다양한 리듬악기, 음악에 관한 책을 준비한다. 이때 피아노는 창가, 출입구, 스팀, 에어컨 가까이에 두지 않도록 유의한다.

② 놀잇감 및 자료

- 전통악기류 : 소고, 장구, 북, 꽹과리, 징 등
- 리듬악기류 : 트라이앵글, 탬버린, 캐스터네츠, 방울, 리듬막대, 우드블록, 핸드벨, 마라카스 등
- 멜로디 악기류 : 피아노, 전자 오르간, 멜로디언, 실로폰, 목금, 철금 등
- 노래 활동 자료 : 노래책, 노랫말을 적은 종이, 융판과 융판 자료 등
- 감상 활동 자료 : 녹음기와 녹음테이프, 다양한 음악과 소리가 녹음된 테이프와 그림카드, 헤드폰 등

• 움직임을 위한 자료 : 리듬막대, 리본막대, 스카프 등
• 기타 : 거울, 색깔로 표시된 악보, 노랫말 모음, 융판 자료, 색연필, 종이, 리듬패턴카드, 유리컵, 연필, 오선지 등

③ 연령별 유의점

연령	유의점
만 3세	• 일상생활 동요나 놀이동요, 빠르기나 다른 음악 등이 녹음된 테이프와 카세트를 준비한다. • 다른 사람들 앞에서 노래를 불러 보는 시간을 갖는다. • 여러 가지 타악기를 통하여 소리를 탐색해 보고 리듬감을 익힐 수 있는 활동을 제공한다. • 강약이 표시된 노랫말 판을 제공한다.
만 4세	• 다양한 리듬악기를 배치한다. • 신체를 이용하여 좀 더 창의적인 표현을 하도록 리본테이프나 스카프, 풍선, 끈, 고무줄 등을 제공한다.
만 5세	• 실로폰, 핸드벨 등의 가락악기를 제공한다. • 다양한 음악테이프, 음악관련 그림책, 녹음기, 헤드폰을 배치한다. • 노래극놀이에 필요한 자료와 소품을 준비한다. • 음악을 들은 후 느낌을 그림이나 몸으로 표현해 볼 수 있는 자료를 제공한다. • 악기를 만들어 보는 경험을 한다.

(9) 물놀이영역

이 영역은 촉각적 자극을 통한 감각경험을 제공하여 유아의 신체 발달을 고무하고, 사회·정서 발달과 언어·인지 발달을 고무할 수 있다. 물놀이는 실내·외에서 이루어질 수 있다. 실내에서 이루어질 경우 배수시설이 잘 되어 있어서 쉽게 물을 갈아 줄 수 있게 하며, 물놀이대에 바퀴를 달아 이동을 쉽게 한다. 수도 가까이에 위치하고, 통행이 복잡한 곳을 피하며, 가까이에 항상 작업복, 마른 수건, 놀이기구를 준비한다.

(10) 모래놀이영역

이 영역은 촉각적 자극을 통한 감각경험을 제공하여, 여러 가지 수학적 개념과 과학적 지식을 습득하게 한다. 유아의 신체 발달을 고무하고 사회·정서 발달과 언어·인지 발달도 촉진시킬 수 있을 뿐만 아니라, 유아의 흥미와 호기심을 자극하여 다양한 탐색을 통한 창의력과 문제 해결력이 발달된다.

실내·외에서 이루어질 수 있는 모래놀이영역은 동적인 활동보다 정적인 활동을 많이 하게 되므로, 유아들의 왕래가 많지 않은 위치가 적절하다. 또한 모래놀이영역은 계절에 관계없이 모래놀이를 할 수 있도록, 햇빛도 비치고 그늘도 있는 곳에 배치한다. 햇빛이 강할 때에는 놀이에 불편을 줄 수 있으므로, 지붕이나 파라솔, 차양 등을 설치하여 그늘을 만들어 주어야 한다. 실외 활동장이 넓은 경우에는 모래밭은 두 곳에 만들어 놓아, 연령이나 활동종류에 따라 각각 사용하게 하는 것도 효과적이다.

모래밭의 크기는 유아의 인원수와 실외 활동장소 면적에 따라 결정해야 하며, 모래밭의 테두리는 콘크리트, 나무, 타이어 등 다양한 재료로 만들 수 있다. 모래놀이용 모래는 곱고 이물질이 섞여 있지 않은 깨끗한 모래여야 한다. 모래의 양은 모래밭에는 30~40cm 높이로, 모래놀이대에는 5~30cm 높이로 넣어 주는 것이 좋다. 모래밭의 모래는 유실되는 양이 많으므로 1년에 1, 2회 보충해 주어야 하고, 가장자리에는 낮은 고무판을 대거나 곽을 짜서 모래의 유실을 막도록 한다. 또 창의적이고 활발한 활동을 제공하기 위해서는 다양한 종류의 모래놀이 기구를 제공해야 한다.

(11) 컴퓨터영역

이 영역은 유아의 인지 발달, 언어, 수학적 능력 및 사회·정서적 측면에 대한 영향에 긍정적 효과를 줄 수 있다. 또한 컴퓨터가 바람직한 방법으로 사용된다면, 유아들 간의 협동 활동이 자연스럽게 발생되어 문제 해결력과 원만한 의사소통 능력을 기를 수 있다.

이 영역은 컴퓨터를 연결할 수 있는 전기 콘센트가 가까이 있는 벽면을 의지한 조용한 영역과 소음이 많은 영역의 중간지점에 배치하도록 한다. 전기 콘센트가 멀리 있을 경우, 여러 가닥의 전깃줄을 테이프로 고정시킨다 해도 유아들이 활동하는 데 지장을 줄 수 있다. 햇빛의 반사, 추위, 열 등을 피할 수 있는 곳이어야 하며, 반원형 배치가 좋다. 특히 직사광선이 들어오는 곳을 피함으로써 기계가 열을 받지 않도록 유의해야 하며, 이동을 위하여 바퀴 달린 수레가 필요하다.

컴퓨터는 개별적으로 또는 2, 3명의 유아가 함께 상호작용하면서 이용할 수 있도록 배려한다. 특히 1대의 컴퓨터가 있는 곳에 의자를 2, 3개 준비하여 같은 화면을 보고 있는 유아끼리 서로 의견을 주고받을 수 있도록 한다. 2, 3대의 컴퓨터를 설치하고자 할 때에는 가운데 책상을 중심으로 2개의 책상을 130도 정도가 되도록 배치하여, 컴퓨터를 이용하는 유아끼리 서로 화면을 볼 수 있어서 상호작용이 가능하도록 한다. 모니터의 높이는 유아가 의자에 앉아서 볼 때 눈높이보다 약간 높은 정도를 유지하도록 한다. 프린터는 즉각적인 상호작용이 가능하도록 하며, 유아가 즐길 수 있는 좋은 소프트웨어를 구비하는 것도 염두에 두어야 한다. 또 컴퓨터의 조작 방법을 위한 그림 설명서도 영역 내에 제시하는 것이 좋다.

(12) 요리영역

이 영역에서는 유아들이 음식을 직접 자르고 섞고 두드리고 휘저어 보는 활동을 통하여 감각기관을 활발하게 사용할 수 있고, 이러한 활동을 통해 물리적 지식을 발달시킬 수 있다. 독립된 영역으로 분리하여 고정적으로 배치하거나 필요할 때마다 융통성 있게 배치하도록 한다. 또한 역할영역, 과학영역 등과 연결하여 배치하며, 물을 쉽게 쓸 수 있도록 한다.

요리영역을 고정적으로 배치할 때에는 싱크대나 수도시설 가까운 곳에 위치하도록 하며, 다른 영역과 연계할 때에는 필요한 도구를 보관했다가 운반대나 조리대를 이용하여 동선을 줄이도록 배려한다. 책상을 조리대로 이용할 때에는 비닐 등의 덮개를 씌워, 물이나 음식 부스러기 등을 쉽게 치울 수 있도록 위생적인 배려를 한다.

(13) 목공놀이영역

이 영역에서는 다양한 물체에서 나는 여러 종류의 소리들과 물체의 물리적 특성의 차이점을 구별할 수 있는 능력을 기를 수 있으며, 한 물체의 부분과 전체와의 관계, 공간관계 그리고 원인과 결과의 관계를 이해할 수 있도록 도울 수 있다. 또 정서 발달을 촉진시킬 수 있고, 창의성과 문제해결력을 키우며, 성공과 실패에 자신을 적용시킬 수 있는 능력을 키울 수 있다. 또한 신체 발달을 촉진하고 긍정적인 자아 개념과 사회성 발달도 촉진시킬 수 있다.

목공놀이는 활동적인 영역에 배치하고 소음으로 다른 활동이 방해되지 않는 곳에 배치한다. 실외에 설치할 경우, 햇빛이 강렬하게 비치지 않는 서늘한 곳, 복잡하지 않은 곳에 배치한다. 또한 안전을 위하여 이 영역은 통행이 복잡하지 않은 곳에 배치한다. 3~5명 정도의 유아가 모여서 작업을 할 수 있는 튼튼한 테이블이 있어야 하며, 나무 선반과 도구들이 마련되어야 한다. 목공놀이의 과정 및 작품 뒤처리에는 무엇보다도 안전관리에 유념해야 하며, 교사나 보조교사가 항상 지켜보도록 하고, 보안용 안경으로 눈을 보호하게 해주는 것이 좋다.

(14) 식사(간식) 및 낮잠(휴식)영역

이 영역에서는 유아는 올바른 식습관을 형성할 수 있고, 발달상태에 따른 적절한 휴식을 취함으로써 생활의 리듬을 찾고 규칙적이며 건강한 생화를 할 수 있다. 낮잠이나 휴식을 위한 공간은 놀이공간과 분리하는 것이 이상적이나, 장소가 협소하거나 교사가 자지 않고 있는 유아들을 돌보아야 할 경우에는 활동실 내에 마련할 수도 있다.

침구는 유아에게 보이지 않는 폐쇄된 정리장에 보관하도록 한다. 실내공간이 협소하여 활동실에 휴식할 자리를 마련해야 하는 경우에는 설치하고 치우기가 간편하고 포개지는 간이 침대를 활용하는 것도 편리하다. 또한 이들 침구는 정기적으로 세탁과 일광욕 처리를 하도록 배려해야 한다.

유아들이 잠자는 곳은 놀이실의 자극적 환경을 차단할 수 있도록 조명을 조절할 수 있거나 햇빛을 가리는 커튼이 필요하며, 자기 전과 자고 난 후 쉽게 화장실을 사용할 수 있도록 화장실 가까이에 배치하는 것이 좋다.

<지리교육 활동계획안 1>

생활주제	생활 도구	주제	생활 도구로서의 미디어	소주제	네비게이션 만들어 보기
활동명	네비게이션으로 유치원을 소개해요				
활동목표	■ 지도를 표현하는 다양한 방법에 관심을 가진다. ■ 주어진 지도를 보고 필요한 정보를 네비게이션으로 표현한다.				
교육과정 관련요소	■ 사회관계영역 : 사회에 관심 가지기-내가 살고 있는 곳에 대해 궁금한 것을 알아본다. ■ 자연탐구영역 : 생활 속에서 탐구하기-도구와 기계에 대해 관심을 가진다.				

단 계	교수 · 학습 활동	자료 및 유의점
도 입 (5 ′)	■ '네비게이션 동영상' 보기 • 네비게이션의 하는 일 알아보기 – 네비게이션을 본 적 있나요? – 엄마 아빠가 무엇을 하실 때 사용하셨나요? – 네비게이션을 이용해 길을 찾아 갈 때 무엇이 나왔나요? (목소리, 지도, 건물 이름, 신호등……) – 네비게이션을 사용해서 유치원을 안내하는 방법이 있을까요? – 유치원에 새로 들어올 동생들에게 유치원을 소개하는 방법은 무엇일까요? ■ 활동 안내하기 [유치원 지도를 보고 네비게이션을 만들어 소개해요]	자 네비게이션 동영상 유 동영상을 회상하며 지리에 관련된 용어를 사용하도록 한다.
전 개 (30 ′)	■ 활동 소개하기 • 유치원 소개 지도를 보고 이야기 나눈다. – 지도에 나타난 이곳은 어디인가요? (텃밭, 급식실, 다른 반 교실 등등) – 이곳이 급식실인지 어떻게 알 수 있나요? – 왜 급식실에 이런 표시를 했나요? – 또 다른 표시들은 어떤 의미가 있나요? (화살표, 배추, 건물 등의 표시)	자 유치원을 소개한 지도 유 유치원 지도는 전날 유아들과 함께 지리 정보를 주어 그리도록 한다.

	– 그럼 새로 들어오는 동생들은 지도를 보고 알 수 이곳이 어디인지 알 수 있을까요? (아니요. 어려서 잘 모를 수 있어요.) – 그럼 어떤 방법으로 알려줄 수 있을까요? (지도를 말로 만들어서 알려줘요, 네비게이션으로 만들어요 등)	

<table>
<tr><th>단 계</th><th>교수 · 학습 활동</th><th>자료 및
유의점</th></tr>
<tr><td></td><td>■ 활동 순서 안내하기
• 네비게이션을 만들기 위한 활동을 안내한다.
– 모둠별 소개할 곳 정하기
– 지도를 보고 간단한 대본 작성하기
– 역할 정하기
– 역할 연습하기
– 네비게이션 촬영하기

■ 모둠별 활동하기
• 모둠 정하기
• 모둠별 소개할 장소 선택하기
– 활동 1) 유치원에서 텃밭 가는 길
– 활동 2) 유치원에서 급식소 가는 길
– 활동 3) 유치원 교실 소개하기
• 모둠별로 활동한다.

■ 모둠별 활동 마무리하기
• 활동을 마무리한다.</td><td>유 유아들이 대본작성을 어려워 할 때는 교사가 도와준다.

자 동영상을 찍을 수 있는 무대 마이크, 카메라</td></tr>
<tr><td>정리
(5′)</td><td>■ 모둠별 활동 평가하기
• 모둠별 네비게이션을 모두 함께 감상한다.
– 네비게이션을 보고 어디인지 알 수 있었나요?
– 네비게이션을 만들어 보니 어땠나요?
– 네비게이션에 어떤 부분을 첨가하면 동생들이 우리 유치원을 더 소개할 수 있을까?
– 네비게이션으로 지도를 더 만들고 싶은 곳은 어디인가요?

■ 추후 활동 안내하기
• 우리 유치원으로 소개할 수 있는 다른 지도를 만든다.</td><td>자 TV, 카메라</td></tr>
<tr><td>평가관점</td><td colspan="2">• 지도를 표현하는 네비게이션에 관심을 가지는가?
• 네비게이션 활동에 적극적으로 참여하는가?</td></tr>
</table>

<지리교육활동 계획안 2>

<table>
<tr><th>생활주제</th><td>동식물과 자연</td><th>주제</th><td>동물</td><th>소주제</th><td>동물과 우리의 생활</td></tr>
<tr><th>활동명</th><td colspan="5">지시문대로 곰 사냥을 떠나자</td></tr>
<tr><th>활동목표</th><td colspan="5">• 지시문의 방향 표시를 이해하고 움직일 수 있다.
• 친구들과 협력하며 게임에 참여한다.</td></tr>
<tr><th>교육과정 관련요소</th><td colspan="5">• 사회생활 : 이웃과 더불어 생활하기–두레의 소중함을 알고 협력하기
사회현상에 관심 가지기–주변 지역에 관심 가지기
• 탐구생활 : 수학적 기초능력 기르기–공간에 대해 알아보기</td></tr>
</table>

<table>
<tr><th>단 계</th><th>교수 · 학습 활동</th><th>자료 및 유의점</th></tr>
<tr><td>도 입
(5′)</td><td>■ '곰 사냥을 떠나자' 동화내용 회상하기
• 동화 장면을 보면서 지리적인 장소를 회상한다.
– 동화에 나오는 가족들이 어떤 여행을 떠나게 되었나요?
– 가족들이 곰 사냥을 하기 위해 제일 먼저 도착한 곳은 어디였나요?
– 두 번째로 갔던 곳은 어디였나요?
– 그 위로 넘어갈 수 없다는 것은 무슨 뜻일까요?
– 그 밑(아래)으로도 지나갈 수 없다는 것은 무슨 뜻일까?
– 그곳에서는 어떤 소리가 들렸나요?
• 동화에 나타난 곳으로 여행을 가면 어떨까요?

■ 활동 안내하기
• '곰 사냥을 떠나자' 동화 속의 장소를 찾아가 봅시다.
「곰 사냥을 떠나자」 게임하기</td><td>자 '곰 사냥을 떠나자' 동화 그림 자료

유 동화내용을 회상하며 지리에 관련된 용어를 사용하도록 한다.</td></tr>
<tr><td>전 개
(30′)</td><td>■ 활동 자료 소개하기
• 동화와 관련된 '지시문'을 보여주고 게임을 예측한다.
– 지시문에는 어떤 내용이 들어있을까?
– 이것을 가지고 어떤 게임을 할 수 있을까?
• 지시문에 나오는 방향에 대하여 알아본다.</td><td>자 지시문이 들어있는 카드 3장(그림으로 표시)</td></tr>
</table>

	– ↑(뒤)은 무슨 표시일까? (화살표, 이쪽으로 움직여요 등) – ↓(앞), ←(옆), →(옆)는 무슨 표시일까? – 화살표에서 제시한 대로 움직이며 어느 쪽으로 가야 할까? • 지시문을 읽어주고 시범을 보인다. –출발하는 곳에서 ↓(앞)으로 10걸음 걷는다. –학교표지판에서 →(옆)으로 5걸음 걷는다. –확인 도장을 찍고 소리와 동작으로 표현한다. –다음 장소로 움직인다.	
전 개 (30 ′)	■ 게임 방법 안내하기 • '곰 사냥을 떠나자' 동화 속에서 나온 곳을 찾아가서 곰을 사냥하는 게임을 설명한다. • '곰 사냥을 떠나자' 게임 방법을 소개한다. –곰 사냥을 떠나기 전에 3모둠을 선정한다. –동화에 나온 6곳을 강당 바닥에서 확인한다. –모둠별로 지시문을 받는다. –출발 장소로 가서 준비한다. –교사의 출발 신호에 맞춰 출발한다. –지시문대로 움직인다. –도착한 곳에서 지시문에 나온 동작과 소리표현을 모두 함께한다. –확인 도장을 찍는다. –다음 장소로 움직인다. –6곳의 도장을 모두 찍는다. –마지막 장소에서 곰을 잡아 돌아온다. –돌아올 때는 처음 출발한 집으로 그냥 돌아온다. ■ 모둠 선정하기 • 3모둠으로 나눈 후 역할을 선정한다. – 모둠을 선정한 후 이름을 정해보자. – 지시문을 읽을 수 있는 사람을 모둠장으로 뽑아보자. – 함께 출발하지만 도장 찍을 순서를 정해 보자. ■ 규칙 알아보기	자 동화 속 장소 그림 6장(4절), 배경음악, 곰, 출발 표시판, 도장, 스탬프, 장소 표시 원형돗자리, 지시문 설명 자료 유 움직일 수

<table>
<tr><td></td><td>• 모두 함께 움직인다.
• 다른 모둠과 부딪히지 않도록 한다.
• 지시문대로 움직인 후 도장을 찍는다.
• 놀이하고 있는 친구를 밀거나 방해하지 않는다.
• 동작과 소리표현을 하지 않고 다음 장소로 이동할 때는 '1분 얼음'의 벌칙을 받는다.
■ 게임하기
• 신호와 함께 동시에 세 팀이 출발한다.
• 지시문대로 게임을 한다.
• 먼저 돌아온 모둠은 교사에게 곰을 가져다주고, 정해진 자리에 앉는다.
■ 게임 마무리하고 발표하기
• 게임이 모두 끝나면 정리한다.
• 모둠별로 카드를 보여주며 찾아갔던 장소에 대해 발표한다.</td><td>있는 공간을 충분히 확보하여, 유아들이 자유롭게 게임 활동을 할 수 있도록 한다.
㊞ 지시문에 따른 장소에 도착했을 때 동작과 의성어, 의태어를 잘 표현하도록 유도한다.</td></tr>
<tr><td>정 리
(5′)</td><td>■ 활동 평가하기
• 게임을 하고 난 후 느낌에 대해서 이야기 한다.
– 곰을 잡으러 갈 때 가장 재미있었나요?
– 지시문대로 찾아가는 느낌이 어땠었나요?
– 장소를 찾을 때 어려운 점은 무엇이었나요?

■ 추후 활동 안내
• 우리 유치원을 안내하는 지시문을 만들어 보자고 한다.</td><td></td></tr>
<tr><td>평가관점</td><td colspan="2">• 지시문에 나타난 방향 표시를 이해하고 움직였는가?
• 친구들과 협력하며 게임에 참여하는가?</td></tr>
</table>

Chapter

8

발달에 적합한 사회교육과정 계획하기

좋은 사회교육과정의 특성

- 일관성: 유아들은 이미 개발한 지식에 근거해 개념을 형성한다.
  학습된 각 개념은 더 나은 지식 발달을 위한 첫걸음이 된다.
- 체계적으로 누적된 학습: 유아들이 학습한 사고는 이미 유아가 가지고 있는 개념과 기술을 확장한다. 그런 내용은 사고와 개념에 대한 논리적이고 일관성 있는 조사로 이어진다.
- 깊이: 내용은 연구와 분석을 통해 자세히 탐색할 기회를 주어야 한다.
- 관련성: 교육내용은 유아의 사회적 현실과 흥미에 근거하고 타당해야 한다.
- 균형: 교육과정은 유아의 개인적, 지역적, 국가적, 전세계적 현실에 대해 사고 분석할 기회를 제공한다.
- 발달에 적합성: 내용은 유아들에게 적절한 양식으로 전달한다. 과정과 활동은 유아들의 요구와 맞다.
- 융통성: 교육과정은 새로 생기는 흥미와 특별한 사건을 수용하기 위해 쉽게 변화될 수 있다.

발달적인 계획의 고려 사항

- 일반적 고려사항:
  - 내용은 아동의 연령 발달 수준에 맞아야 한다.
  - 교육과정은 개별 유아의 요구를 반영해야 한다.
  - 활동경험은 유아와 그 사회의 문화를 반영해야 한다.

- 구체적인 고려사항:
  - 교육과정은 유아를 가르치는 교사가 세운다.
  - 평가물을 세심하게 분석하여 계획한다.
  - 교육과정은 유아가 배우지 않는 것이 무엇인가보다는 무엇을 배울 수 있는가에 따라 계획한다.
  - 활동 경험은 발달단계에 따라 진행되도록 수립한다.
  - 교육과정은 아동중심 교수방법에 따라 계획한다.
  - 교수방법은 내용보다는 학습과정을 강조한다.
  - 교수방법은 유아의 다양한 특성을 고려해서 계획한다.
  - 교수방법은 유아가 배우는 여러 방식을 고려한다.
  - 교육과정의 구성은 유아와 관련된 기술과 개념에 따라 세운다.
  - 교육과정의 내용은 학습할 가치가 있어야 한다.
  - 교육과정의 내용은 도전을 지속하여 성공할 수 있도록 만든다.
  - 교육과정은 융통성이 있다. 아동의 생활과 요구에 맞춘다.
  - 평가 계획(형성평가, 총괄평가)을 세운다.

1. 사회교육 계획을 위한 자원조사

1) 유아

모든 유아교육자는 훌륭한 관찰자와 청취자가 되어야 한다. 유아들이 언제, 어디에서 그것을 하는지 뿐만 아니라 무엇을 하는지 관찰함으로써 교사들은 유아들과 그들이 살고 있고 속해 있는 환경을 알 수 있게 된다. 유아들과의 상호작용, 부모와 가족들과의 의사소통은 유아와 흥미 있고 관심을 가지는 것에 대한 많은 가치 있는 정보들을 제공해 준다.

2) 국가의 사회교육 기준

국가에서 제시한 표준보육과정이나 누리과정 등 교육과정을 고려해야 한다. 국가적인 기준에 덧붙여서 지방학교에서 형성된 목적과 목표뿐 아니라 개인이 처한 상황도 함께 고려해야 한다.

3) 부모

부모들이 가치 있게 생각하는 것, 바라는 것에 대해 조사하여 반영해야 한다. 커리큘럼을 유아들의 요구와 현실에 맞도록 변화시키도록 도와준다. 한 주제에 대한 부모의 관점은 질문지와 개인 면접을 통해 쉽게 알 수 있다. 부모들이 자신의 생각이 가치 있다고 느끼게 되고 교실에서 일어나고 있는 일에 더 직접적으로 협력할 기회를 제공해야 한다.

4) 지역사회

지역사회의 상회의 상황은 실생활 경험에 근거한 커리큘럼을 짤 수 있게 한다. 지역사회 주제는 일정한 기간을 정해서 다루기보다는 지속적으로 이루어져야 한다. 교사들은 과거에는 유아들과 같은 지역사회에 살고 있었으나 현재는 그렇지 않은 경우가 많다.

적절한 사회교육 커리큘럼을 위한 자원

- 공식적 자원
  - 지역의 목표
  - 학교의 목표와 커리큘럼
  - 전문기관
  - 교사들이 전문지식에 근거하여 적절하다고 생각하는 것
- 비공식적 자원
  - 어린이들이 좋아하고 흥미를 보이는 것
  - 부모와 가족들이 적절하다고 생각하는 것
  - 지역사회가 중요하다고 생각하는 것
  - 지역, 국가, 세계의 사건과 사고
  - 문화적으로 그리고 사회적으로 가치있는 것

2. 사회교육 목적과 목표 설정하기

1) 목적

목적은 교육의 일반적인 방향과 전반적인 의도를 정하는 장기적인 계획이다. 목적은 추상적이며 광대하고 명확하지는 않으나 필수적이다. 목적을 달성하기 위해서는 때로는 몇 년이 걸릴 수도 있다. 교실에서 가르치는 과정에 대하여 명확한 지침이 되기 어렵다. 의사결정자의 가치관이 반영된다. 한 번 설정되면 새로운 가치나 압력이 가해질 때까지 유지되는 경향이 있다(새로운 지식 발견, 유아들의 요구).

2) 목표

목표는 교육목적에 근거하여 수업과정을 안내하는 것이다. 목표는 더 명확하고 한정적이고 특정한 교육의도를 진술한다. 목표는 단원이나 수업의 초점을 선정하도록 한다. 교과목, 학습 활동이나 자료, 평가에 관한 의사결정의 기초가 되는 역할을 한다. 목표진술을 할 때, 대개 유아들이 교육을 받은 뒤 나타내게 될 행동과 수행수준을 기술한다. 또 교사들이 관찰할 수행의 기대수준을 설정한다. 관찰 가능한 행동을 표현하는 행동형 동사를 사용하여 진술한다. 그러나 정의적인 측면에서의 목표 진술은 그렇지 않을 수도 있다. 교사가 아니라 유아가 무엇을 해야 하는지 서술할 수 있도록 구성한다.

목표를 진술을 할 때 Maxim(1989)이 제안한 3단계과정을 고려한다.

① **동기유발과정** : 교사가 제공할 초기 활동, 동기유발의 역할을 한다.

예 우체국 견학

② **유아 행동 기술** : 유아들이 할 경험과 유아들이 나타낼 행동을 기술한다.

예 우체국 방문 후에 유아들은 ...를 말할 수 있다.

③ **수행 수준** : 유아들이 나타내기를 기대하는 최소한의 행동 수준, 교사가 유아들의 진보를 평가할 수 있도록 하는 요소를 진술한다.

예 우체국 방문 후에 어린이들이 우체국 종사자들이 하는 일 중 적어도 2가지를 말할 수 있다.

3. 수업 계획과 단원 계획

1) 수업 계획(Lesson planning)

- 짧게 프로그램화한 경험을 정하는 것이다.
- 하루 또는 한 주 동안 실행할 활동과 전략들을 계획한다.
- 주제, 기술 또는 개념을 조직화할 수 있는 활동들로 구성한다.
- 교사들이 사용할 자료, 활동, 평가를 포함한다.

2) 단원 계획(Unit planning)

- 중심 주제와 관련 주제에 대한 장기간의 교육내용을 정하는 것이다.
- 교사들은 유아의 흥미 수준을 관찰하여 유아들에 의해 소요시간의 길이를 결정해야 한다.
- 활동을 구체적으로 제시(일과 계획)하기보다는 제안해야 한다(1, 2주 후에 요구될 활동들과 유아의 흥미수준을 예측하기 어려움).
- 수업 자료들 역시 구체적으로 제시하기보다는 제안한다. 단원이 진행될 때 다른 자원들이 추가될 수 있다.

4. 사회교육 전략 선택하기

- 어떤 전략을 선택하느냐는 교사 개인에 달려 있다.
- 흥미 없는 주제 선정을 하지 않기 위해서 교사, 유아, 지역사회, 부모 등 다양한 관점을 고려해야 한다.
- 교사 자신과 유아가 그 주제에 대해 얼마나 알고 어떻게 느끼는가를 알

아야 한다.

- 주제에 관련된 다양한 면을 고려할 수 있도록 돕는다.

5. 발달에 적합한(DAP) 사회교육과정 운영하기

DAP는 오늘날 유아교육 프로그램 질의 전형을 정의하는 개념이다. DAP의 신중한 고려는 사회 학습 계획을 준비할 때 검토하는 것은 필수적이다. DAP 실제의 유아들에 관한 지식은 세 가지 주요 양식에 기초한다.

DAP 지식 양식	도움 받기
1. 일반적인 유아의 발달과 학습원칙에 관한 지식	유아들의 요구와 나이에 관계된 특성들과 행동들(신체, 사회, 인지, 언어)을 예상하는 데 도움이 된다.
2. 개별적인 유아에 대한 지식	교육자들에게 그룹 내의 개개 유아들에 의해 구체화된 특이한 특성과 요소를 알려준다.
3. 유아의 사회적, 문화적 환경에 관한 지식	교사와 다른 전문가들에게 유아들이 가지고 있는 체험과 생각의 다양성을 알려주고 발달에 있어서 가족과 문화의 중요성을 알려준다.

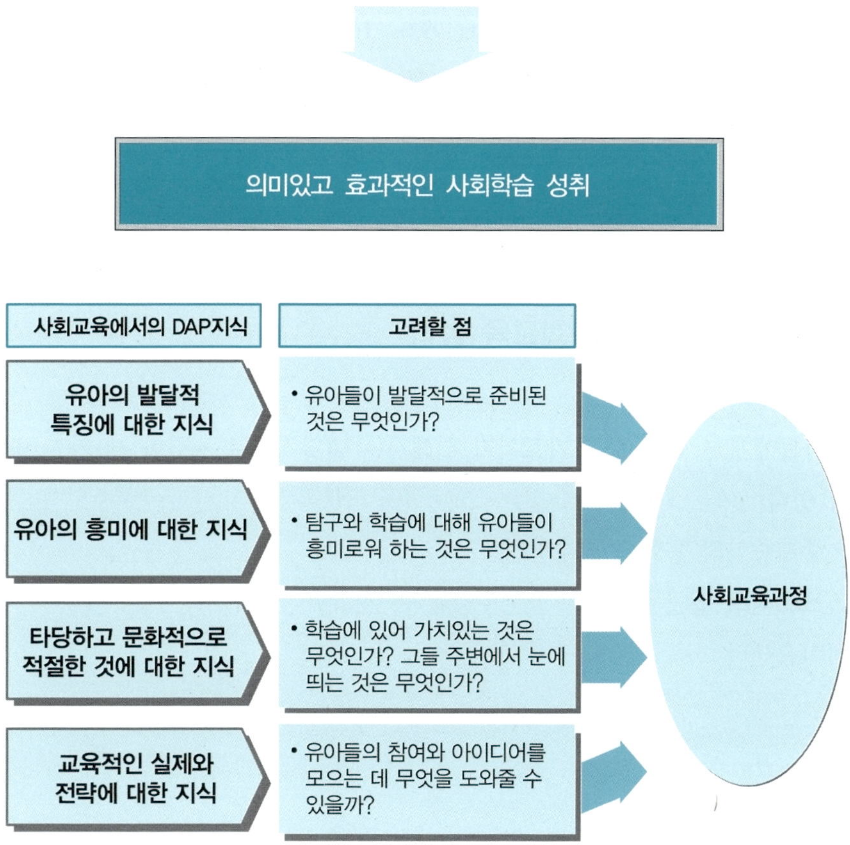

Bredekamp와 Rosegrant(1995)는 교수기술의 범위를 비지시적인 기술부터 지시적 기술까지 8가지로 분류하였다.

비지시적 ↕	인식(요구, 흥미, 능력) 모델(행동, 개념, 기술) 촉진(학습)
중재 ↕	격려(지원 제공) 스케폴딩(학습) 참여(학습자와의 협동)
지시적	설명(개념 및 기술) 지도(학습)

자료: Breadkamp, s. & Rosegrant, t.(1992). Teaching continuum. *In Reaching Potentials: Appropriate Curriculum and assessment for young children,* Vol1. washington, D.C.: national Association for the Education of young children, p21.

6. DAP에 적합한 사회교육 방법

유아들에게 사회 학습을 가르치기 위해서는 발달적으로 적합한 세 가지 방법이 있다.

- 주제중심의 통합된 교수방법
- 프로젝트 접근
- 학습센터

1) 주제(tematic) 중심교육

: 아이들에게 적합한 사회적 학습 교실 체험에 대한 주요 방법

> 누군가 "사람에 관계되고 존재하는 모든 것"을 포함한 사회 학습 교육과정을 얘기했었다. 우리가 이 말이 사실이라고 믿는다면, 탐구하고 배워야 할 무한한 주제들이 있으며, 이와 관련된 모든 것들을 탐구하는 유일한 방법은 사건을 전체로서 바라보는 것이다.

- 사회학습은 유아들을 정말로 흥미로운, 실생활의 체험으로 이끄는 풍부한 기회를 제공
- 주제교육은 사람들이 가지고 있는 삶에 대한 통합된 관점을 반영하는데 사용되는 방법
- 유아교실에서, 주제교육은 다양한 주제영역과 체험으로부터 통합된 주제에 관한, 아이에게 적합한 교육과정을 정하는 기회를 제공

(1) 주제중심 교육과정 활동 시 교사가 고려해야 할 지식

① 사회적 학습에 대한 지식
② 다른 주제영역으로부터의 지식
③ 어떻게 아이들이 발달하고 학습하는지 아이들에 대한 지식
④ 아이들과 그들의 가족들에 대한 지식
⑤ 지역사회와 이웃에 대한 지식
⑥ 매일의 교실, 학교, 생활의 체험에 대한 지식

(2) 주제중심 교육 수업참여 방법

① 교사들은 유아들의 요구와 흥미 파악

- 무엇이 그들의 흥미를 유발하고 무엇이 그들에게 이로운가 하는 것을

충분히 알아야 한다.

- 방법 : 유아들이 탐구를 즐길만한 가능한 주제를 열거한다.

주제들은 나이에 적합한 지식, 유아교육과정에 의해 제시된 주제, 지역사회와 문화적으로 관련된 주제들을 고려한다.

② 학습될 주제의 선택

- 성공적인 주제의 선택은 성공적인 체험의 중심에 있다.
- Roberts와 Kellough(1996)의 최종결정을 내리기 전에 6가지 표준기준에 의해 주제를 비판할 것을 장려

a. 시간의 길이 : 주제는 주어진 기간에 걸쳐서 학습할 만큼 광범위한가?

b. 가치 : 주제가 학습할 가치가 있는가? 유아들이 무엇을 얻을 것인가?

c. 생활에의 적용 : 그 주제가 광범위한 적용과 실생활에의 적용을 제공하는가?

d. 주제에 대한 교사의 지식 : 이 주제가 나의 경험과 관련되어 있는가?

e. 적극적인 학습/유아들에게의 적합성 : 이 주제가 능동적인 학습의 기회를 제공하는가? 주제가 유아들의 흥미를 유지시킬 수 있는가?

f. 자료 : 주제에 대한 탐구를 지원할 충분한 교재와 자료가 있는가?

③ 얼마나 흥미롭고 유아들이 그 주제에 대해 얼마나 알고 있는가를 결정

- 주제의 최종선택을 하기 전에 web이나 개념도를 준비할 시간을 가져라. 개념도나 web은 유아들이 무엇을 알고 무엇을 배우기를 원하는지 그림으로 나타낸 설명서를 얻는 좋은 방법이다(Mitchell & David, 1992).
- 개념도는 유아들이 주제에 대해 가지고 있는 지식을 생생하게 제공하는 형식 없는 토의를 통해 만들어진다.
- 교사들도 이번 주제에 대한 지식 그리고 체험이 필요하다. 교사들이 주제를 가르치기 전에 그것에 대해 배워야 할 것이 무엇인가를 일깨워준다.

④ 각각의 주제가 제공하는 통합을 통해 주제 확인

- 한 가지 주제가 선택되면, 체험과 관련된 계획을 위해 합병된 주제, 어떠한 발달상의 영역인지와 마찬가지로 어떠한 주제 문제인지 아는 것이 중요하다.

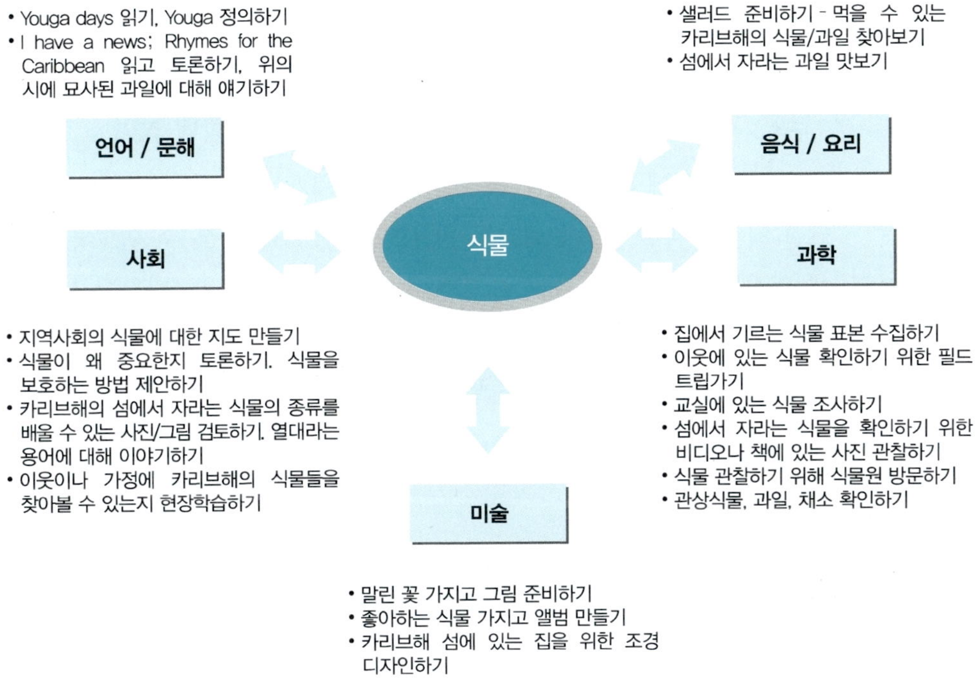

⑤ 유용한 자료와 교재의 선택

- 주제교육을 성공적으로 이행하는 데에 필수적이다.
- 유용한 자료들의 목록은 구체적인 경험을 계획하는 데에 유용하며, 다양한 교육적 자료와 교제를 포함한다(예: 인형, 책, 지도, 블록, 공예품, 복장).
- 학교의 사람들과 부모님, 가족의 다른 구성원들 그리고 주제에 친숙한 지역사회를 생각해 보고 이러한 사람들을 당신의 자료로 끌어들여라.
- 인터넷과 멀티미디어 자료 같은 과학기술

⑥ 다른 가능한 체험들과 함께 인상적인 서두의 체험

- 실험적인 활동 계획은 교사들이 초기의 지령을 잡는 데 도움을 준다.
- 유아들이 주제에 빠져들었을 때 그들이 무엇을 탐구하는 것을 즐기는가를 관찰하는 것은 구체적인 체험으로 이끌어진다. 미리 확립된 일련의 활동을 따르기보다 학급의 체험을 계획할 때 유아들의 흥미를 관찰하고 응해라.

⑦ 부모, 가족들이 유아들이 탐구하는 과정과 결과에 함께 참여

- 유아들이 무엇에 빠져들었는지 기술하는 통지가 집으로 올 것이다.
- 교실 작품은 부모님들이 학교를 방문했을 때 그들이 볼 수 있도록 교실에 전시하거나 샘플을 집으로 보낼 수도 있다.

⑧ 진행의 자취를 남기는 것은 필수

- 저널이나 포트폴리오를 통해 다양한 방법을 사용하여 유아들의 진행을 기록한다.

⑨ 유아들이 이루어낸 과정과 진행의 평가

- 진행 중인 평가도 열려야 한다 : 체크리스트, 일화기록, 사진 그리고 유아들의 작품의 견본은 학습되는 주제의 과정을 따르는 데 도움이 된다.
- 습득한 지식을 바탕으로 새로운 개념도를 만든다 : 시작할 때 만든 개념도와 완결점에서 만든 개념도의 비교는 달성된 과정의 대상 평가에 기여한다.

(3) 주제중심 수업의 장점

① 유아들의 각각 다른 필요들을 수용하는 기회가 된다.

- 특히 특별한 도움을 요하는 유아들과 언어와 문화가 다른 유아들에게 기

회가 제공된다. 특별한 신체적, 발달 요구(needs)를 가지고 있는 유아들에게 필요한 적응이 쉽게 된다.

예 시각장애가 있는 유아들에게는 점자로 되어 있고 오디오 테이프에 녹음이 되어 있거나 또는 큰 글자로 되어있는 책이 수업재료로 첨가될 수 있다.

② 선택된 주제는 유아들의 문화의 행위와 방법을 탐구하는 데 사용된다.

- 문화적으로 언어적으로 다른 유아들은 주제수업을 통해 그들의 지식을 나눌 수 있는 기회가 있다. 유아들은 그들의 문화와 언어로 된 단어, 구, 노래, 춤 등을 배우면서 동년배들을 이끌어 가고 공유할 수 있다.

2) 프로젝트 접근(project approach)

Katz와 Chard에 따르면 프로젝트는 가장 유아들에게 적합한 수업전략 중 하나라고 한다. 그들은 프로젝트 접근의 적합성을 유아들의 개인적이고(또는 인격적이고) 의미 있는 학습에 참여할 수 있도록 하는 기회에 근원을 둔다. 간단히 진술하면 프로젝트 접근은 유아들 자신의 연구에서 적극적인 참여를 강조한다. 유아들이 가진 질문과 아이디어에 열려 있으면서 프로젝트는 유아들의 실제 세계의 경험에 근원을 두어 융통성 있는 교육과정을 세우는 데 기여한다.

Dewey와 Kirkpatrick(1992, Roopnarine)의 초기사상에 근본을 둔 이 전략은 유아들의 표현된 관심에 관하여 수업을 구성한다. 이 관심들은 유아들에 의해 공유되어지고 교사들에 의해 확인되며, 교사들은 유아들의 초기의 관심분야를 어떤 한 기간에 걸쳐 확장된 프로젝트로 변형할 수 있도록 도와준다.

프로젝트 접근법은 한 명이나 그 이상의 아동들이 떠맡을 수 있는 특정한 주제에 대한 심층연구라고 정의할 수 있다. 프로젝트 활동은 반 전체, 소그룹, 개개인의 유아들에게 모두 관여한다. 프로젝트 기간은 짧게는 일주일 길게는 서너 달 기간에 걸쳐 연장될 수 있다. 교사의 역할은 조정자(facilitator)로서 교사들은 유아들의 관심분야를 지지해주고 그들의 관심을 실행가능한 조사가 될 수 있도록 도와준다. 교사들은 또한 각각의 토픽들이 개발될 수 있도록 적절한 재료와 자원들을 확인하는 것을 도와준다. 이때 교사와 유아의 상호작용을 통해 의문점들을 명확히 하고 새로운 방향을 설정할 수 있다.

(1) 프로젝트는 주요 주제의 선택 시 고려할 점-좋은 주제 선정 시 다음 6가지를 고려

① 유아들에게 익숙한 경험과 활동
② 인근 지역사회
③ 최근의 사건들
④ 도처의 장소들
⑤ 자연현상과 관련된 사물들
⑥ 유아들에 의해 제안된 주제들

(2) 프로젝트는 주제 선택 기준

① 유아들에게 주제에 대한 직접적인 적응성은 무엇인가?
② 주제가 어떻게 균형 잡힌 학교 커리큘럼에 기여할 수 있을까?
③ 주제가 어떻게 유아들에게 관련된 일생동안의 지식을 쌓을 수 있도록 도움을 줄 수 있을까?
④ 교실에서 이러한 주제를 공부하는 것의 중요성이 무엇인가?

(3) 프로젝트 개발 과정 3단계

① 계획하기와 시작하기

• 교사들은 그들의 초기 계획을 세우고 프로젝트가 될 것에 대한 원리를 설정

② 프로젝트 진행시키기

- 유아들이 주제에 소개된다.
  예를 들어, 학교 세우기 프로젝트에서 교사들은 2학년 유아들을 데리고 학교의 각각 다른 장소를 방문하기 위해 데려간다.

③ 돌아보기와 결론

- 목적 : 그룹과 각각의 유아들에게 프로젝트의 절정에 이르게 하는 것
- 적용 : 그룹의 나이수준에 달려있다. Katz와 Chard는 3~5세의 어린 유아들에게는 절정에 이르게 하는 경험이 프로젝트 연구와 역할놀이를 포함한다고 함
  예 교실에 과일가게를 꾸미는 것으로 프로젝트를 마무리

3) 사회학습영역(Learning Centers) : 사회교육수업으로의 창의적인 접근

> 근본적으로 학습센터는 교실에서 어린 유아들의 필요를 채우고 개념에 대한 독립적인 이해를 습득하도록 특별히 고안된 지역이다. 학습센터는 교실을 개별적으로 구성하고 정돈한 적합한 방법이다.

사회교육 학습영역은 유아들 중심이며 유아들이 자발적으로 자동적인 행동에 관련되게끔 한 실험적인 방법이라고 정의될 수 있다.

- 목적 : 유아들에게 의미 있는 인생의 측면을 나타내도록 한다.
- 방법 : 적절하게 디자인되었을 때 센터는 인생자체의 직접적인 발견에서 유아들에게 적용되는 무한한 기회들을 제공하며, 탐구와 발견할 것을 선택할 자유가 있다.

(1) 학습영역의 종류

① 참고 문헌센터 : 정보를 주는 책들, 지도, 브로슈어나 잡지와 같은 정보자료, 컴퓨터 프로그램, 인터넷 접근이 가능한 컴퓨터

② 여행센터 : 다른 장소의 사진과 포스터, 중고비행기, 기차, 버스표, 기후에 따른 다른 종류의 의류, 여행가방, 일기, 다른 장소의 엽서, 다른 나라의 기념품

③ What's new 센터 : 최근 지역, 국가적, 세계적 사건에 대한 오려낸 기사, 잡지, 뉴스에 나온 사람들에 대한 사진, 비디오, 최근 사건에 관련된 책들

④ 이웃/지역사회센터 : 은행, 식당, 청과물 상점

⑤ 이전과 지금 센터 : 부엌세간이나 요리기구와 같은 것들의 문화유물, 옛날 차들의 복제품, 배, 부모님이나 친척들의 어렸을 적 사진, 교통수단, 학교, 집, 지역사회의 다른 장소들; 의류와 액세서리 옛날 물건

⑥ 지리센터 : 지도, 지구의, 참고도서, 포스터, 어떤 장소의 사진, 치수를 재는 도구들, 그림 그리는 종이, 유명한 장소 재현해 놓은 것, 카메라

⑦ Around the corner센터 : 세계지도와 지구의, 다른 언어로 쓰여진 표지판, 다른 나라에 대한 책들, 다른 인종을 나타내는 인형들, 다른 지역의 음악이 있는 카세트, 세계 곳곳의 우표, 메시지를 창조하기 위한 쓰기 자료와 다른 유아들을 위한 편지

⑧ 계절센터 : 행사 때 구성되는 일시적인 센터와 유아들의 표현된 관심사들

(2) 효율적인 학습영역을 구성하는 요소들

① 유아들에 대한 지식

- 유아들 그룹이 무엇을 아는지를 고찰하는 것으로부터 시작하여 흥미 수준과 센터가 수업에 줄 수 있는 의미성을 염두해 두는 것도 또한 중요하다.

② 교실에서의 학습센터의 목적에 대한 지식

- 유아들로 하여금 교재를 탐구하고 그것에 대해 반응하도록 격려하는 데 목적이 있을지라도 학습센터의 존재는 교사에 의해 세워진 일반적이고 세부적인 목표에 의존한다.

③ 학습센터를 통하여 추구되어져야 할 목적

- 주제가 일단 확인되면 목표가 정의된다. 추구된 목표에 대한 지식은 유아교사들이 어떤 교재를 선택하고 포함시켜야 하는지를 도와주며, 게다가 적절한 기대치도 설정할 수 있게 한다.

④ 관찰

- 교사는 개인적으로 또 그룹으로써 획득된 성취도를 모니터하며, 유아들로부터 여전히 발생될 수 있는 센터에 대한 흥미 수준을 감지할 수 있다.

(3) 학습센터로부터 얻는 것들(Van Lue, 1996)

① 실수 없는 활동들을 통해 강조된 기술을 배운다.
② 개인 수준의 기술을 연습한다.
③ 개념과 대안 문제해결전략을 가지고 발견하고 개발하며, 조사한다.
④ 놀면서 배운다.
⑤ 감정과 아이디어를 표현하도록 격려한다.
⑥ 창조성과 다양한 사고방식을 드러낸다.
⑦ 그들의 아이디어와 방법이 남에 의해 좋게 평가되었을 때 그들 자신을 좋게 여긴다.
⑧ 각각의 다른 사람들이 다른 생각과 다른 표현 방법과 다른 문제해결을 가지고 있는 것을 알게 된다.

⑨ 자제력과 다른 사람과 협동하여 일을 하는 것을 배우는 것을 포함한 사회기술을 개발시킨다.

⑩ 개념과 주제를 잘 다듬을 수 있도록 고무된다.

⑪ 격려와 참여를 통해 지지된다.

⑫ 다른 내용(컨텐츠) 분야로부터의 학습이 전이되고 통합된다.

⑬ 필수적인 선행학습을 개발시킬 기회가 있다.

(4) 학습센터의 장점

① 개인과 사회 발달에 대한 가치를 조명하는 것이 가능하다.

② 개인이나 그룹 둘 다에 기회를 제공한다.

- 다른 유아들이 동일한 사물과 자료를 사용하는 동안 그들 자신의 관심사에 만족

③ 유아들 고유의 아이디어를 가치 있게 여긴다.

- 학습센터는 다른 유아들과의 경쟁 없이 유아들이 그들 자신의 접근법과 해결책을 표현할 수 있는 방법을 강조한다.

④ 학습센터에서 조심스럽게 선택된 자료와 활동은 개개인과 다양한 반응들을 고무한다.

- 이런 방법으로 센터는 많은 개개인과 유아들이 가질 수 있는 다양한 배움의 방법을 제공한다.

⑤ 사회적 상호작용 및 소그룹 참여기회를 제공한다.

- 사회기술의 개발을 고무한다.

예 유아들이 짝으로 또는 소그룹으로 작업할 때 그들은 많은 필수적인 사회기술, 이를테면 협동, 자료공유, 순서대로 하기, 다른 사람

의 의견듣기, 작업을 완수하기 위해 같이 일하기, 다른 사람의 의견 존중하기를 개발시킨다.

⑥ 교실 활동의 종류를 균형 있고 활기 있게 제공한다.

- 어떤 센터가 순환적인 성격을 가지고 있을 때 교실은 유아들의 관심 변화에 따라 변형

⑦ 유아들의 특성에 맞게 융통성 있게 변화 가능하다.

- 학습센터의 변형은 특별한 도움이 필요한 유아들을 포함하고 수용하기 위해 쉽게 만들어질 수 있다.

예 시각장애가 있는 유아들을 포함한 교실에서는 큰 글자로 된 책, 테잎 녹음이 되어 있는 책 또는 점자책이 레퍼런스 센터에 첨가

7. 생활주제중심의 유아사회교육 활동 계획

유아사회교육을 계획할 때 교사는 가르치고자 하는 목표와 목표를 위한 교육 주제와 내용을 결정하고 교육내용을 효과적으로 전달할 수 있는 적합한 교수-학습 방법을 결정한다.

유아사회교육 활동을 계획하는 과정을 살펴보면 다음과 같다.

- 생활주제를 선정하고, 생활주제에 따른 하위의 주제를 선정한다.
- 하위주제에 내포된 주요 내용들을 생활주제 조직망으로 정리한다.
- 주요 내용을 사회적 가치와 태도, 기술, 사회과학적 지식으로 분류한다.
- 주요 내용을 효과적으로 학습할 수 있는 교수-학습 방법과 활동 유형을 정한다.
- 학습에 이용할 학습 자원과 자료를 계획한다. 이때 부모, 가족, 지역사회

가 유아의 사회적 탐구과정에 함께 참여하도록 한다.

- 하위주제를 중심으로 주제교육계획안을 작성한다. 이때 하위주제를 중심으로 자유선택 활동 시간의 영역 활동과 대·소집단 활동을 통합적으로 계획한다.
- 하위주제에서 소주제를 선택하여 일일교육계획안을 작성한다. 이때 사회교육과 관련되는 자유선택 활동과 대·소집단 활동이 소주제와 통합적으로 운영될 수 있도록 계획한다.
- 하위주제에서 소주제를 선택하여 일일교육계획안을 작성한다. 이때 사회교육과 관련되는 자유선택 활동과 대·소집단 활동이 소주제와 통합적으로 운영될 수 있도록 계획한다.
- 저널이나 포트포리오 등의 방법을 활용하여 유아의 진보과정을 추적한다.
- 유아의 학습과정에 대한 지속적인 평가를 한다. 일반적으로 체크리스트, 일화기록, 행동이나 작품 사진, 작품 샘플 등의 평가 방법을 활용한다.

(1) 생활주제 선정

우리나라 유치원교육과정은 제 1차 유치원교육과정이 제정된 1969년부터 현재 2012년 개정 유치원교육과정에 이르기까지 교육 활동을 운영할 때 생활주제를 중심으로 통합적으로 운영할 것을 강조하고 있다. 생활주제는 유아들이 유아교육기관에서 생활하면서 경험할 수 있는 그리고 또 경험해야만 하는 내용들을 동질적인 특성끼리 묶은 것을 의미한다(교육부, 1995).

교사는 유아의 요구, 관심과 흥미를 이해하고 유아들이 즐겁게 탐색할 수 있는 가능성이 있는 주제 목록들을 기록해둔다. '시장', '우리나라와 다른 나라', '나와 친구', '명절', '올림픽', '축제' 등은 사회적 내용을 다룰 수 있는 유익한 주제들이다.

유아사회교육을 위한 주제를 선택할 때 다음의 요인들을 고려한다(교육과학

기술부, 2008).

- 유아에게 유익한 내용을 가르치는가?
- 유아가 이 주제를 통래 유익한 경험을 할 수 있는 기회가 있는가?
- 유아에게 가치 있고, 의미가 있는 주제인가?
- 유아가 직접 관찰하고 조사할 수 있는 주제인가?
- 유아의 경험과 연관이 있는 주제인가?
- 주제를 표상할 수 있는 다양한 방법이 있는가?
- 부모와 지역사회 자원의 활용이 가능한가?
- 사회·문화적으로 적절한 주제인가?
- 유아의 연령에 적합한가?
- 유아가 흥미를 가질 만한 것인가?
- 유치원(어린이집), 시·도교육청, 국가 수준의 유치원 교육(국가 수준의 보육과정)의 목적 및 내용과 연관되는가?

위에서 제시된 조건을 만족할 만한 생활주제가 선정되었다면, 주제의 교육적 가치와 유아의 흥미와의 관련성 등을 생각해 본다. 예를 들어, '우리나라'라는 주제를 선정하였다면, 유아의 흥미, 생활경험과의 관련성 그리고 사회교육적 가치, 사회·문화적 가치에 근거하여 주제 선정의 이유를 제시한다.

| 주제 선정의 이유 |

특별한 날이 아니더라도 유아는 우리나라에 대한 관심을 가지면서 우리나라 고유의 생활양식과 사건, 인물, 문화 등을 알아가게 되고, 이 가운에 유아 자신의 정체감과 함께 우리나라에 대한 자부심을 가질 수 있을 것이다.

따라서 생활주제 '우리나라'는 유아들이 전통문화를 경험하고 지역사회에 대한 관심과 공동체 의식, 우리나라에 대한 자부심을 갖게 하고 더불어 민주시민으로서의 가치와 태도를 갖도록 도울 것이다. 또한 역사와 우리나라의 지리적 특성, 세계 여러 나라와의 관계 등의 다문화 이해와 같은 사회과학적 지식을 습득하도록 도울 것이다.

(2) 생활주제 조직망

생활주제가 선정되면 교사는 생활주제가 전개되어 갈 수 있는 내용의 범위를 예상하고 조직한다. '우리나라'의 경우 유아들이 태극기에 대한 관심이 우리나라에 대한 주제로 연결될 수 있고, 추석을 지내고 온 유아들이 우리나라의 음식과 놀이에 관심을 보여 '우리나라' 주제로 연결될 수도 있다. 교사는 우리나라 주제를 어느 범위까지 학습할 것인가를 결정하기 위하여 생활주제 조직망을 작성한다.

교사는 생활주제를 하위의 주제로 세분화시킨 후 하위주제에서 학습하게 될 내용을 주요 내용으로 진술한다. 우리나라의 경우 하위주제는 '우리나라 사람들의 생활', '우리나라의 놀이', '우리나라의 특징', '우리나라 사랑', '우리나라의 역사'로 나눌 수 있다. '우리나라 사람들의 생활'에서는 옷, 음식, 집, 생활도구 등의 소주제로 나누어서 유아들의 현재 생활과 우리나라 사람들의 전통 생활을 관련지어 경험할 수 있다. 이를 통해 유아들의 우리나라 전통에 관심을 가지게 할 수 있다.

'우리나라 놀이'는 전통놀이와 옛 그림과 옛 이야기, 노래와 춤으로 세분화할 수 있으며, 이 소주제들을 통해 유아들은 우리나라의 전통 놀이에 관심을 가지면서 우리나라 놀이를 사랑하고 즐길 줄 아는 유아로 자랄 수 있을 것이다.

'우리나라의 특징'은 우리나라를 상징하는 것과 지리적 위치, 지역적 특성, 계절적 특징들로 나눌 수 있으며, 이 소주제를 통해 유아들은 우리나라에 대한 이해를 높일 수 있다.

'우리나라 사랑'은 유아들이 나라 사랑을 위해 할 수 있는 일에 대해 생각해 볼 수 있는 기회를 제공하여 우리나라를 자랑스러워하고 주체적 인식을 갖도록 할 수 있다.

'우리나라 역사'는 우리나라의 시작과 관련된 '신화와 인물', '문화재', '우리나라의 과거, 현재, 미래'로 세분화하여 유아들이 이 주제를 접하면서 우리나라의 역사적 사실과 사건에 대해 관심을 가질 수 있다.

(3) 사회교육내용 정리

사회교육을 위한 활동을 위해 교사는 주요 내용 중에서 사회적 가치와 태도, 기술, 사회과학적 지식을 분류한다. 생활주제 '우리나라'의 주요 내용을 사회적 가치와 태도, 기술, 사회과학적 지식으로 나누어 제시하면 다음과 같다.

생활주제 '우리나라'의 사회교육내용

사회교육내용		세부내용
사회적 가치와 태도		• 과거의 사람들이 소중하게 생각했던 가치를 현대의 가치와 비교해 본다. • 우리나라 위인들의 생활을 통해 배울 점을 생각할 수 있다. • 우리나라 전통 음악과 미술품을 감상하고 즐길 수 있다. • 서로의 생각과 느낌을 존중하는 마음을 갖는다. • 우리나라를 사랑하는 마음을 갖는다. • 나와 우리나라에 대한 자부심을 갖는다. • 우리나라 문화재의 소중함을 알고, 이를 보호할 수 있는 방법에 대해 생각해 본다.
기술		• 다른 사람과 협력하여 일하는 것의 중요함을 알 수 있다. • 자신의 생각을 다른 사람에게 말로 표현할 수 있다. • 전통놀이의 규칙을 이해하고, 친구와 협력하여 놀이할 수 있다. • 문제 해결에 필요한 정보를 찾을 수 있다. • 자료를 조사하여 우리나라의 전통 가옥 특징을 알 수 있다.
사회과학적	역사	• 우리나라의 전통문화를 알고 즐긴다.

사회교육내용		세부내용
지식		• 우리나라를 빛낸 위인들에 대해 관심을 갖는다. • 현재의 생활에는 과거로부터 내려오는 의복, 음식, 놀이 등이 있다. • 문화재의 의미를 알고, 다양한 문화재에 관심을 갖는다.
	지리	• 우리나라의 지리적 특성에 대해 관심을 가질 수 있다. • 우리나라 각 지역마다의 차이가 있음을 알고 이를 비교해 본다. • 우리나라의 산, 강에 대해 알 수 있다. • 우리나라는 남한과 북한으로 나뉘어져 있음을 알고, 북한에 대해 관심을 갖는다.
	사회학	• 우리나라를 나타내는 상징이 있음을 안다. • 우리나라 법과 규칙을 알고 지킨다.
	전통 문화 이해	• 전통놀이의 종류를 알 수 있다. • 우리나라의 춤과 의상, 미술품에 대해 알아본다. • 전통가옥의 특징을 알고 현대 가옥과 비교할 수 있다. • 우리나라의 명절에 대해 관심을 갖는다.

(4) 사회교육활동 계획

교사는 주요 내용을 어떻게 전개하여 가르칠 것인가 교수-학습 방법을 구체적으로 계획해야 한다. 예를 들어, '시대별로 다양한 업적을 남긴 위인들에 대해 알아본다'라는 주요 내용의 교수-학습 방법으로 위인 이야기를 읽고, 위인들이 중요하게 생각한 것이 무엇인지 유아들의 생각을 표현해 보도록 할 수 있다. 즉, 교사는 '자기표현'의 교수-학습 방법을 사용할 수 있다. '우리나라의 전통가옥과 현대의 가옥의 유사점과 차이점을 비교할 수 있다'는 '문제해결 방법'을 사용하여 유아들이 전통가옥과 현대가옥에 대한 자료를 수집하여 유사점과 차이점을 비교 할 수 있다. 또한 '우리나라의 문화재를 보호한다'라는 교육내용은 '토의'의 교수-학습방법을 사용할 수 있을 것이다.

교사가 선정한 교수-학습 방법은 이야기 나누기, 음률, 미술, 극놀이, 견학, 게임 등의 다양한 활동을 계획한다. 이때 하나의 교육내용이 다양한 활동으로 통합될 수 있도록 한다. 예를 들어, 우리나라 전통음악 즐기기는 음악감상 활동과 신체표현으로 통합할 수 있으며, 우리나라 문화재 관심갖기는 견학 활동과 이야기 나누기, 토의하기 등의 활동을 통해 통합적으로 경험할 수 있다.

Chapter 9

유아사회교육의 평가

평가는 교육과정의 마지막 단계에서 이루어지는 것으로 유아의 현재의 발달 상태와 교육을 통해 교육기관이 추구하고 있는 교육의 목적과 목표를 어느 정도 달성했는지를 알아보고자 하는 것이다. 따라서 그 자체가 목적이라기보다는 유아에게 질적으로 우수한 교육 경험을 제공하기 위한 수단이라고 할 수 있다.

전통적인 관점에서 평가는 유아가 무엇을 할 수 있는가 또는 할 수 없는가에 관심을 갖고 유아 간의 상대적 비교를 하였다. 근래에 들어서 학교는 보다 객관적인 평가 방법을 모색하고자 하였으며, 그러한 결과 표준화된 검사도구가 개발·실시되었다.

최근에는 유아의 행동 변화 가정을 관찰하여 유의미한 학습이 일어나도록 하는 데 평가의 목적을 두고 있다. 새로운 관점의 평가는 유아의 전반적인 생활세계를 통해 정보를 수집하여 다양한 관점에서 유아의 실제적인 능력을 파악하는 것을 목적으로 하고 있다.

본 장에서는 유아의 사회적 가치와 태도, 기술, 사회과학적 지식 습득에 대한 유아의 수준과 변화과정에 대한 자료를 수집하고 분석하여 궁극적으로 민주시민으로서의 유아의 능력을 평가하기 위한 평가 목적과 평가의 다양한 방법들을 살펴보고자 한다.

전인교육의 강조와 함께 최근 사회교육에서는 유아의 다면적 측변을 평가할 수 있어야 한다고 보고 있다. 교사는 이러한 평가 결과를 학습 계획, 학습 범위 결정, 교수 자료 선정, 교수 방법 평가, 프로그램의 평가, 학습 목표 재진술등에 활용하며, 부모와의 상담을 위한 기초 자료로 활용한다.

1. 평가의 목적

평가는 유아의 성장 발달이 이루어지는 과정이나 현재의 발달 상태를 이해하기 위한 것일 뿐만 아니라 유아의 발달이 유아교육에서 추구하는 인간상과 연계되고 있는가를 검토하기 위한 것이다(교육인적자원부, 2007). 유아사회교육은 유능한 민주 시민으로 성장하기 위해 사회과학적 지식과 사회적 기술과 태도를 습득하는 것을 목표로 한다. 이에 따라 평가는 교육의 결과가 유아의 사회과학적 지식 습득과 사회적 기술과 태도가 긍정적으로 형성되었는지를 전체적으로 파악하는 것을 목적으로 한다.

평가를 통해 교사는 유아의 사회적 기술, 가치와 태도, 기본적인 사회과학적 지식 획득에 대한 유아의 현재 발달 수준과 발달과정, 활동 후 교육적 경험의 효율성을 파악할 수 있다(조순옥 외, 2001). 또한 교사는 평가 결과를 부모와 상담 시 유아의 현재 발달 수준과 변화를 알려주는 자료로 활용한다.

2. 평가의 방법

사회교육에서 평가는 유아에게 무엇을 가르쳐야 하며, 그들이 무엇을 배워야 하는가에 관한 교육의 가치를 반영해야 하며 교육과정과 교수 행위에 통합되어야 한다.

유아의 실제적인 능력과 잠재적 가능성을 평가하기 위해 교사는 유아의 성장과 발달, 학습에 관하여 체계적이고 규칙적으로 정보를 수집해야 하는데, 이때 일화기록, 체크리스트, 평정척도법 등을 이용한 관찰법, 표준화 검사, 교사가 제작한 도구를 사용하는 검사법, 포트폴리오 평가 등을 통합적으로 사용할 수 있다.

1) 관찰법

관찰은 자연스럽고 다양한 상황엣 유아들의 사회적 기술, 태도, 가치 등을 파악하고 사회 학습이 목표를 성취했는가를 보는 방법이다. 관찰법은 평가의 대상을 주의 깊게 지각하고 기록하는 것으로 다른 방법에서는 얻기 어려운 실질적인 정보를 수집할 수 있으며, 다른 방법으로 수집된 정보를 보완하는 기능을 한다. 관찰할 때는 무엇을 왜 관찰하는지 목표를 분명하게 설정하고 관찰한 내용을 객관적으로 기록하며, 기록된 것을 추론과 평가의 과정을 거쳐서 편집하고 기록물에 대한 반성적 사고를 하여 교수-학습 활동에 반영하는 단계를 거친다.

유아를 관찰하는 방법에는 일화기록, 시간표집법, 평정척도법, 행동목록법 등이 있다.

(1) 일화기록법

일화기록법은 유아의 일사에서 일어난 일에 대해 사건이나 행동을 중심으로 사실적으로 기록하는 방법이다. 일화기록법은 특정한 시간이나 사건에 제한 없이 언제, 어디서나 기록할 수 있다는 점에서 유아교육 현장에서 가장 많이 사용하는 관찰의 한 형태이다.

관찰자는 행동의 패턴이나 변화, 발전, 특기할 만한 사건을 미리 정해진 범주에 따라 관찰하며, 관찰자의 목적에 따라 일과 기록의 범주들이 달라질 수 있다. 유아의 사회적 행동이나 발달에 관심을 두고 관찰하고자 할 때 교사는 유아의 사회적 능력이 표현된 놀이나 행동 등을 관찰하여 기록할 수 있다. 일화기록을 유아의 사회적 능력이 표현된 놀이나 행동 등을 관찰하여 기록할 수 있다. 일화기록을 작성할 때 유의해야 할 사항을 제시하면 다음과 같다 (Jonnson, Christie, & Yawkey, 1999).

- 관찰일자, 시간, 장면 및 기본적인 활동에 대한 정보가 포함되어야 한다.
- 대상 유아의 초점 행동(예: 인사하기, 친구와 사귀기 등의 사회적 행동)을 따라 기록해야 한다.
- 사건이 일어난 순서대로 기록한다.
- 대상 유아가 한 말을 그대로 기록하며 그 장면에 있었던 상대방의 반응

도 자세히 기록한다.

- 기록은 객관적이고 정확해야 한다.

일화기록이 보고 들은 장면에 대해 객관적으로 기록이 되면, 기록된 정보를 읽고 교사는 유아의 사회적 행동을 해석하고 평가한다.

(2) 시간표집법

특정 행동을 특정 시점에서 관찰하는 방법이다. 정해진 관찰 기간 동안 계속 관찰하는 것이 아니라 일정한 시간 간격으로 여러 번 반복하여 행동을 관찰하고 그 결과를 기록한다. 관찰을 기록하는 방법은 행동 출현 유무를 체크(∨) 하는 방식, 행동 출현의 빈도수를 표시하는 방식이 주로 사용된다.

(3) 사건표집법

관찰자가 관심을 가지고 있는 어떤 행동이나 사건이 나타나면 그때마다 일정한 형식에 따라 기록하는 방법이다. 어떤 행동이 일어난 원인이 무엇인지를 알아내는 데 관찰의 목적이 있다. 어떤 사건이나 행동이 일어나기 전의 상황(Antecedent event: A), 사건이나 행동(Behavior : B), 사건이나 행동의 일어난 후의 결과(Consequence: C)의 반응 순서대로 기록한다.

(4) 평정척도법

평정척도법은 특정 행동을 정해진 범주에 따라 평가하고자 할 때 사용하는 방법이다. 이 방법은 특정 행동이 나타나고 있는지의 여부에 대한 것뿐만 아니라 행동의 특성을 1~5 또는 1~3으로 수량화하여 점수를 부과한다.

평정척도는 관찰과 동시에 평가하기가 어렵기 때문에 목표로 한 유아의 행동을 충분히 관찰한 후 결과를 요약하는 수단으로 사용한다(이은해, 1995). 평정척도법은 빠른 시간 안에 유아의 행동을 평가할 수 있다는 장점이 있으나 관찰자의 편견이나 오류가 있을 수 있다. 때로 교사들은 한 유아의 일반적인 행동 경향성을 평가하기보다는 최근에 있었던 인상적인 행동을 이 유아의 일반적인 행동으로 평가하는 오류를 범할 수 있다. Irwin과 Bushnel(1980)은 평정척도법을 사용할 때 세 가지 오류가 나타날 수 있다고 하였다(박찬옥 외, 2001 재인용)

- 관용의 오류 : 유아들의 행동을 거의 모두 높게 평가하는 경향
- 중앙집중의 오류 : 평정척도의 양극단 점수를 피하고 대체로 중앙 점수를 중심으로 평정한 경향
- 후광효과 : 유아에 대한 선입견이나 인상이 판단에 영향을 주는 경향

(5) 행동목록법

행동목록법은 관찰자가 유아의 사회적 행동 목록을 사전에 준비하고 목록에 있는 행동이 나타나는지를 관찰하여 체크하는 방법이다. 일반적으로 행동목록은 주로 유아의 현재 상태에 관심을 가지고 사용되며, 시간에 따른 발달의 변화를 알고자 할 때도 사용한다. 이를 위해 관찰 행동목록들을 잘 이해하고 있어야 한다.

행동목록법의 장점은 여러 가지 행동에 관한 자료가 빠르고 효율적으로 기록된다는 것이다. 논리적으로 잘 배열된 목록일수록 기록의 신속성을 한층 더 높일 수 있다(이은해, 1995). 반면에 관찰된 행동의 출현 빈도나 질적 수준에 대한 정보를 제공하지 못한다는 단점이 있다. 따라서 행동목록법의 장점을 최대한 살리기 위해서는 다음과 같은 점들에 유의해야 한다(박찬옥 외, 2001).

- 행동 목록들이 가능한 관찰 가능한 구체적 행동을 나타내고 있어야 한다.
- 관찰하려는 특정 영역에 관해서 가능한 포괄적이고 대표적인 목록으로 구성되어야 한다.

- 행동의 목록을 배열함에 있어 일정한 논리적 체계를 가져야 한다.

2) 면담

면담은 교사가 개별 유아 혹은 소집단의 유아들과 대화를 나누어 여러 가지 자료를 수집하는 방법으로 유아와의 형식적·비형식적 면담을 통해 교사는 유아의 관심사와 사고과정을 이해할 수 있다. 교사는 유아의 사회적 지식 수준이나 사회적 가치 및 기술을 알아보기 위한 목적을 가지고 면담을 할 수도 있고, 자연스러운 상황에서의 대화를 통해 유아의 사회적 기술과 가치관을 파악할 수 있다. 면담은 관찰만으로 얻기 어려운 구체적인 정보를 파악할 수 잇다는 장점이 있으나, 유아의 언어적·인지적 능력에 따라 질문을 이해하는 정도가 다를 수 있으므로 이를 유의해야 한다. 또한 교사는 유아의 말이 유아의 사고 전체를 나타낸다고 평가해서는 안 된다. 유아의 개념과 사고 과정을 보다 정확하게 파악하기 위해서 교사는 유아의 대답을 기초로 유아의 생각을 알아보기 위한 질문을 하거나, 애매한 유아의 대답에 대해 "조금 더 말해 줄 수 있니?", "네 말은 ~ 뜻이니?"와 같이 질문을 하여 유아의 사고를 종합적으로 판단하려는 노력을 해야 한다. 유아와 면담을 할 때 일관성과 정확성, 명료함과 충분함, 광범위함을 고려해야 한다(조순옥 외, 2013).

- 일관성 : 유아가 같은 유형의 질문에 같은 방법으로 안정되게 반응하는가를 본다.
- 정확성 : 유아는 모든 가능한 반응을 다 포함하여 반응할 수 없으니, 비교적 정확하게 반응하는가를 관찰한다.
- 명료함 : 반응이 분명하고 받아들일 수 있는지 평가한다.
- 충분함 : 관련 개념이 얼마나 많은 반응으로 나타났는가를 살펴본다.
- 광범위함 : 나타난 개념의 범위를 보는 것이다.

3) 작품을 통한 평가 방법

유아의 조형, 언어 구성하기 작품이나 극놀이, 동작, 게임 등의 활동사진을 수집하여 분석함으로써 유아의 행동 특성과 발달 수준에 대해 실제적인 정보를 얻을 수 있다. 이 평가 방법은 유아의 잠재적 능력이나 내면의 세계, 유아가 다른 사람을 보는 방법을 이해하는 데 효과적인 방법이다. 작품분석 방법을 유익하게 활용하려면 다양한 유아의 작품을 정기적으로 수집해야 하며, 수집된 작품에는 날짜와 그 작품에 대한 유아의 설명이나 작품에 대한 유아의 태도 등을 기록해 놓는다. 수집될 수 있는 유아의 작품에는 유아의 말을 받아 적거나 녹음한 자료, 유아의 그림 자료, 유아의 작품 사진, 노래나 언어 녹음 자료, 기타 유아의 가품 표본들을 포함한다.

작품분석법은 그 작품을 통해 교사가 목표로 한 영역뿐 아니라 다른 측면들도 파악할 수 있다는 장점이 있다. 예를 들어, 유아가 또래 간의 갈등을 담은 동화를 듣고 이를 해결할 수 있는 방법을 그림으로 그린 것과 극놀이하는 과정 등의 자료를 분석하면서 유아의 사회적 문제해결 능력뿐 아니라 생각을 그림과 극으로 표현하는 방식의 변화, 생각을 논리적으로 표현할 수 있는 언어적 표현력의 변화 등도 함께 평가할 수 있다.

참고문헌 Reference

곽노의, 김경철, 김유미, 박대근(2013). 영유아발달. 경기: 양서원.

교육인적자원부(2005). 유아를 위한 환경보전 교육활동 자료. 교육인적자원부.

____________(2007). (교사와 유아를 위한) 유아사회교육 활동자료. 서울: 교육인적자원부.

교육부, 보건복지부(2019). 2019개정 누리과정 해설서.

구광현, 이희경(2002). 유아사회교육. 서울: 동문사.

구재선, 김혜리, 이수미, 고숙남, 최현옥(2006). 마음이론에 대한 다학문적 연구: 진화적 관점 6세 이후 마음상태 읽기 능력 발달. 한국심리학회 연차학술발표대회논문집, 160-161.

국가청소년위원회(2007). 미디어와 함께 건강하게 살아요. 서울: 국가청소년위원회.

권동희(2005). 지리이야기. 경기: 한울.

김규수, 안영경(2006). 유아의 공포에 관한 연구. 열린유아교육연구, 11(5), 203-225.

김미숙(2006). 영아학급에서의 일상적 우정의 형성과정. 열린유아교육연구, 11(6), 153-175.

김상림, 김송이, 양성은, 이윤선, 한준아, 김지현(2014). 유아발달. 경기: 양서원.

김승희(2017). 유아사회교육. 서울: 학지사.

김영옥(2016). 유아사회교육. 경기: 양서원.

김영옥, 서현, 박형신, 정상녀, 윤경선, 박미자, 이나영(2011). 유아 다문화교육의 이론과 실제. 서울: 학지사.

김영옥, 오숙현, 임영숙, 정경자(2010). 유아교육기관의 환경구성. 경기: 공동체.

김이영, 오성숙, 이시진, 이우언, 이은미, 채혜선(2014). 유아발달. 경기: 양서원.

김일곤, 이재하, 전영권, 황홍섭(1998). 지리학의 이해. 서울: 법문사.

김혜금, 송영주, 임양미, 김현자, 김진숙, 박진옥(2013). 유아사회교육. 서울: 학지사.

김혜숙(2011). 생활주제와 통합된 유아다문화교육의 이론과 실제. 경기: 양서원.

김희진(1998). 소비생활 습관: 떡잎 때부터 바로잡아 주자. 어린이개발센터 소식, 18, 22-23.

민혜영, 김영희, 유은석, 임경령(2017). 유아사회교육. 경기: 공동체.

박영미(2009). 유아지리교육 내용 및 교수-학습 방법 개선을 위한 연구. 이화여자대학교 대학원 박사학위논문.

박성연(2006). 아동발달. 서울: 동문사.

박찬옥, 김영중, 황혜경, 엄정례, 조경서(2001). 유아사회교육. 경기: 정민사.

박찬옥, 서동미, 엄은나(2016). 유아사회교육. 경기: 정민사.

박혜란(2008). 5세 유아의 우정형성과 유지과정 탐구. 부산대학교 교육대학원 석사학위논문.

박미경(2011). 근거이론에 의한 유아교사의 다문화교육 효능감 형성과정 분석. 이화여자대학교 박사학위논문.

백미애(2002). 부모의 정서표현에 따른 유아의 감정조망수용능력과 감정조절능력. 이화여자대학교 대학원 석사학위논문.

서태열(2007). 지리교육학의 이해. 경기: 한울.

성혜자, 김성민, 이정분, 김현식, 최희숙, 장경숙, 박계도, 김영수, 류문숙, 송배란, 허은주, 송석희, 박민자, 손영빈, 이은희(2008). 현장교사들이 풀어 쓴 유아사회교육. 경기: 양서원.

송현종, 이순자, 박상희, 박영미, 이미나, 윤은경(2017). 유아발달과 아동발달. 서울: 학지사.

양옥승, 이옥주, 이정란, 손복영(2014). 유아사회교육. 서울: 신정.

오채선, 이석순, 박은미, 이명순, 장혜자, 김영신, 김미애(2008). 영유아사회교육. 서울: 파란마음.

이경영(2000). 유아를 위한 사회교육. 서울: 교육과학사.

이경우, 서영숙(1995). 유아를 위한 사회교육. 서울: 교문사.

이명조(2013). 영유아발달과 교육. 경기: 양서원.

이영자, 유효순, 이정욱(2001). 주제중심의 통합적 접근 방법에 의한 유아사회교육. 경기: 교문사.

이은해(1995). 아동발달의 평가와 측정. 경기: 양서원.

이종향(2013). 가치탐구모형에 기초한 유아경제교육 프로그램 개발 및 적용 효과. 중앙대학교 대학원 박사학위논문.

전경화, 김지현(2001). 유아 문학을 통한 반편견 교육과 유아의 반편견 인식 조사. 부천대학 논문집, 22, 204-214.

조순옥, 이경화, 배인자, 이정숙, 김정원, 민혜영(2013). 유아사회교육. 서울: 창지사.

정선희(1984). 긍정적 자아개념 활동이 유아의 사회성 발달에 미치는 영향. 이화여자대학교 교육대학원 석사학위논문.

정옥분(2011). 아동발달의 이해. 서울: 학지사.

최소옥(2000). 내러티브를 통한 중학생의 역사 이해. 서울대학교 대학원 석사학위논문.

Ainsworth, M. D.(1973). The development of infant-mother attachment. In B. M. Caldwell & H. N. Riccuti(Eds.), Review of child development research (Vol.3). Chicago: University of Chicago.

Ainsworth, M. D.(1983). Patterns of infant-mother attachment as related to maternal care: Their early history and their contribution to continuity. In D. Magnusson & V. L. Allen (Eds.), *Human Development.* New York: Academic Press.

Ainthworth, M. D.(1989). Attachment beyond infancy. *American Psychologist, 44*(4), 709-716.

Alport, G.(1952). *The nature of prejudice.* New York: Doubleday Anchor Books.

Arsenio, W. F., & Kramer, R.(1992). Victimizers and their victims: Children's conceptions of mixed emotional consequences of moral transgression. Child Development, 63, 915-927.

Bandura, A.(1977). *Social Learning Theory.* NJ: Prentice-Hall.

Banks, J. A.(2008). *An introduction to multicultural education*(4th ed.). Allyn & Bacon.

Banks, J. A. & Banks, C. A. M.(1993). *Multicultural education: Issues and perspectives.* Boston: Allyn and Bacon.

Bennett, C. I.(2007). Comprehensive *Multicultural education: Theory and practice.* Boston: Allyn & Bacon.

Bowlby, J.(1973). Attachment and loss: Vol. 2. *Attachment.* New York: Basic Books.

________(1980). Attachment and loss: Vol. 3. *Attachment.* New York: Basic Books.

Coopersmith, S.(1967). *The antecedents of self-esteem.* San Francisco: Freeman.

Curry, N. E., & Johnson, C. N.(1990). Beyond self esteem: Developing a genuene sense of human value. Research monograph of national association for the education of young children, 4. Washington, DC: NAEYC.

Deci, E. L., & Flaste, R.(1995). Why we do what we do: The dynamics of personal autonomy. New York: Grett/putnam.

Deci, E. L., & Ryan, R. M.(2000). The what and the why of goal persuits: Human needs and the self determination of behavior. *Psychological Inquiry, 11*(4), 227-268.

Dewey, J.(1966). *Lectures on the philosophy of education.* New York: Reginald D. Archambault, Random House.

Elkind, D., & Weiner, I. B.(1978). *Development child.* New York: John Wiley & Sons.

Ellis, A. K.(1995). *Teaching and Learning elementary social studies*(5th ed.) Boston,

MA: Allyn and Baco.

Erikson, E. H.(1968). *Identity. Youth, and crisis. Prosocial behavior.* New York: Norton.

Freud, S.(1933). *New introductory lectures in psychoanalysis.* New York: Norton.

Friend, M., & Davis, T.(1993). Appearence-reality distinction: Childhood understanding of the physical and affective domains. *Developmental Psychology 29*, 907-913.

Harter, S.(1998). The development of self preservation. In W. Damon & N. Eisenberg(Eds.), *Handbook of child Psychology, 3: Social, emotional, and personality development*(5th ed., pp.553-618). New York: John Wiley & Sons.

Howing, P. T., Wodarsky, J. S., Kurtz, P. D., & Gaudin, J. M.(1990). The empirical base for the implementation of social skills training with maltreated children. *Social Work, 35*(5), 460-467.

Irwin, D. M., & Bushnel, M.(1980). *Observational strategies for child study.* New York: Holt, Rinehart and Winston.

Jonnson, J. E., Christie, J. F., & Yawkey, T. D.(1999). *Play and early childhood development.* Longman.

Kemple, K. M.(1991). Understanding and facilitating preschool children's peer acceptance microform. Urbana, Illinois: ERIC Clearinghouse on Elementary and Early Childhood Education.

Kendall, F. E.(1983). *Diversity in the classroom.* NY and London: Columbia University.

Kholberg, L.(1976). Moral stages and moralization: The cognitive development approach. In T. Likona(Ed.), *Moral development and behavior.* New York: Holt, Rinehart & Winston.

Kholberg, L., & Nisal, M.(1984). Cultural universality of moraljudgement stages: A longitudinal study in turky. In L. Kholberg(Ed.), *The psychology of moral development*(Vol.2). San Francisco: Harper & Row.

Kostelnik, M. J., Whiren, A.P., Soderman, A.K. & Gregory, K. M.(2009). *Guiding children's social development and learning*(6th ed). Delmar: Cengage Learning. 박경자, 김송이, 권연희, 김지헌 공역(2009). 영유아의 사회정서 발달과 교육. 서울: 교문사.

Lamborn, S., Mounts, N. S., Steinberg, L., & Dornbusch, S.(1991). Patterns of competernce and adjustment among adolescents from authoritative, authoritarian, indulgent,and neglectful families. *Child Development, 62*(5). 1049-1065.

Lepper, M. R. & Henderlong, J.(2000). turning "play" into "work" and "work" into "play": 24years of research on intrinsic motivation. In C. Sanson & J. M. Harackiewicz(Eds.), *Intrinsic and extrinsic motivation: The search for optimal motivation and performance*(pp.257-307). NY: Academic Press.

Melendez, W. R., Beck, V., & Fletcher, M.(2000). *Teaching social studies in early education.* NY: Delmer.

Midgley, C.(2002). *Goals, goal structures, and adaptive learning.* Mahawh, NJ: Ealbaum.

National Council for the Social Studies(1994). Expectations of exellence: Curriculum Standards for Social Studies. NCSS Board.

National Council for the Social Studies(2010). National curriculum standards for social studies.

National Council for the Social Studies(2011). Creating effective citizens: A position statement of National Council for the Social Studies. *Social Education, 65*(5), 319.

Peterson, C. C., & Siegal, M.(2002). Mindreading and moral awareness in popular and rejected preschoolers. *British Journal of Developmental Psychology, 20,* 205-224.

Piaget, J.(1965). *The moral judgment of the child.* New York: Free Press.

Salovey, P., & Mayer, J. D.(1990). Emotional intelligence. *Imagination, Cognition, and Personality, 9,* 185-211.

Seefelt, C.(2001). *Social studies for the preschool/primary child.*(6th Ed). New Jersey: Merrill Prentice Hall.

Shaffer, D. R.(1999). Development psychology: *Childhood and adolescence*(6th ed.). Belmont, CA: Wadsworth Publishing.

Sleeter, C. E., & Grant, C. A.(2008). *Making choice for multicultural education: Five approaches to race, class, and gender.* (6th ed.). (문승호, 김영천, 정정훈 공역). 다문화교육의 탐구: 다섯 가지 방법들. 서울: 아카데미프레스.

Strauss, A. S.(1952). The development and transformation of monetary meanings in the child. *American Sociological Review, 17,* 275-286.

Strauss, A. S.(1954). The development of concept of rules in children. *Child Development, 25,* 193-208.

Sunal, C.(1990). *Early childhood social studies.* Ohio: Merrill Publishing Company.

Walsh, H. M.(1980). *Introducing the young child to the social world.* New York: Macmillan.

Warlker, L. J., & Pitts, R. C.(1998). Naturalistic conceptions of moral maturity. *Developmental Psychology, 34,* 403-419.

Wintre, M. G. & Vallance, D. D.(1994). A developmental sequence in the compregention of emotions: and valance. *Developmental Psychology, 30*(4). 509-514.

Zahn-Waxler, C., & Robinson, J.(1995). Empathy and guilt: Early origins of feelings of responsibility. In J. P. Tangney & K. W. Fisher(Eds.), *Self-conscious Emotions* (pp. 143-173). NY: Guilford.

저자소개

박영미

전남대학교 사범대학 유아교육학과 교육학사
이화여자대학교 대학원 교육학과 유아교육전공 문학석사
이화여자대학교 대학원 유아교육학과 문학박사
현재 동신대학교 유아교육학과 교수

유아사회교육

초판 1쇄 인쇄 / 2021년 1월 10일
초판 1쇄 발행 / 2021년 1월 15일

저　자 / 박　영　미
발행인 / 이　중　수
발행처 / **동　문　사**

서울특별시 서대문구 홍제원 1길 12
(홍제동 137-8)
Tel : 02)736-3718(대), 736-3710, 3720
Fax : 02)736-3719
등록번호 : 1974.04.27 제9-17호
가격 : 18,000원

ISBN : 979-11-6328-264-8 (93370)
E-mail : dong736@naver.com
www.dongmunsa.com